中央卸賣市場
製腦會社
末廣小學校
東本願寺
壽小學校
大世界館
國際館
芳乃館
警察南署
新世界館
祖師廟
新起街市場
公會堂
日日新報社
西本願寺
老松公學校
剝皮寮
生命會社
法華寺
電力會社
圖書館
台灣銀行
音樂堂
遞信部
台北電話局
民政長官邸
小南門
總督府
衛戍醫院
台灣軍司令部
高等法院
第一高女
總督官邸
南門小學校
總督府舊辦公廳
南門
台北苗圃
山砲隊
建功神社
專賣局
武德殿
樟腦鴉片工廠
台北第一中學
教育會館

作者簡介

徐逸鴻

台灣新生代古蹟與手繪建築達人。

一九七七年生，桃園縣觀音鄉人。進入古建築領域已有二十多年，曾任職李乾朗工作室助理。

擅長攝影、繪畫，並從事許多建築測繪與插圖繪製工作。

中國文化大學建築暨都市設計系學士，台北藝術大學建築與古蹟保存研究所碩士。曾就讀北京清華大學建築歷史與文物建築保護研究所博士班；目前在台北市主持「木也建築學堂」。

著有《圖說艋舺龍山寺》、《圖說日治台北城》及《圖說清代台北城》三書。

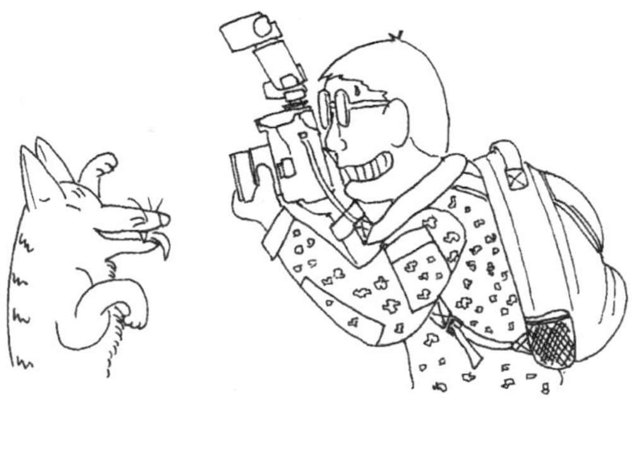

台灣珍藏
22

圖說日治台北城

緻雅銀典藏版

徐逸鴻　著／繪圖

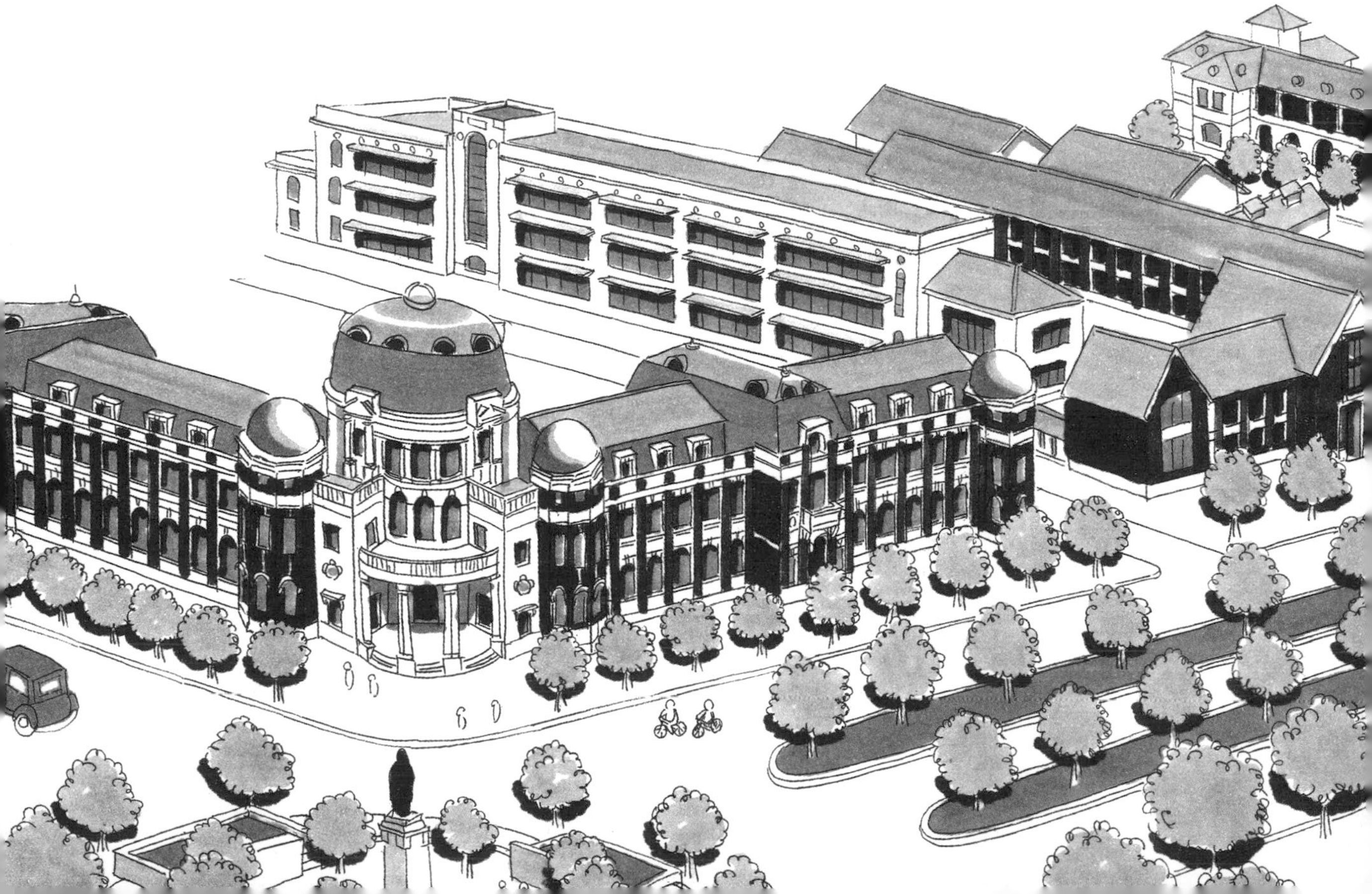

自序

日治時期是台北歷史上一個特殊而重要的時期，台北在清代創造出來的都市風貌在此時徹底改變，街道尺度與城市現代化的框架也在此時底定，並且一直保留到現在，成為台北的城市發展基礎。

必須首先說明的是，日治時期的台北，不能說是日本人的城市，也非台灣人的城市，而是台灣人與日本人共生的城市。日本人主要居住在城內、城南與城東地區，台灣人以艋舺、大稻埕、大龍峒等地區為舞台，建設出如艋舺龍山寺、大龍峒孔廟等規模宏大的建築，展現台灣傳統文化豐沛的活力。限於篇幅，本書僅著重呈現日本人在台北的建築活動。

台北由於是日本治台首府，許多建設在全台灣是優先的、規模特別大的、甚且是唯一的。台北是台灣最早頒布都市計畫的城市，台北水道也是台灣最早建設的自來水系統之一。壯觀的環城公園式大道與新公園形成的大型綠帶，規模為其他城市所不及。而城內許多中央級政府單位辦公廳、總督府博物館等壯麗的建築，則屬全台唯一，這些都構成了如今台北老城區重要的都市特色。

日治時期的建築以西洋風格為基調，深深影響著當時的台北都市景觀。早期的文藝復興、巴洛克、紅磚辰野式風格，展現出西方建築古典美學。中後期建築改以折衷式樣為主，是西洋古典與現代主義、裝飾藝術風格的混合。整體設計仍不脫西方古典的框架，此外也出現了少數走在時代尖端的現代主義建築。

日治時期建築的特點是在風格上不斷求新求變，並展現出嚴謹的細節設計與一絲不苟的手工藝精神。這樣的時代精神與美學觀點，在戰後仍影響台灣建築很長一段時間，值得我們深入認識。

儘管台北城內許多重要建築在當時是由日本人建

設、使用，但在經過七八十年甚至百餘年時間留存到現在，這些建築早就成為我們生活的一部分，從日本人的歷史轉變成為我們的歷史。比如，戰後許多人是在日式老房子裡長大的；許多歷史悠久的學校有早期的日籍校友，也有戰後的台籍校友；從總督府到總統府、總督官邸到台北賓館、台北州廳到監察院，從戒嚴到民主化，這些建築伴隨著歷史發展進程，早已脫離了統治者與被統治者的關係，而應該被視為我們自身的生活記憶與文化資產。

戰後這些建築被看作是日本人的歷史而不受重視，曾歷經被無情剷除的黑暗時期，近年則逐漸改觀，無論在研究或者保存實務上，都有長足進步。總統府和台北賓館開放民眾參觀、華山酒廠改造成展演場地、松山菸廠改成文化創意園區，都很受民眾歡迎，如此良好的發展趨勢，令人欣慰。期待透過本書，能讓更多人了解這些建築背後的故事與其藝術價值，重視、保存這塊土地的歷史，是我們邁向未來最堅實的基礎。

徐逸鴻　二〇一三年九月　於台北

目次

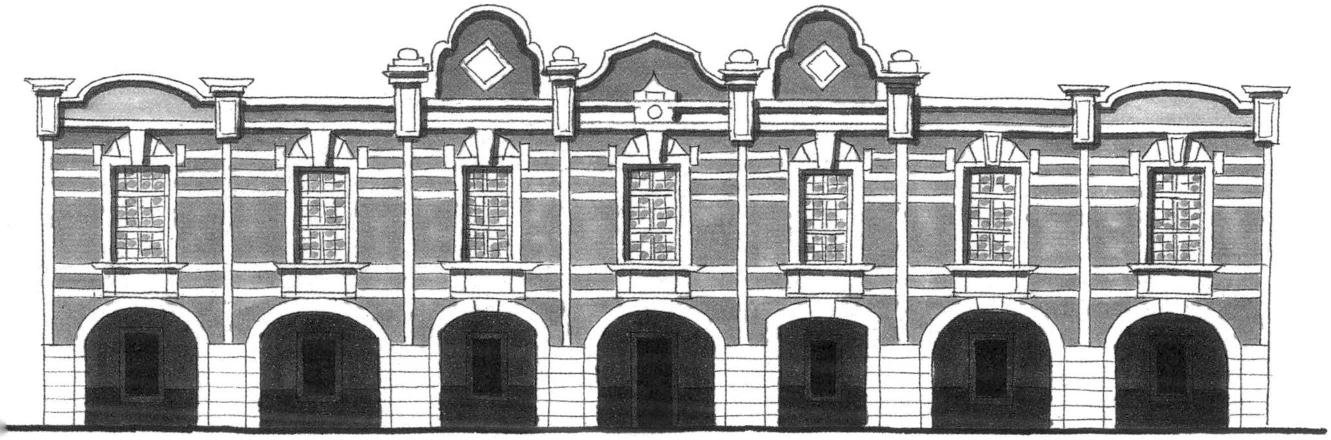

始政台北城

一八九四年中日甲午戰爭爆發，清廷戰敗。隔年簽訂條約，將台灣割讓給日本，開啟了日本對台灣五十年的統治時代。

雖說清廷放棄了台灣，台灣人卻不願意受日本人統治，因此自行成立「台灣民主國」，並組織軍隊抵抗日本軍隊的接收，這就是著名的「乙未戰爭」。台灣北、中、南各地都發生了劇烈的戰鬥。台灣人以簡單的武器，抵抗精銳的日本近衛師團，著實使日本人吃了不少苦頭。

然而，這場戰爭才剛開始，台灣民主國的總統唐景崧就從其坐鎮的台北城偷偷潛逃回大陸去，台北城內頓時群龍無首，造成了軍隊譁變、四處搶劫的混亂局勢。台北商紳有鑑於此，派人聯絡日軍，引日軍進城平亂，使得台北城在未受戰火波及的情況下，落入日軍手中。

拜茶產業之賜，清末的台北已經發展成台灣重要的商業中心，尤以淡水河邊的大稻埕、艋舺兩地最為富庶、人口稠密，稍偏內陸的台北城則是清廷治台首府，城內官方建築林立。日軍進城後，立即進駐這些官方建築。

一八九五年六月十七日，日本總督樺山資紀在總督府舉行了始政儀式，旋即展開接收工作，在前朝留下的傳統建築內，開啟了治台五十年的歷史。

據一九〇三年的紀錄，台灣總督府設於籌防局內，布政使司衙門則為陸軍幕僚使用，番學堂為旅團司令部，西學堂為參謀長官邸與偕行社。在乙未戰爭的動亂中被燒毀的巡撫衙門則改建為砲兵大隊，台北府署作為台北縣廳，淡水縣署作為第十三砲兵隊，登瀛書院作為台北文武官僚俱樂部並命名為「淡水館」，文廟為步兵第八大隊，台北考棚為步兵第二大隊。這批清代官方建築，為日本人使用了十五到二十年左右，才陸續拆除改建。

台灣民主國的黃虎旗

日軍進入台北城

早期的建設

日本人在接收台灣的「乙未戰爭」中，軍隊傷亡頗重，但大部分不是作戰傷亡，而是感染瘧疾、鼠疫等疾病，這件事讓日本當局深感台灣衛生條件之惡劣，認為應最優先處理。清代台北城內家家戶戶取用井水，街道兩側沒有排水溝，家用汙水甚至糞尿經常潑灑在門前，髒亂不堪。日本當局因此首先在城內的府前街、府後街、北門街設立下水道，以改善排水功能、確保衛生。

日本當局除了保留並繼續使用清代的官方建築，也迅速在台北城內建造了醫院、國語（日語）學校、法院、郵局、測候所與大批宿舍，以使統治工作能夠順利運行。統治初期，台北城內還駐紮了許多軍隊，並設有監獄。除此之外，也有民間設立的店鋪、商行、澡堂、旅館、戲院、佛教寺院等建築，形成了完整的日本人生活圈，也使台北城內呈現新舊建築並存的景象。

然而，台北城的面積並不大，不出數年，城內就沒有可用的空地，因此開始往城外擴張，在廣闊而未開發的城南地區建設了住宅區、苗圃、學校與專賣局工廠等大批建築，城東同樣很快地發展起來，除了一開始就設立的砲兵大隊外，又建造了台北醫學校，以及位置更偏東的台北監獄。

一九〇〇年，總督府公布了台北市區改正計畫（即都市計畫）。這是一個十五萬人規模的都市計畫。內容包括了計畫面積、道路總長、下水道、公園、淡水河堤防護壁、船舶場、拆除城垣改建三線道等，是日治時期全台灣第一個都市計畫。重點在於改良台北城內地區的道路網，加以拓寬並做進一步整合，使道路網更加綿密，能夠滿足現代都市的交通需求。而滿足交通需求，正是城市現代化的基礎。稍後幾年，針對道路網的改善工作也推行到艋舺、大稻埕等台灣人的傳統街市。

日本人測繪的清末台北城

可看出清代台北城內的空間，是由帶狀的商業街與坐落在城內各處的官府組成。城內主要道路除了府前街外，皆與城門相連，這是清代城市常見的情況。但如此一來，城內路網會出現許多丁字路口，不利於交通與整體發展。

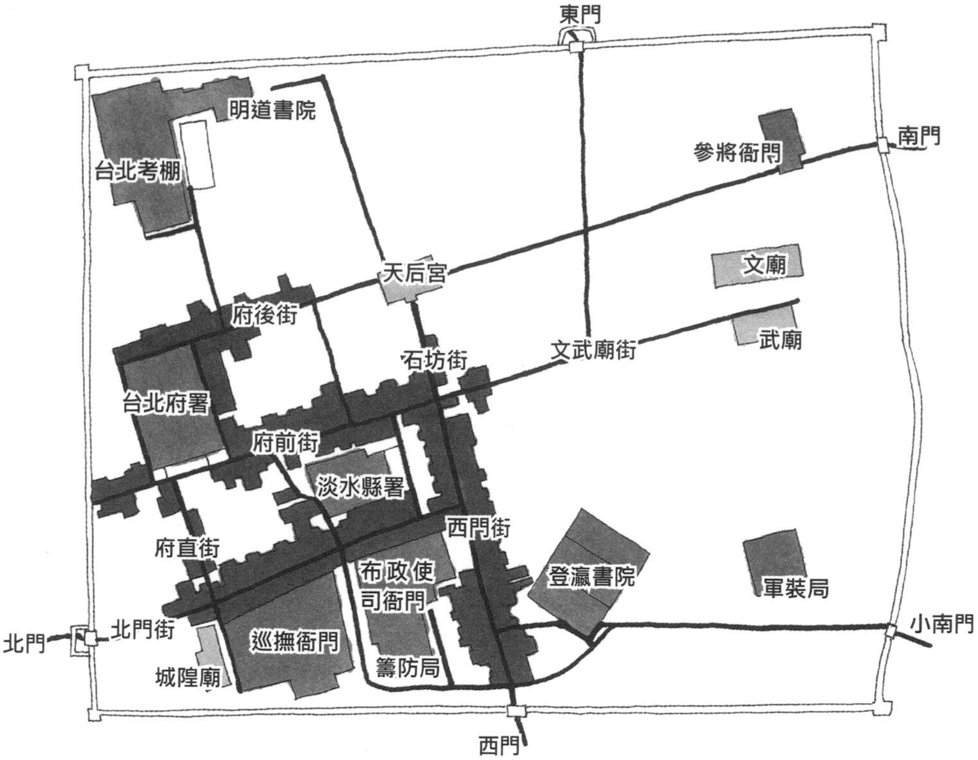

1910 年台北市區改正計畫圖

虛線部分為計畫開闢道路，以及增設城門位置。

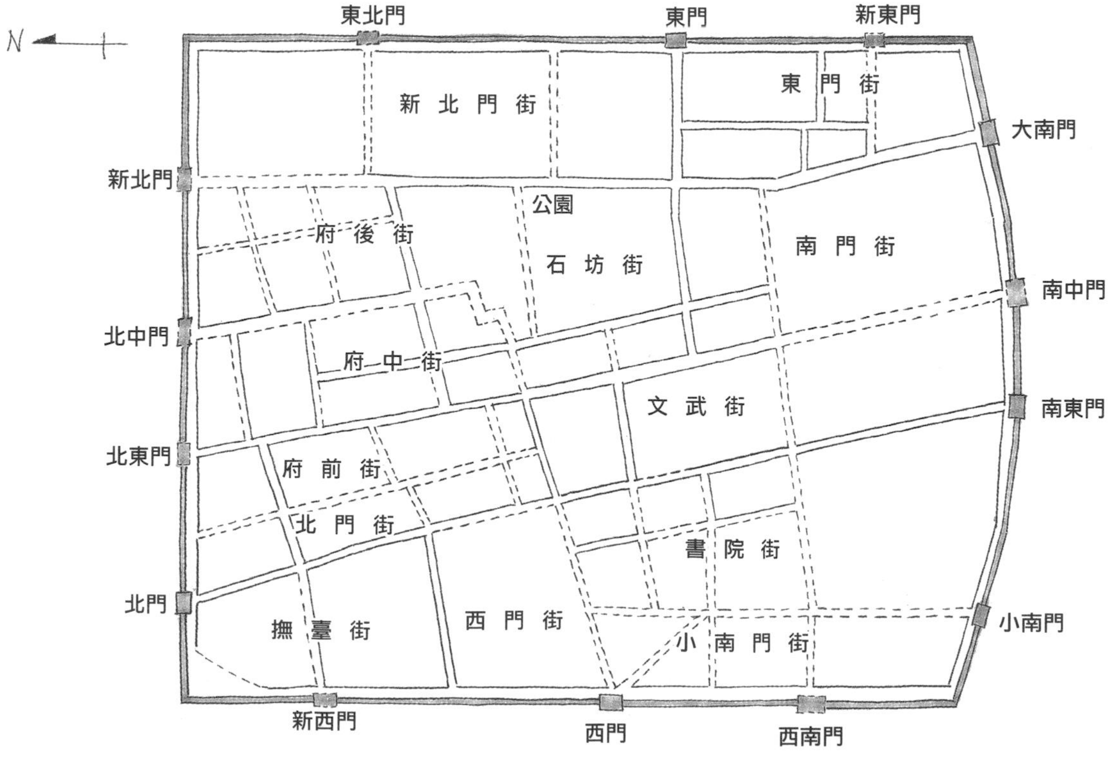

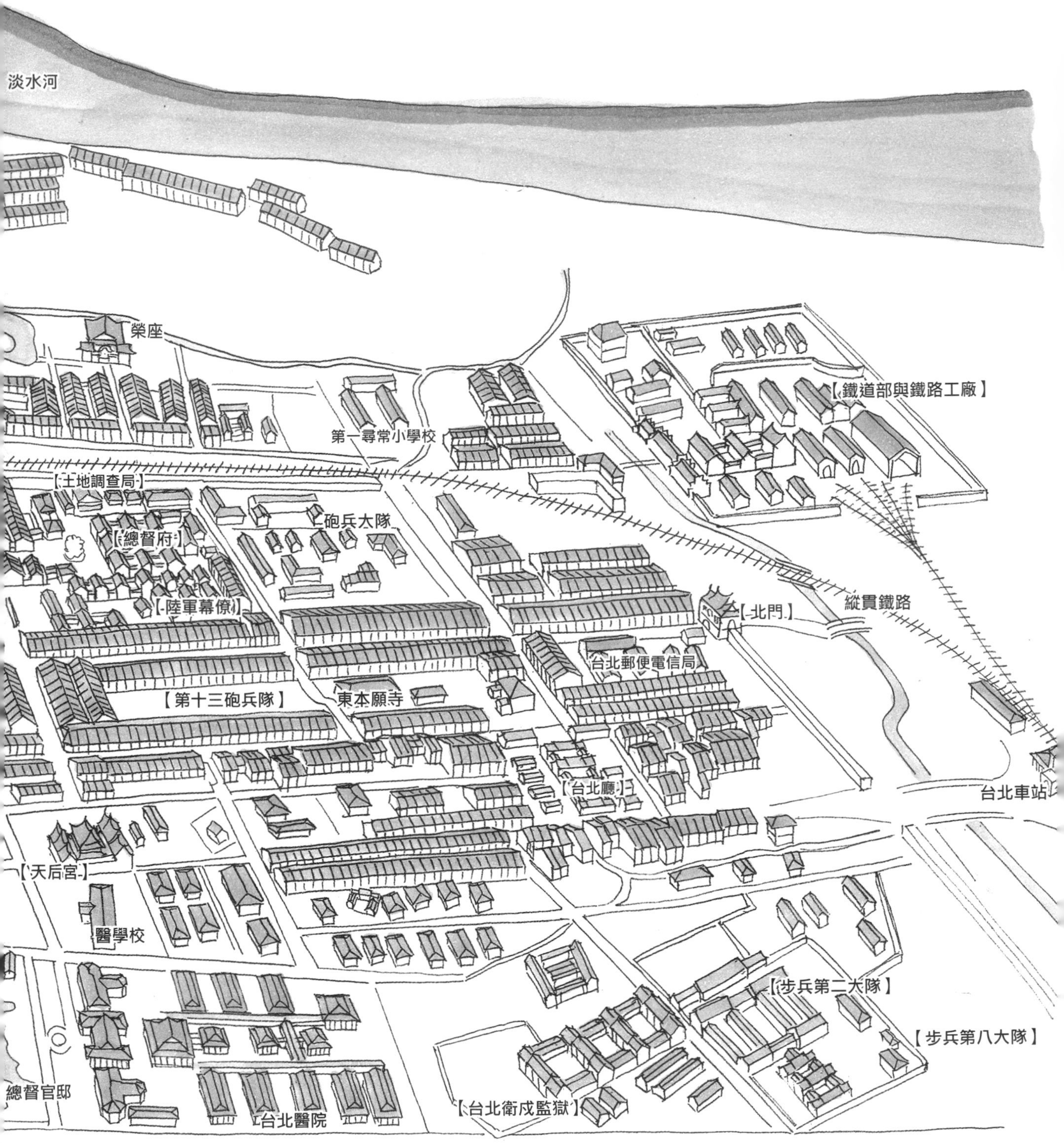
淡水河
榮座
第一尋常小學校
【鐵道部與鐵路工廠】
【土地調查局】
【總督府】
砲兵大隊
【陸軍幕僚】
縱貫鐵路
【北門】
台北郵便電信局
【第十三砲兵隊】
東本願寺
【台北廳】
台北車站
【天后宮】
醫學校
【步兵第二大隊】
【步兵第八大隊】
總督官邸
台北醫院
【台北衛戍監獄】

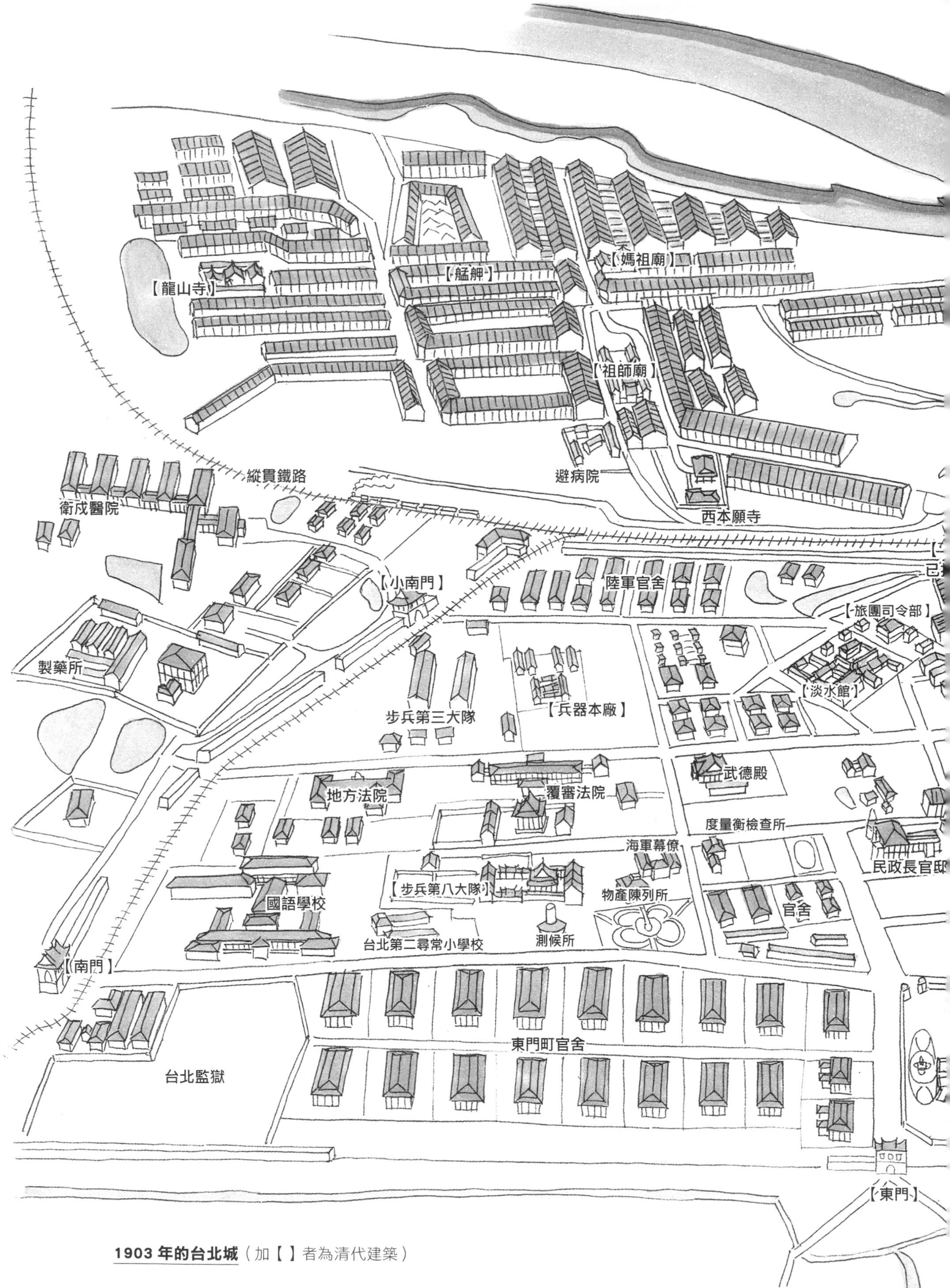
【媽祖廟】
【艋舺】
【龍山寺】
【祖師廟】
縱貫鐵路
避病院
衛戍醫院
西本願寺
【小南門】
陸軍官舍
【旅團司令部】
製藥所
【淡水館】
【兵器本廠】
步兵第三大隊
武德殿
地方法院
覆審法院
度量衡檢查所
海軍幕僚
民政長官邸
【步兵第八大隊】
物產陳列所
國語學校
官舍
台北第二尋常小學校
測候所
【南門】
東門町官舍
台北監獄
【東門】

1903 年的台北城（加【 】者為清代建築）

明治洋風建築

日本在明治維新時，由西方建築師引進了西洋建築風格，經過日本本土工匠吸收之後，形成了非常有特色的「擬洋風」建築，有將日本與西洋建築語彙結合者，以及將迴廊與西洋建築語彙結合者，還有外牆採用雨淋板、造型變化多樣的新式建築。

台灣在明治末期為日本人接收，在統治前幾年建造的建築，即表現出「擬洋風」特徵。以台北城內的建築來說，大致可分為三種類型：迴廊式、雨淋板式與混合式。

其中迴廊式的特徵非常明顯，迴廊、高架地板與厚重的屋頂，材料則以磚、木、日本瓦為主。迴廊可遮蔽日曬、高架地板可防潮，都是因應台灣濕熱氣候所作的設計。城內最早期的東門町官舍、第一代台北醫院的病房和本館等，都是規模龐大的建築群，即全部採用迴廊式，形成城內一大景觀特色。其他代表建築還有物產陳列所、製藥所、覆審法院等。

雨淋板式的建築數量不多，以第一代台北郵局為代表。建築外圍不作迴廊，而是以西洋柱式、三角楣、簷口飾帶、半圓拱等西方建築元素組成立面，成排的上下推拉窗成為外觀最顯著的特徵。至於混合式則兼有迴廊和雨淋板特徵，國語學校和第一代台北醫院本館即採用這種樣式。

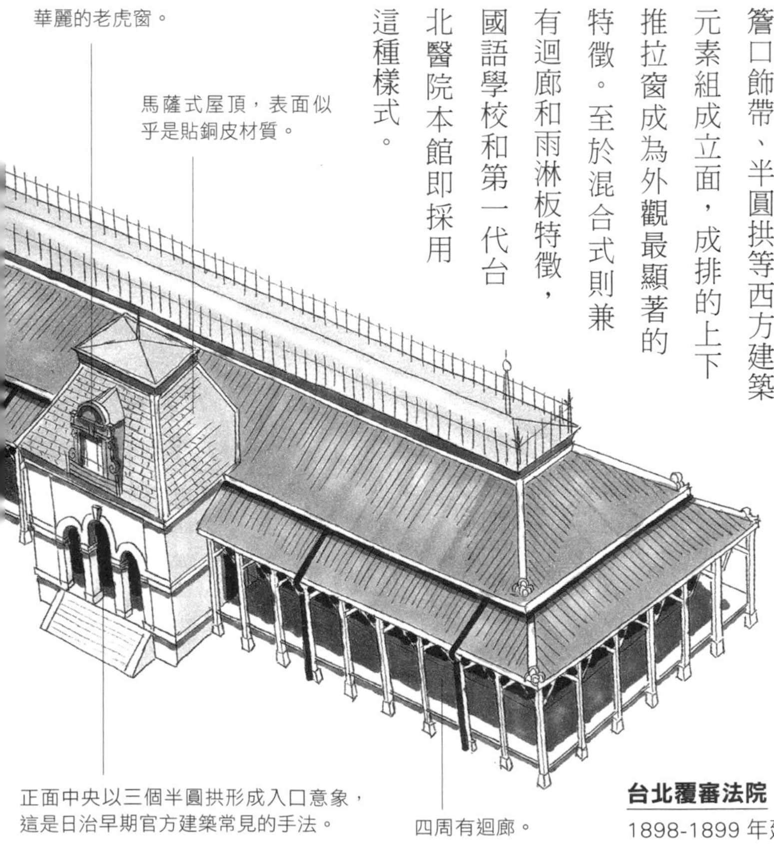
華麗的老虎窗。
馬薩式屋頂，表面似乎是貼銅皮材質。
正面中央以三個半圓拱形成入口意象，這是日治早期官方建築常見的手法。
四周有迴廊。

台北覆審法院
1898-1899年建，磚、木造。

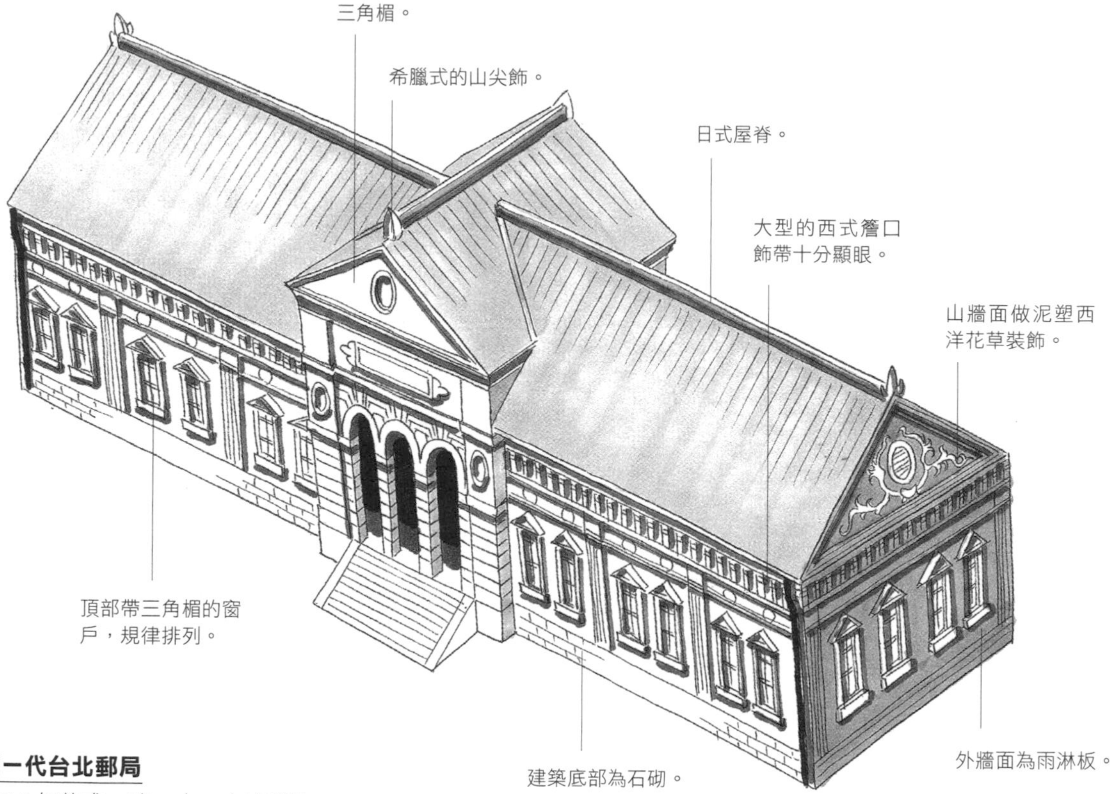
三角楣。
希臘式的山尖飾。
日式屋脊。
大型的西式簷口
飾帶十分顯眼。
山牆面做泥塑西
洋花草裝飾。
頂部帶三角楣的窗
戶，規律排列。
建築底部為石砌。
外牆面為雨淋板。

第一代台北郵局

1898 年落成，磚、木、土埆磚造。

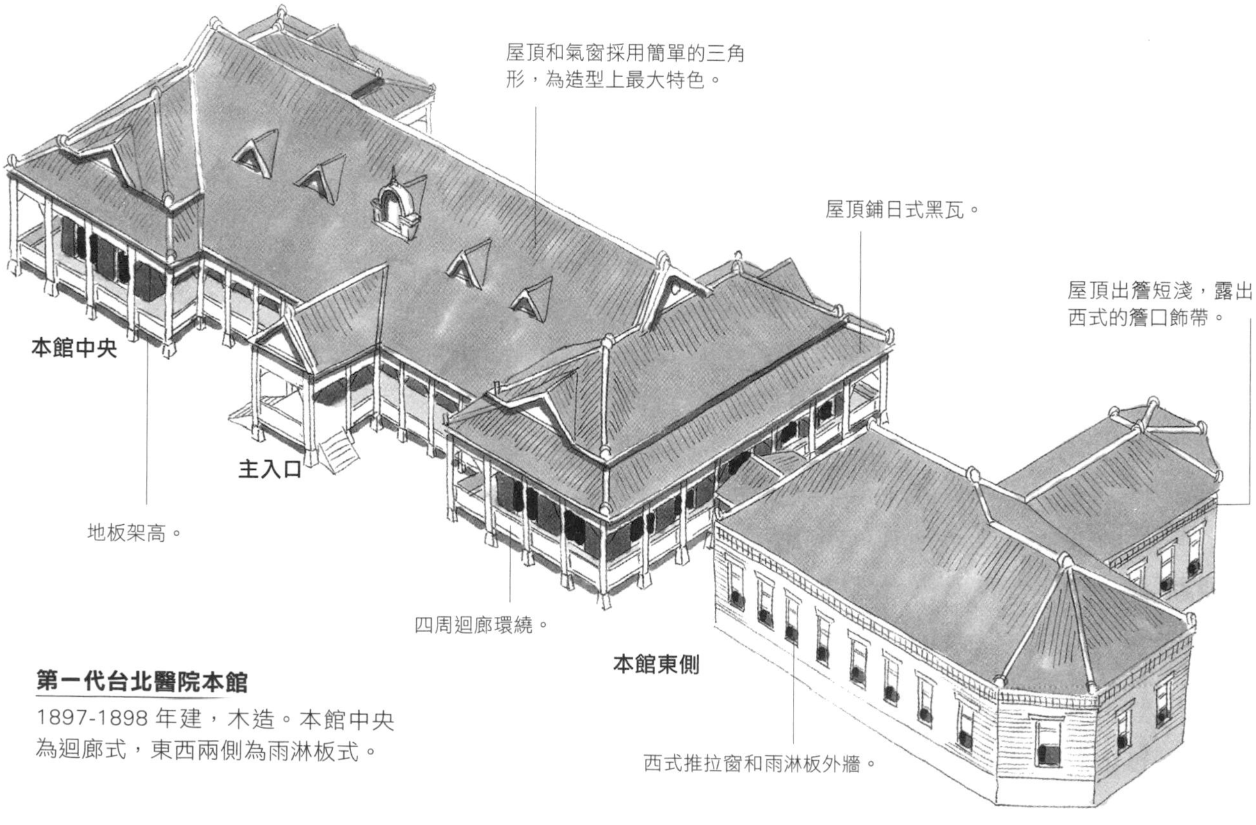
屋頂和氣窗採用簡單的三角
形，為造型上最大特色。
屋頂鋪日式黑瓦。
屋頂出簷短淺，露出
西式的簷口飾帶。
本館中央
主入口
地板架高。
四周迴廊環繞。
本館東側
西式推拉窗和雨淋板外牆。

第一代台北醫院本館

1897-1898 年建，木造。本館中央為迴廊式，東西兩側為雨淋板式。

文藝復興風格

繼擬洋風建築之後，比較正統的西方文藝復興式樣建築也陸續在台北出現。

文藝復興建築是一種捨棄了中世紀哥德風格，向希臘羅馬建築學習而重新創造出來的新建築形式。汲取希臘神殿的柱式、三角楣，羅馬建築的半圓拱等元素，加以重新創造，將這些元素在立面上排列組合，重視比例關係、講究對稱，高聳屋頂搭配精緻的窗戶、各式花草紋樣的雕琢等，都是文藝復興建築的特色。

日本在明治維新時，請來英國建築師教授西方建築的設計法，使得西方風格成為日本第一代、第二代建築家的實踐目標，也大大改變了日本的建築風貌。對這個時期的日本人來說，西方式樣是文明開化的象徵，日本皇室更是全盤西化，建造出極為奢華的巴洛克式宮殿，因此整個日本上自政府機構、富豪宅邸，下至民間建築，皆以西洋風為時尚。

台北早期的文藝復興建築展現出簡潔明快的風格，如總督府醫學校、紅十字醫院本館、第一代台灣銀行、中央研究所等。作為第一批正統的西洋古典風格建築，表現出穩重大器的風貌，也是台灣近代建築開始走向高峰的序曲。

中央研究所

1906-1912年建，磚造、RC樓板。
近藤十郎、小野木孝治設計。

紅十字醫院本館

1903-1905 年建，磚造。造型穩重，採用規格畫一的西式方窗，不用圓拱，也沒有遮陽的走廊，相當簡潔的設計，僅在正面中央第二層用了幾根古典柱式。屋頂鋪設日本瓦，加上醒目的西洋式尖塔及圓形老虎窗，成為一座非常雅致的建築。

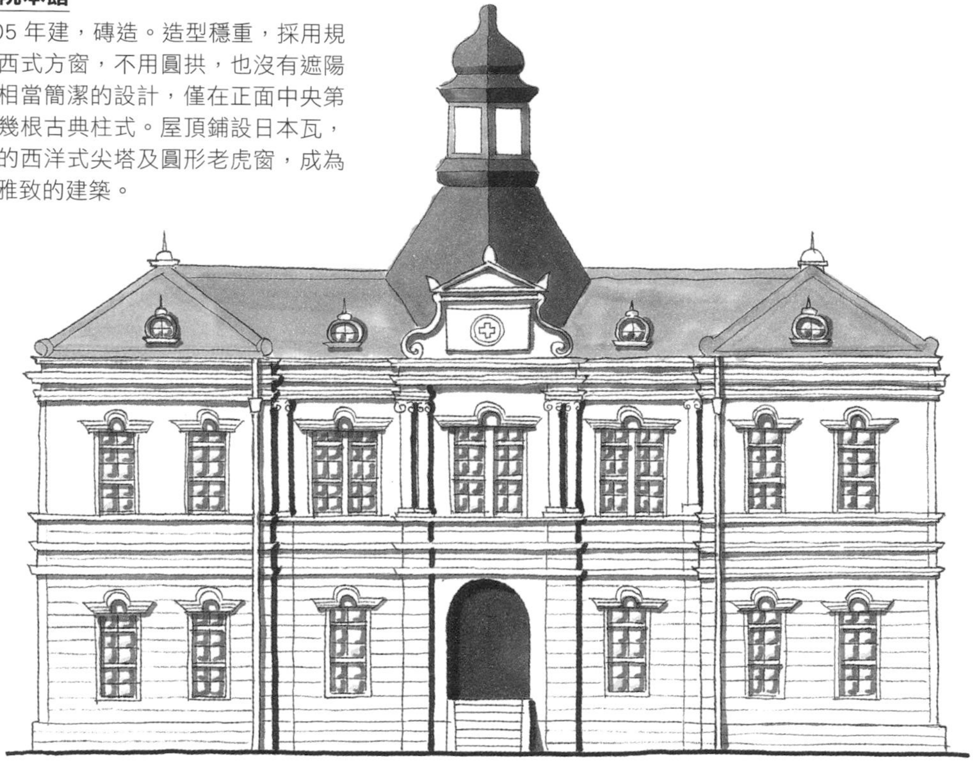

總督府醫學校本館

1906-1907 年建，磚造。小野木孝治、近藤十郎設計。主入口的設計很講究，正面有兩層拱券及大三角楣，兩側有帶圓頂的高聳衛塔，入口兩翼一樓採用拱廊，二樓改成雙柱式，創造出輕巧的感覺。屋頂相當高聳，中央採用馬薩式頂，整體顯得十分厚重沉穩。

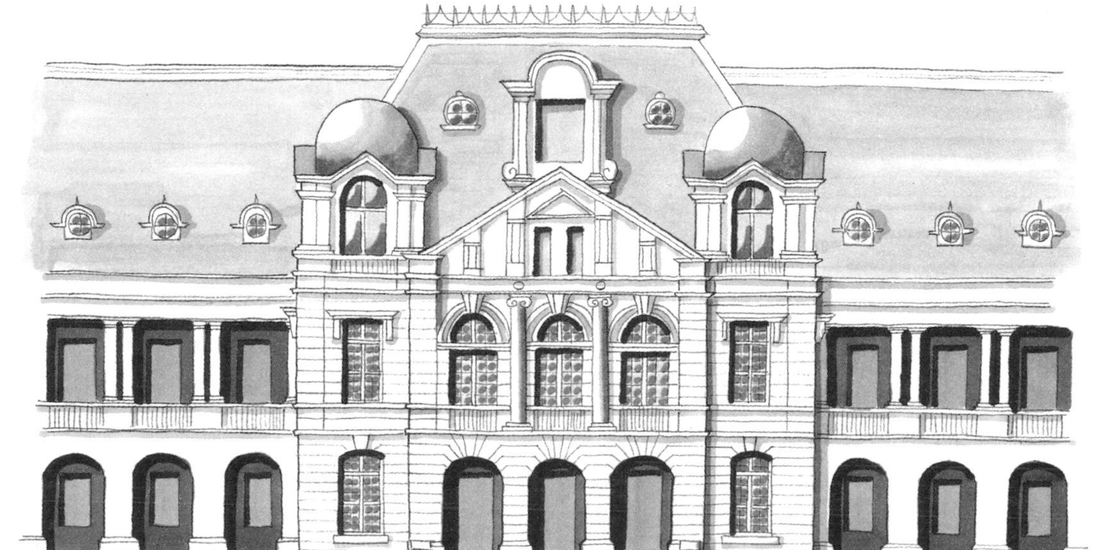

紅磚式樣與辰野風格

接續著擬洋風建築與西方文藝復興風格之後，就是紅磚式樣和辰野風格全盛期的到來。

紅磚是明治維新之後，由西方人引進的一種建築材料，因此紅磚建造的洋樓也帶有文明開化的象徵。紅磚建築在日本逐步發展，由日本第一代建築家辰野金吾發展出來的紅磚式樣脫胎自英國安妮皇后樣式，相當具有代表性。以紅磚搭配白色橫飾帶，並運用多種西洋建築元素，如弧拱、半圓拱、尖頂、三角楣、古典柱式等，組合成華麗的外觀，造型搶眼，被稱為「辰野風格」。

紅磚建築除了外觀引人注目外，也比木造建築堅固、防火，隔音隔熱效果也好。和台灣傳統的土埆磚相比，紅磚則有防水、耐震等優點。不過一九二三年發生關東大地震後，日本人發現紅磚的耐震性能還是不足，轉而重視發展鋼筋混凝土建築，因此在日治後期，公共建築普遍採用鋼筋混凝土、甚至鋼骨構造。但在民間，由於紅磚便宜又堅固，仍然是建築材料的上選，特別是在大戰期間物資管制，鋼筋不易取得，紅磚依然是重要建材。

日治前期的總督府建築技師野村一郎、近藤十郎、森山松之助等三人，設計了許多辰野式樣的建築，最早的作品則是第一代台北車站。而從一九〇八年落成的鐵道飯店開始，採用辰野式樣的官方建築大量出現，如新起街市場、總督府中學校、台北專賣局、台北州廳、第二代台北醫院等，直到一九一九年台灣總督府落成，辰野風格在台灣可說是達到了頂峰。商業建築如台北城內的商店街，大稻埕著名的太平町街屋等，也有許多採用紅磚式樣。台北的近代建築以辰野風格為主角，流行於一九〇〇年代後期到整個一九一〇年代。

台北專賣局

1913-1922 年建，磚、RC 造。
森山松之助設計。

在日本官方建築的帶領之下，台灣民間也接受這樣的建築流風，文藝復興風格和辰野風格都大為流行，在台北城內及周邊地區建立起宛如歐洲風景般的優美城市景觀。

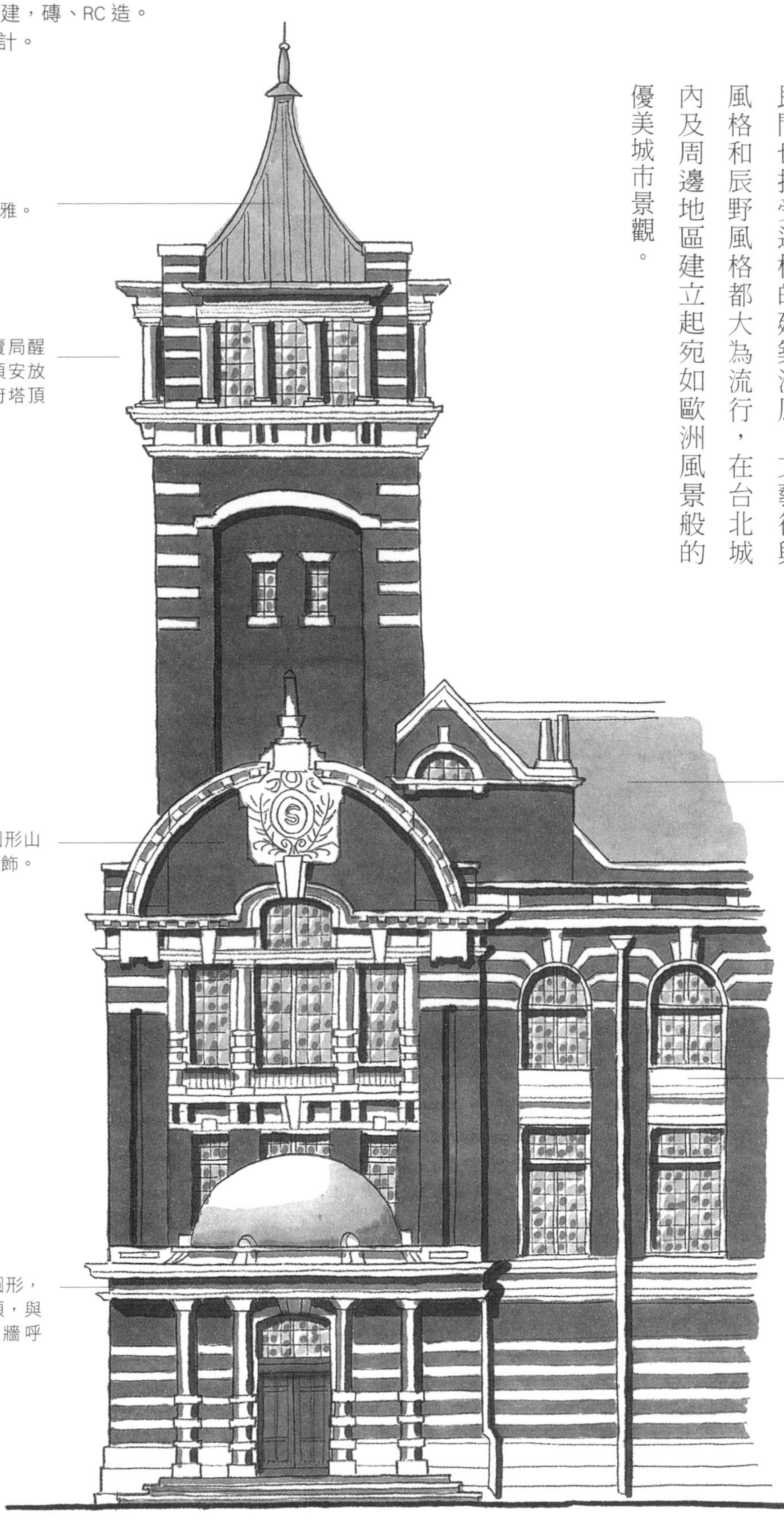

弧形尖頂輕巧優雅。
轉角高塔是專賣局醒目的標誌，塔頂安放柱列，與總督府塔頂的做法類似。
轉角正面作半圓形山牆，中央有勳章飾。
入口門廊做成圓形，上方有一個圓頂，與頂端的圓形山牆呼應。
屋頂鋪銅板瓦。
左右兩翼建築立面比較簡單，沒有西洋柱式裝飾，也沒有走廊，而是以半圓拱窗為主題。

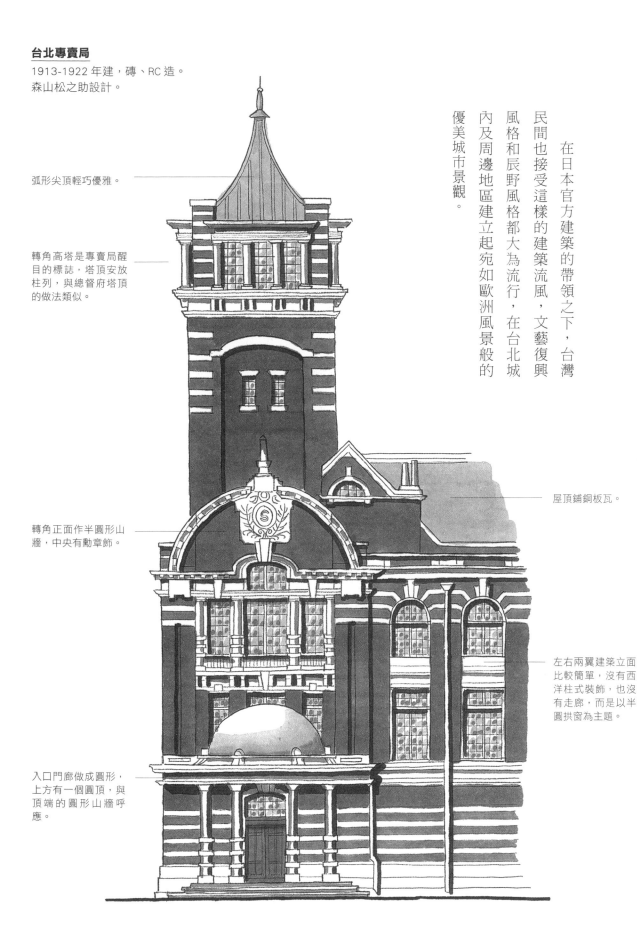

總督府轉角衛塔

1912-1919 年建，RC 造。長野宇平治、森山松之助設計。衛塔以七層樓高的主塔，附加兩座較低的副塔組成，形成堅固的堡壘形象。

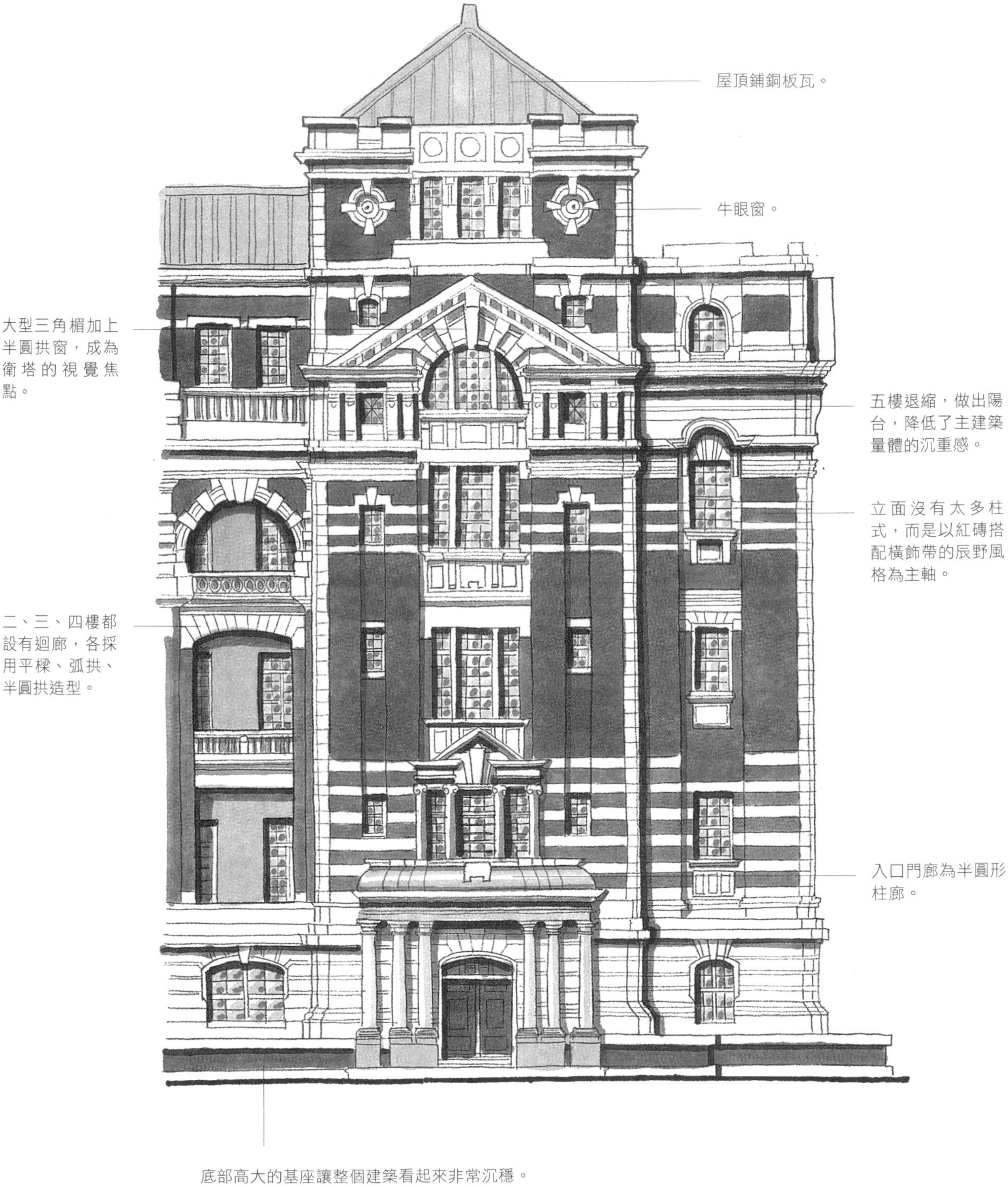

屋頂鋪銅板瓦。
牛眼窗。
大型三角楣加上半圓拱窗，成為衛塔的視覺焦點。
五樓退縮，做出陽台，降低了主建築量體的沉重感。
立面沒有太多柱式，而是以紅磚搭配橫飾帶的辰野風格為主軸。
二、三、四樓都設有迴廊，各採用平�börn、弧拱、半圓拱造型。
入口門廊為半圓形柱廊。
底部高大的基座讓整個建築看起來非常沉穩。

台北醫院

1913-1919 年建，磚、RC 造。近藤十郎設計。
以古典柱式、方窗、半圓拱窗組合成緊湊、個性鮮明的立面。

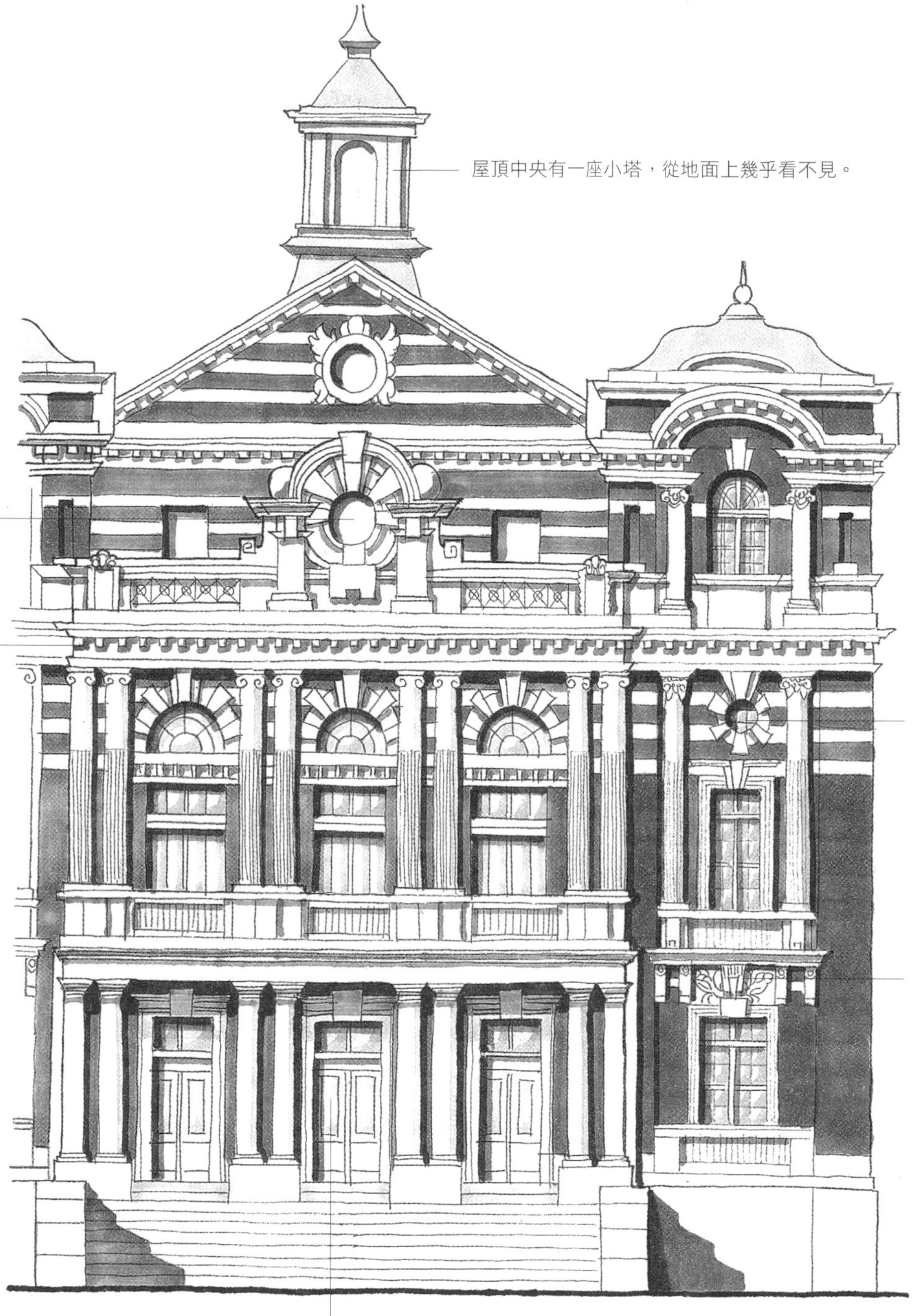
屋頂中央有一座小塔，從地面上幾乎看不見。
大型牛眼窗，在牆頂正中央，非常醒目。
大型的立體簷口飾帶，讓立面變得非常有精神。
牛眼窗。
勳章飾。
正面突出的大型門廊非常氣派，顯示這是出入頻繁的大型醫院。

總督官邸

一九〇一年，一座寬敞高大、四周有廣大庭園與高聳圍牆的文藝復興式建築，在台北城東門內落成了，這就是日本總督的官邸。

總督官邸是日本統治台灣最具象徵意義的建築之一，因此在兵馬倥傯的日治初期，日本人仍煞費苦心地打造這座建築。官邸於兒玉源太郎總督任內落成，頗有一股朝氣蓬勃的氣象。

總督官邸是總督平日的住所，總督偶爾也會在此辦公、召開會議，甚至連民政長官也會到此辦公。除此之外，總督官邸還經常接待各國使節、外賓，亦是總督宴請各地文人、仕紳、地方官員、宗教人士，舉辦茶話會、詩會的地點。一九二五年始政三十周年時，就在總督官邸舉辦祝賀會。一九二八年昭和天皇即位時，也在總督官邸舉辦了祝賀會與園遊會。總督還讓台灣高山原住民部落首長進入官邸參觀，藉以展現統治者的力量。

除了總督的平日活動外，總督官邸還有一個重要功能——接待訪台的親王、王妃與皇族人士，其中以一九二三年裕仁皇太子（日後的昭和天皇）到台灣訪問最為盛大。每當有皇親貴族抵台，都會蒞臨參觀甚至入住官邸，此時總督就要暫時搬出官邸，事前也要進行整修、更新設備等工作，維持官邸內部的良好運作。

總督官邸落成時，有人批評其建築過於奢華，但後藤新平說：「台灣總督是我國經營南方的王座」，一語道出總督官邸的功能和重要性，而且以總督官邸當時擔負的諸多功能來看，如此精心打造並不過分。

總督官邸是日治早期的建築代表作，並以其建築之華美，體現出當時上流社會的住宅文化，台灣民間富商建造洋樓住宅的風氣，可說是以總督官邸為鼻祖，在台灣近代建築史上，總督官邸著實具有重要的地位。

總督官邸全區透視

官邸背面有占地廣大的日式庭園，園內
有樹木、水池、涼亭等日式造景。

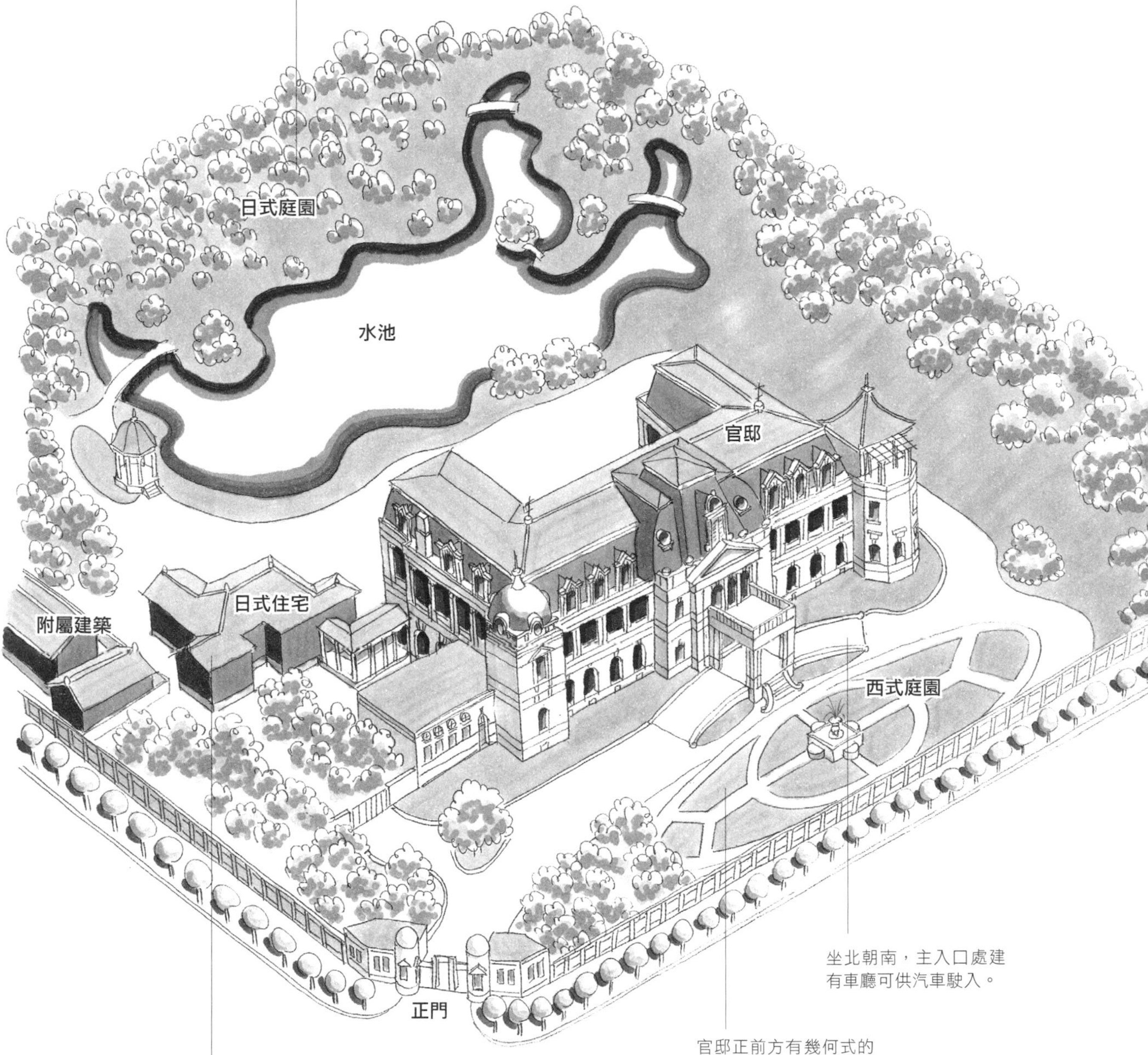
日式庭園
水池
官邸
日式住宅
附屬建築
西式庭園
正門

坐北朝南，主入口處建
有車廳可供汽車駛入。

官邸正前方有幾何式的
西洋庭園與噴水池。

官邸西北角以走廊連接一棟日式住宅，這也是官邸的一部
分。日本在明治維新時產生的豪宅文化，喜歡將和館與洋館
並列，洋館作為對外迎賓的門面，和館則是居住空間。這種
文化也轉移到台灣來，為當時許多豪宅採用。

總督官邸第一代立面

1899-1901 年建。福田東吾、宮尾麟設計。

建築主體為磚石構造，並採用從清代台北城牆拆下來的石條。
室內樓板和屋頂為木造。
中央入口處塑造出莊重氣派的形象。
兩側採不對稱設計，降低了整座建築的嚴肅感，增加了住宅風情。

總督官邸第二代立面

1911-1913 年改建。森山松之助設計。總督官邸於日治初期落成後，僅過了十年就受到白蟻侵蝕而嚴重受損，因此自 1911 年到 1913 年進行整修，並將官邸進行了大改造，建築外觀改成更具華麗風情的巴洛克式樣。

中央入口處的屋頂改成具優美曲線的馬薩式頂，並增設大型老虎窗，十分醒目。
屋頂貼石板片，並以銅片收邊。
增加露台與花棚。
廊柱由單柱改為雙柱式。

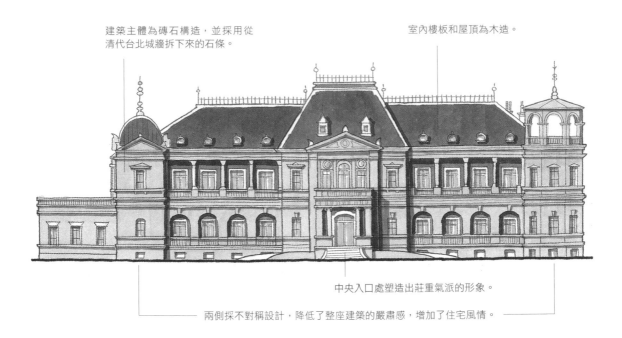

總督官邸一樓平面【1913 年改建後】

四面都有走廊，一樓的主要空間都安排在官邸北面，可避免南面炎熱的日曬，並取得北面日式庭園的良好景觀；附屬空間則安排在官邸南面，有玄關、書記官室、副官室、應接室、三座樓梯、值班室、配膳室、廚房、廁所等。

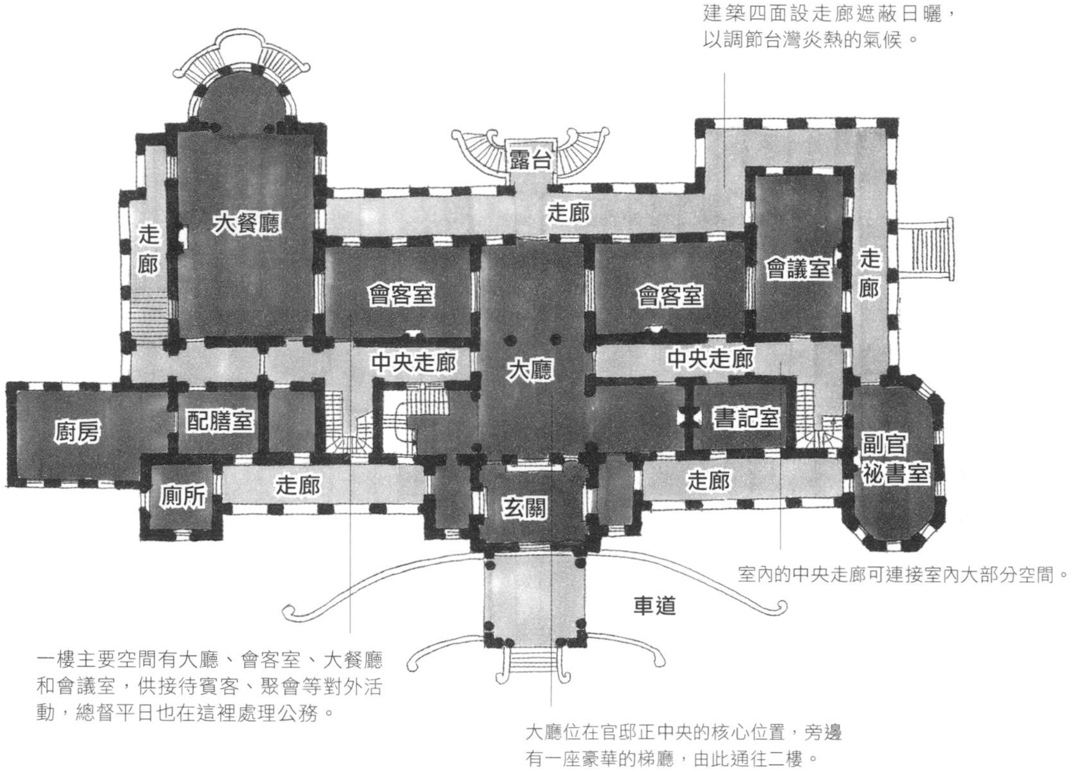
建築四面設走廊遮蔽日曬，
以調節台灣炎熱的氣候。
露台
走廊
大餐廳
走廊
會客室
會客室
會議室
走廊
中央走廊
大廳
中央走廊
廚房
配膳室
書記室
副官
祕書室
廁所
走廊
玄關
走廊
室內的中央走廊可連接室內大部分空間。
車道
一樓主要空間有大廳、會客室、大餐廳
和會議室，供接待賓客、聚會等對外活
動，總督平日也在這裡處理公務。
大廳位在官邸正中央的核心位置，旁邊
有一座豪華的梯廳，由此通往二樓。

總督官邸二樓平面【1913 年改建後】

二樓主要為私人起居空間。北面有起居室、書齋、會客室、臥室等生活空間，還有一間小餐廳，廁所、浴室和傭人房都在南面。

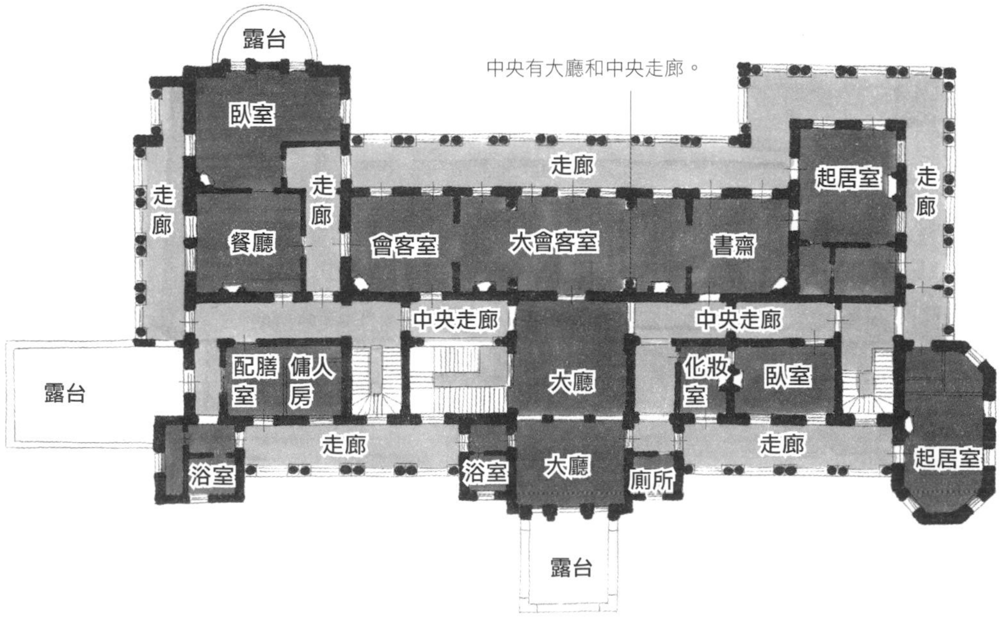
露台
中央有大廳和中央走廊。
臥室
走廊
走廊
起居室
走廊
走廊
餐廳
會客室
大會客室
書齋
中央走廊
中央走廊
配膳室
傭人房
大廳
化妝室
臥室
露台
走廊
走廊
浴室
浴室
大廳
廁所
起居室
露台

二樓大廳是整棟總督官邸的精華，空間上運用許多圓拱、弧拱組成室內立面，並以西洋柱、天花板、泥塑雕飾與彩繪玻璃窗裝飾。

牆壁貼具有立體紋樣的壁紙。

門窗皆有考究的窗簾布幔與窗簾盒。

門楣上有鹿頭雕塑。

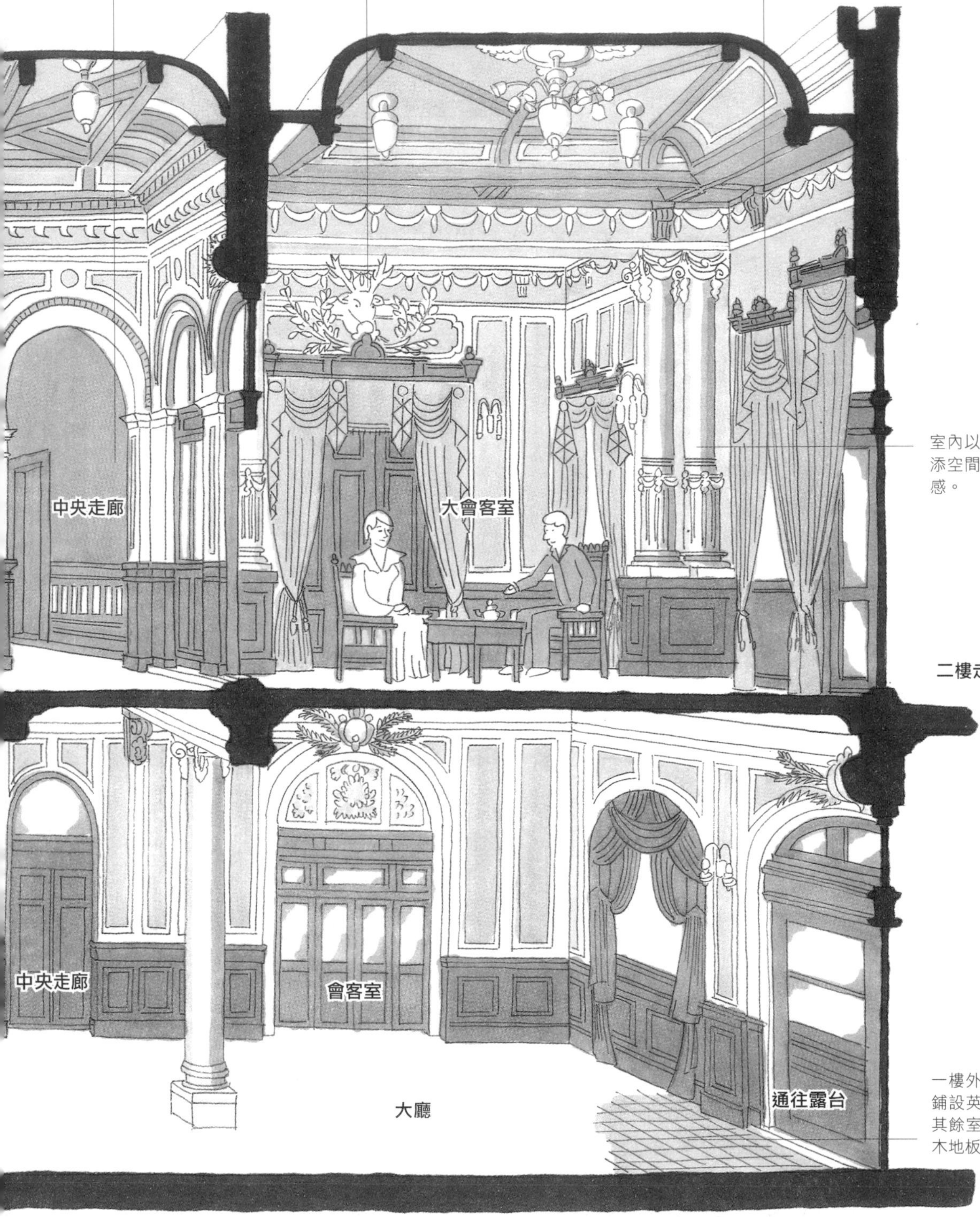

室內以西洋雙柱式增添空間的華麗與層次感。

一樓外廊與大廳地板鋪設英國進口瓷磚，其餘室內則鋪設拼花木地板。

總督官邸室內透視

現在看到的室內主要是 1911-1913 年間改裝後的樣貌，將原本的木樓板改成鋼筋混凝土樓板、鐵骨樑等，重要的房間都設有壁爐。內部裝修自地板、牆面到天花板，無不考究。

天花板是裝飾重點，以幾何圖形構成，每間房間的天花板造型皆不同。
主樓梯設在入口大廳旁，大挑高的豪華梯廳是近代建築著重的設計手法。
這裡本來是個獨立房間，稱為「安樂室」，擺放總督的收藏品，後來被打通成為大廳的一部分。
二樓大廳
二樓露台
主樓
車廳
（上下車處）
玄關
大廳

台灣神社

神道是日本人的傳統信仰，以崇敬自然靈為主，神社即為神道的祭祀建築，日本最古老的神社出雲大社與伊勢神宮，都有超過一千兩百年的悠久歷史。明治維新時推行「神道國家化」，以國家的力量支持神道信仰，祭祀神話中的開國神與對國家有功者。

日人初領台灣時，各地兵馬倥傯，前幾任總督都是武官，談不上太具體的建設。到了一八九八年，第四任總督兒玉源太郎與幹練的民政長官後藤新平一同上任，才打下統治台灣的基礎。據說兒玉總督上任後，對於兩座建築的興建特別在意，一是台灣神社，二是總督官邸，兩者構成了統治台人的精神象徵。

台灣神社的建立，早於第一任總督樺山資紀任內就開始研議，以紀念征台殉職的北白川宮能久親王為由，向日本國內申請建造神社。原先選址在台北城北方的圓山公園，後來經過兒玉、後藤兩人親自勘查，

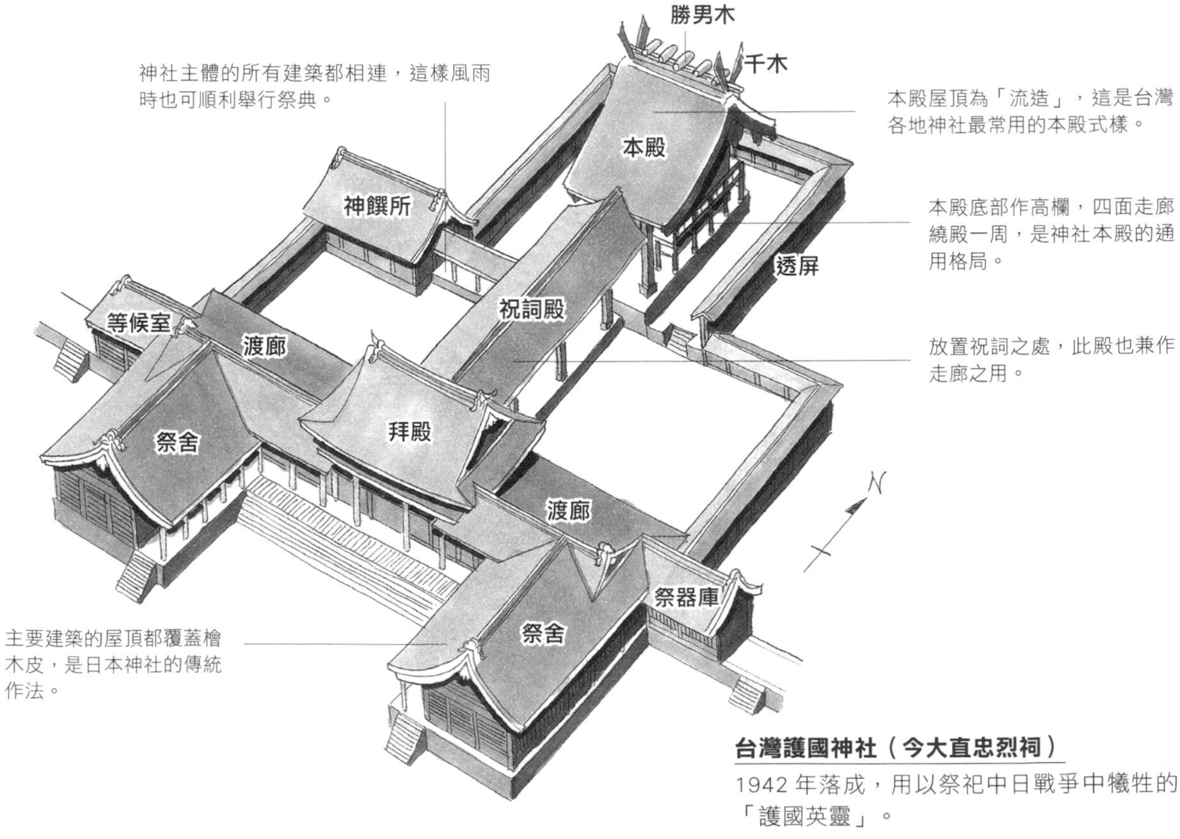
勝男木
千木
神社主體的所有建築都相連，這樣風雨時也可順利舉行祭典。
本殿屋頂為「流造」，這是台灣各地神社最常用的本殿式樣。
本殿
神饌所
本殿底部作高欄，四面走廊繞殿一周，是神社本殿的通用格局。
透屏
祝詞殿
等候室
渡廊
放置祝詞之處，此殿也兼作走廊之用。
祭舍
拜殿
N
渡廊
祭器庫
主要建築的屋頂都覆蓋檜木皮，是日本神社的傳統作法。
祭舍

台灣護國神社（今大直忠烈祠）

1942 年落成，用以祭祀中日戰爭中犧牲的「護國英靈」。

認為基隆河北岸的劍潭山山勢高聳，背山面水，視野極為廣闊，可俯瞰整個大台北地區，決定改在此處建造台灣神社。日治時期在台灣各地建造的神社，許多都坐落在風景優美的坡地上，足見日人對神社選址的重視。

官方設立的神社分官幣、國幣兩種，其下再分大、中、小社，由國家出資金維護。台灣神社屬於級別最高的官幣大社，作為台灣的「總鎮守」神社，具有安鎮帝國南方的象徵意義。社內祭祀日本「開拓三神」大國魂命、大己貴命、少彥名命與征台犧牲的能久親王，並以能久親王去世之日作為每年大祭之日（十月二十八日）。

一九四〇年左右，在保留第一代台灣神社的情況下，在東邊另外建造了全新的第二代台灣神社。一九四四年，統治當局將台灣神社增祀天照大神，並改稱為台灣神宮。但就在同年十月，神宮被一架飛機失事撞上，局部損毀，統治台灣的象徵受到如此打擊，日本也在隔年八月投降，以這樣的巧合結束了對台灣五十年的統治。

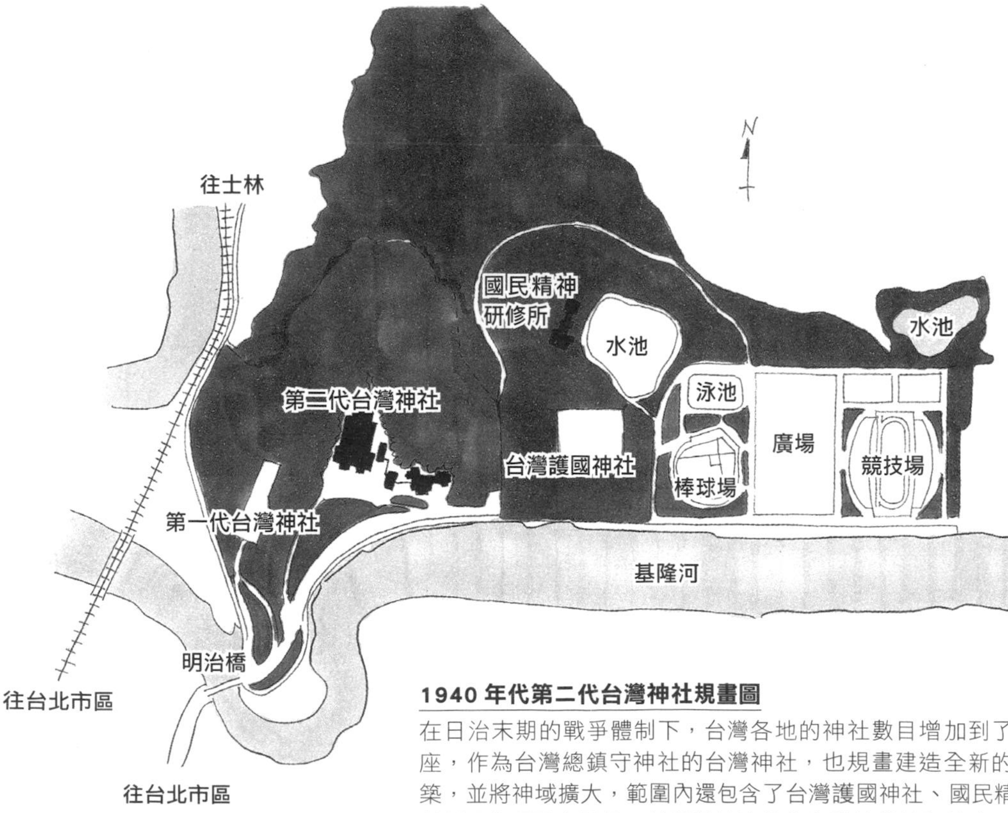

1940 年代第二代台灣神社規畫圖

在日治末期的戰爭體制下，台灣各地的神社數目增加到了兩百餘座，作為台灣總鎮守神社的台灣神社，也規畫建造全新的神社建築，並將神域擴大，範圍內還包含了台灣護國神社、國民精神研修所以及各項體育設施，希望將精神信仰與體能鍛鍊相結合。

本殿採用穀倉造型的神明造，這種形態源自於伊勢神宮，是日本最古老的神社樣式之一。

拜殿是舉行祭神儀式之處，民眾參拜神社也在此殿，內放置捐獻箱。

千木是屋頂上交叉直立的木片，原本是日本宮殿傳統的裝飾手法，經時代演變後，只剩下神社作如此裝飾，也象徵神明在此。

玉垣即低矮的欄杆，欄杆範圍內就是神降臨的神聖場所。

社務所就是神職人員的辦公室。

第一代台灣神社

1901 年建，設計者為武田五一和日本著名建築史家伊東忠太。起初想設計一座與傳統不同的神社造型，未能如願以償，因此仍然設計成傳統樣式。

神社布局以一條中軸線（參拜道）為主軸，在線上布置鳥居與拜殿、本殿，主要建築都採對稱設計，輔助建築則不講究對稱，分布在中軸線兩側，如手水舍（淨手處）、社務所、神馬等。

鳥居立在參拜道上，是神社境域的大門。神社規模愈大，所立的鳥居愈多，台灣神社自本殿前到山下一共有五座鳥居。

神饌所是調理祭神料理處。

神樂殿是供奉神樂之處。

石燈籠由地方商號或民眾捐獻，放置在參拜道兩側，象徵「奉獻燈光」予神明。

明治橋與台北橋

台灣神社隔著基隆河與台北市區相望。為了連接神社與通往城內的敕使街道，一九〇一年在基隆河上建造了一座鐵橋，稱為「明治橋」。這座橋成為城內通往台灣神社參拜必經之處，也是城內地區與士林、北投間重要的通路。

明治橋作為台灣神社參拜道上的一個重要設施，設計自然講究，橋面設有中央車道與兩側人行道，兩側有鑄鐵的桐葉紋欄杆與精美的路燈。橋長九十一公尺，採用鐵桁架搭建而成。

「鐵桁架」造橋法在日治時期很常見，台北淡水河上著名的大橋「台北橋」，長度約四百三十公尺，就採用了和明治橋相似的鐵桁架結構。台北橋位於大稻埕北端（即今日「大橋頭」位置），清代劉銘傳建造台北鐵路時，曾在這附近建造了一座跨淡水河的木橋，但是沒有多久就被洪水沖毀。日治時期重新建起台北橋後，往來台北與新莊、三重的交通因而便利許多。

至一九三〇年代，明治橋由於老舊且不堪交通負荷，於一九三三年在稍下游處新建了第二代明治橋，造型為一座鋼筋混凝土拱橋，外形和第一代鐵橋的機械感大不相同，而是古典的歐式風格。整座橋以三道優美的弧拱撐起，比例格外優美，橋兩

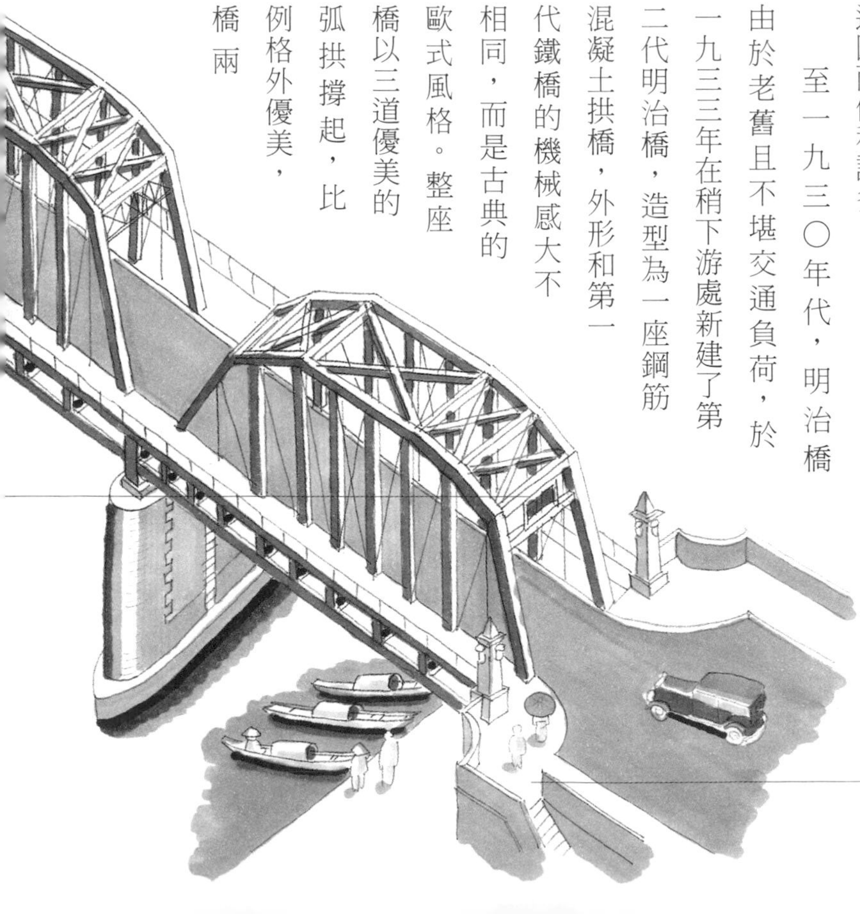

橋頭邊有樓梯下至碼頭。

端還有石造欄杆和日式風格的高聳燈座，與周遭山水及山上的神社建築相映生輝。

明治橋所在地劍潭和圓山，自清代就是台北著名勝景，第二代明治橋落成後，更增添了此地的人文風情。

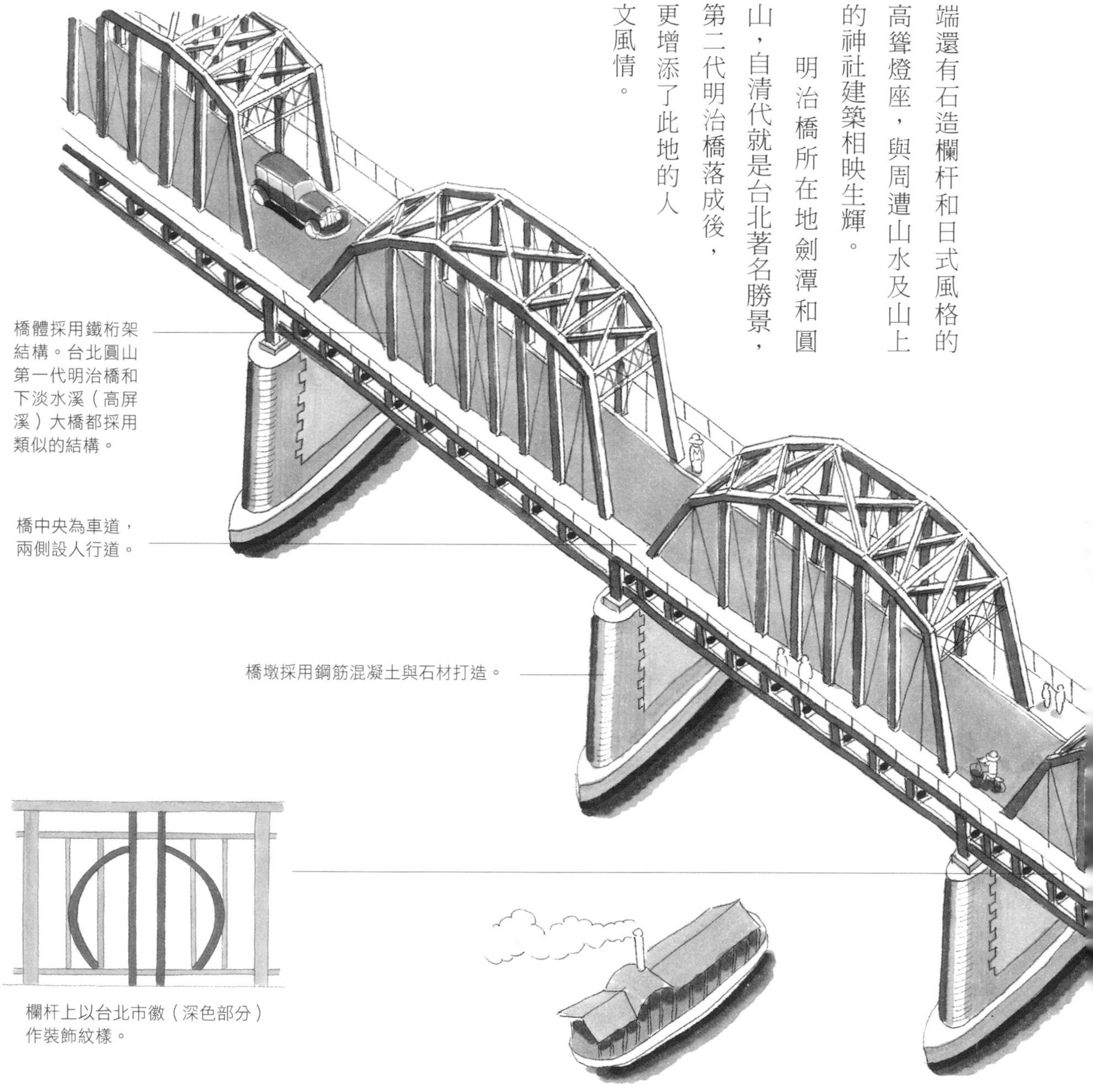
橋體採用鐵桁架結構。台北圓山第一代明治橋和下淡水溪（高屏溪）大橋都採用類似的結構。
橋中央為車道，兩側設人行道。
橋墩採用鋼筋混凝土與石材打造。
欄杆上以台北市徽（深色部分）作裝飾紋樣。
橋頭有「台北橋」匾。

台北橋

1921-1925 年建。以台北命名，可見其重要性。橫跨淡水河，長度約 430 公尺，連接台北市與三重地區。日治初期在「鐵路萬能」的政策下，優先建設縱貫鐵路，直到 1911 年以後，才逐漸著力於道路的開發，其中最重要的就是基隆到屏東的縱貫路，台北橋即是台北縱貫路上的重要橋樑。

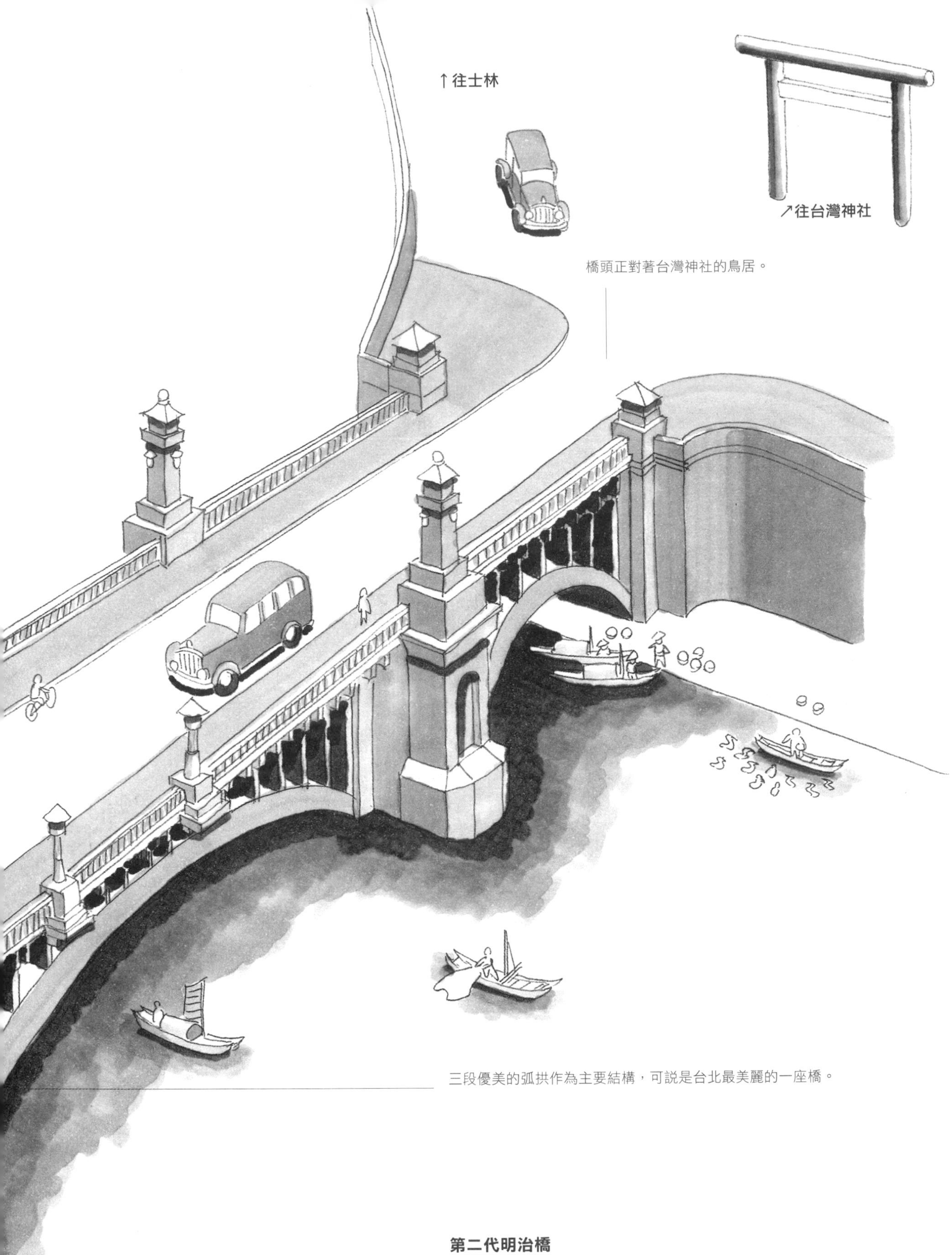
↑往士林
↗往台灣神社
橋頭正對著台灣神社的鳥居。
三段優美的弧拱作為主要結構，可說是台北最美麗的一座橋。

第二代明治橋

1933 年落成。橫跨於基隆河上，連接台北市區與台灣神社、士林地區。橋長 120 公尺，寬度 17 公尺，包含寬 10 公尺的車道和兩側 3.5 公尺的人行道。

明治橋的裝飾塔

尺度高大的裝飾塔，頂端安置電燈，是明治橋上最吸引人的焦點。

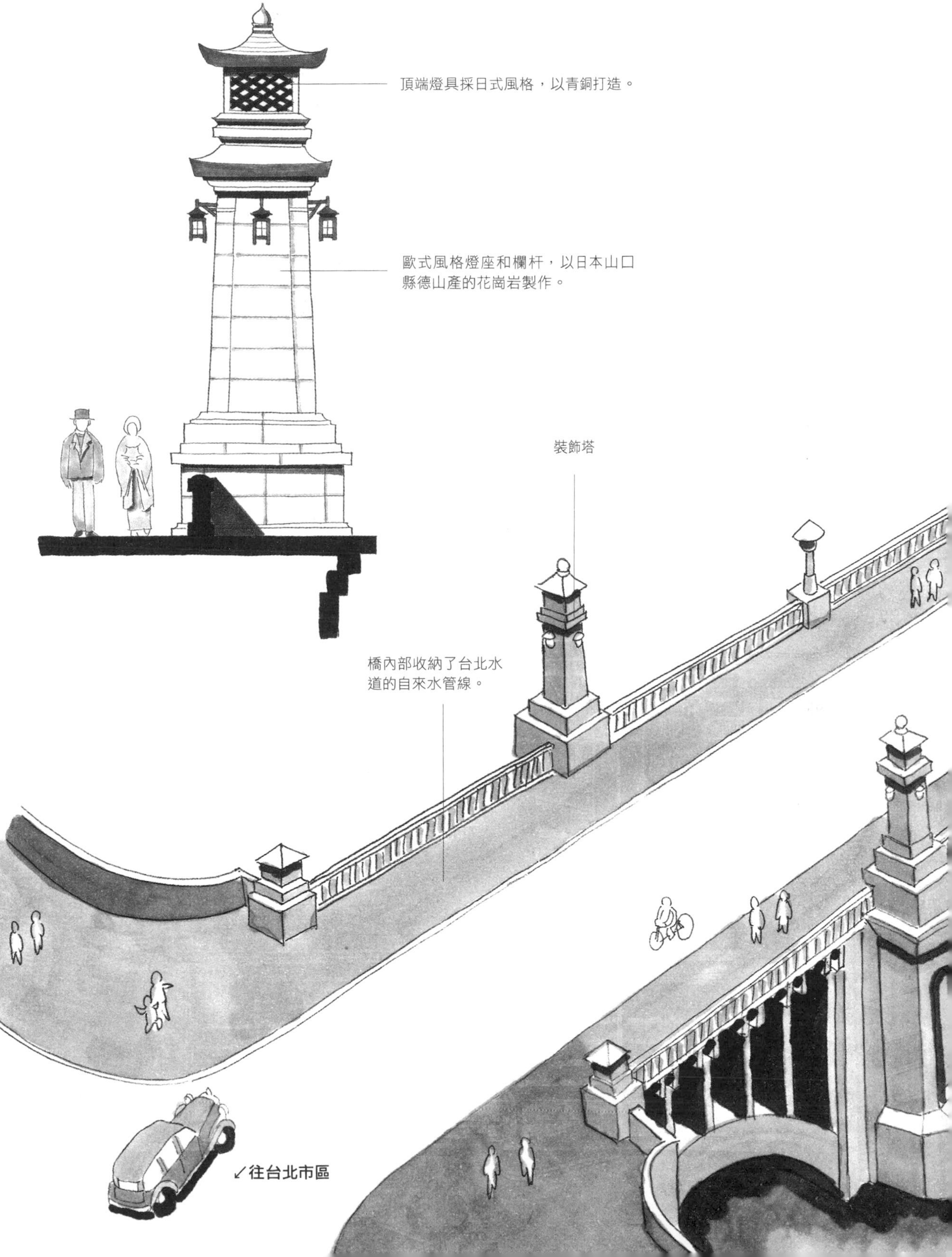
頂端燈具採日式風格，以青銅打造。
歐式風格燈座和欄杆，以日本山口縣德山產的花崗岩製作。
裝飾塔
橋內部收納了台北水道的自來水管線。
↙往台北市區

公共市場

日本當局在推動台灣的衛生建設中，其中一項重點是建設公共市場。

日本約在治台十年後開始大量設置公共市場，全台灣稍具規模的市鎮都有設置。這些公共市場的規模大多不小，在地方上也算是重要的公共建築。

公共市場的建設經費來自公共衛生費，營運時對市場業者收取使用費，成為地方稅收。在衛生方面，市場內不進行屠宰活動，並由衛生團體加以管理，確保衛生無虞。市場的設計重視活動的便利性、採光、通風。能在嶄新、挑高、明亮通風的近代化市場中採購，在當時是一大進步，甚至連日本本土設置近代化市場的腳步都晚於台灣。

台北由於人口眾多，市區範圍較廣，設有多座公共市場，其中西門町的新起街市場和城南的南門市場、城東的幸町市場等，顧客以日本人為主。而在台灣人居住區，如萬華的新富町市場、大稻埕的永樂町市場，還有士林市場，顧客則以台灣人為主。

在諸多近代市場建築中，台北西門町的新起街市場可說是獨具特色，成為台北著名的地標建築。

新起街市場位於西門圓環旁，主入口是一座兩層樓高的八角樓，外觀為典型的辰野風格，頂層每一面都有一座老虎窗，展現形象鮮明的輪廓。八角樓後面緊連著一座十字形的市場建築，同樣以紅磚建造。相傳此處原先是墓地，為了驅邪而將十字架與八卦合而為一，成為現在看到的樣子。無論這個說法是否屬實，新起街市場在日治時期公有市場的設計中，確實獨一無二。

新起街市場周圍還有廣場、廁所、腳踏車棚、汽車棚等設施，以及一座稻荷神社。一九二八年在市場的東、南兩側建造賣店，販售服飾、日常用品與五金等，市場規模進一步擴大。傍晚五點之後，市場周邊成為一處小吃攤聚集的夜市，更增添了西門町的熱鬧景象。

新起街市場

1908 年建，近藤十郎設計。台北西門町著名地標，由八角樓與十字形的市場組合而成，全台罕見，是非常有特色的市場建築，市場邊有一座稻荷神社，入夜後還有小吃攤夜市，表現出日本生活文化。

屋頂上有八座大型老虎窗，成為八角樓顯著的標誌。屋頂內部採用鐵桁架，創造出大跨距的室內無柱空間。
十字形市場販賣魚肉蔬菜等食品。
八角樓為市場主入口，一樓賣日用品、二樓賣古董與舊書。
八角樓
稻荷神社
外觀為紅磚白飾帶的辰野風格。
稻荷神社起源於京都，原本祭祀的是農業神，後來演變成為庇佑生意興隆的神，廣受歡迎。

自來水系統

日本人初到台北時，台北城內的水源以井水為主，經過調查之後發覺，井水水量逐年下降，必須另外尋找水源。在都市計畫與衛生雙重考慮之下，依照未來人口發展趨勢，建造上水道（自來水）系統才能提供穩定水源，並符合現代生活需要的水量。由於台北的地形是東南地區較高，並逐漸往西北降低，因此取水的水源地選定在城南的新店溪畔，這和當年瑠公圳的規畫原理相同，讓水可以利用重力，自然地往北輸送。

因此，選定在今天的公館新店溪畔，建立大型的淨水廠，由取水口、泵浦室、沉澱池、濾水池、觀音山淨水池、量水室所組成，當時稱為「台北水道」。自來水的生產過程，首先自新店溪取水，透過泵浦室抽水到沉澱池、過濾池，接著將處理好的水抽到觀音山頂的淨水池。淨水池容量有五〇五〇立方公尺，約等於兩座半標準泳池，在此加氯消毒之後，再經由重

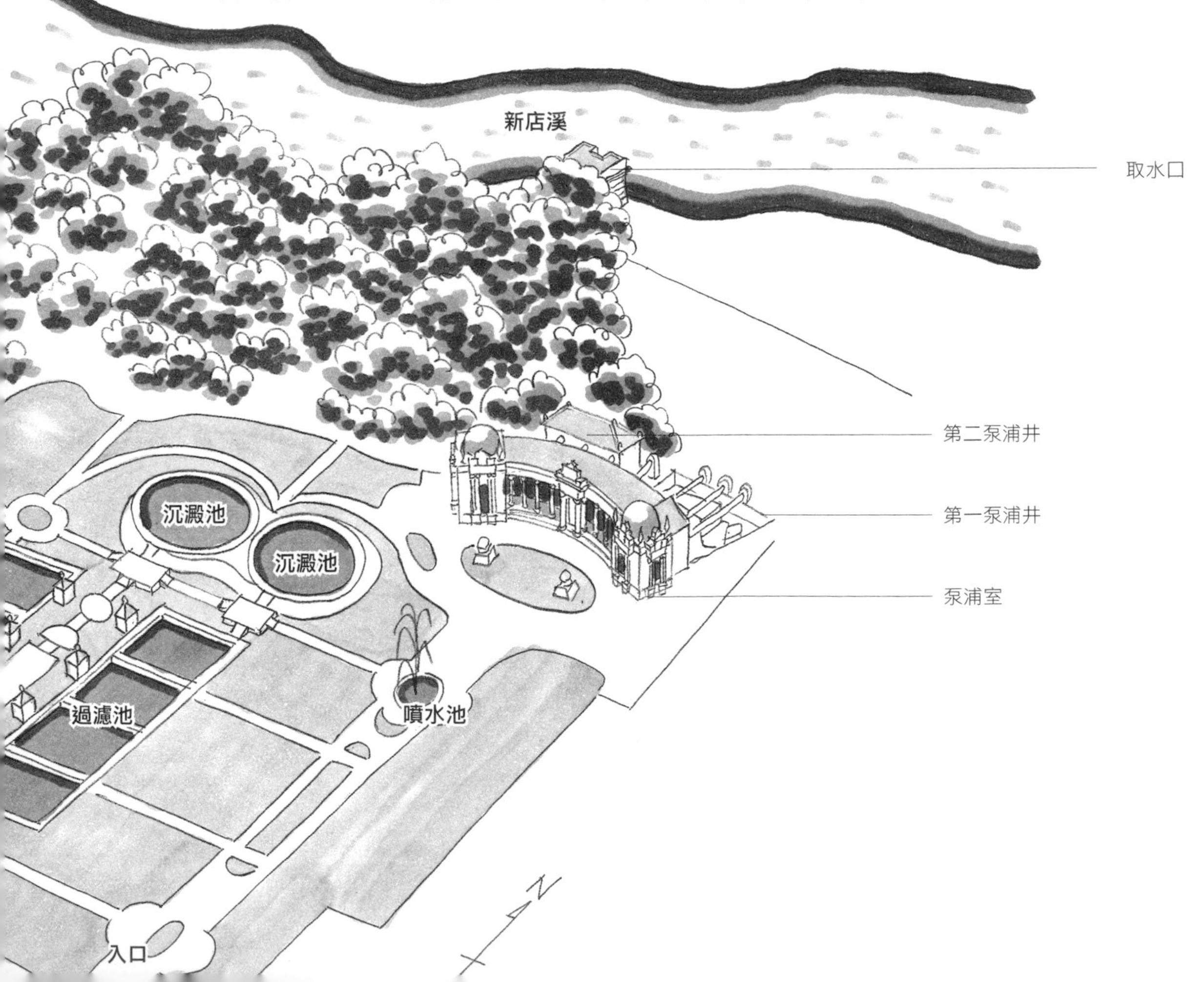
新店溪
取水口
第二泵浦井
第一泵浦井
泵浦室
沉澱池
沉澱池
過濾池
噴水池
入口
N

力送水到台北城內，最遠可以送到大稻埕地區。

水廠內的沉澱池與淨水池，是台灣與日本本土最早以鋼筋混凝土完成的淨水構造物，在建築史上有重要地位。泵浦室則完美結合了西方古典巴洛克風格與現代化淨水設備，是一座極優美的建築。泵浦室正面有一條長達數百公尺的軸線，兼有道路與景觀功能，軸線上還設有一座噴水池。沉澱池與淨水池也各自以軸線連結。如此一來，整個水廠以軸線組成簡潔規整的格局，並將多重製水流程串連起來，讓人印象深刻，整個園區內外綠意盎然，景色宜人，頗有世外桃源之感。

台北水道是台北市第一個自來水系統，也是全台灣第三個，自一九〇七年到一九〇九年完成，可供十二萬人用水。然而，僅僅五年之後，台北市人口就超過了十三萬人，因此再度擴建並於一九一九年完成，能供應十五萬人用水。一九三二年又在台北市北方的草山（今陽明山）上，興建了一條水道系統，自竹子湖和紗帽山兩處水源地取水，能供應十七萬八千人用水，使得台北市的自來水系統達到了三十二萬人的規模。

排氣室。排除管內空氣，讓水進入淨水池。
消毒室。水經此加氯再進入淨水池。
觀音山淨水池。頂部加蓋以防汙染，表面植草皮隔熱，並設有通風管可對外換氣，使內部保持恆溫，避免清水變質。
景尾溪
水位量測室，觀察水位用。
量水室。測量淨水池送出的水量。

台北水道全區透視與淨水流程圖
1907-1909 年建。

台北各水道分布位置圖

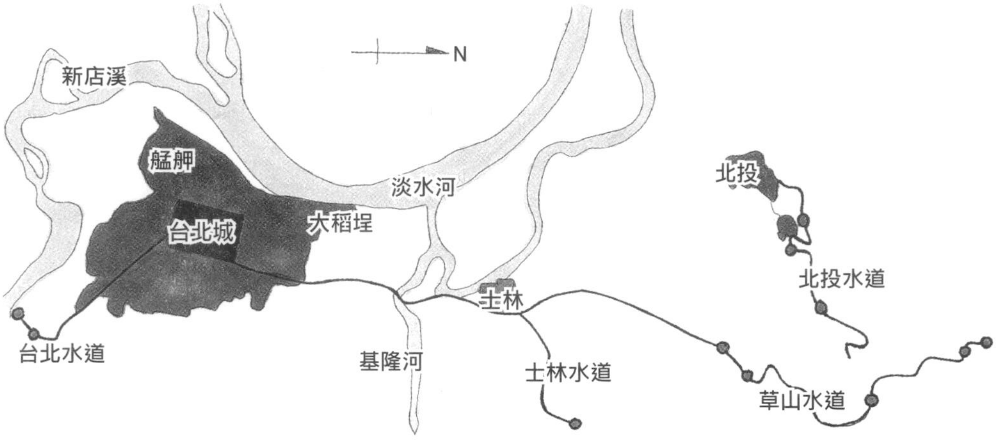
N
新店溪
艋舺
淡水河
台北城
大稻埕
北投
北投水道
士林
台北水道
基隆河
士林水道
草山水道

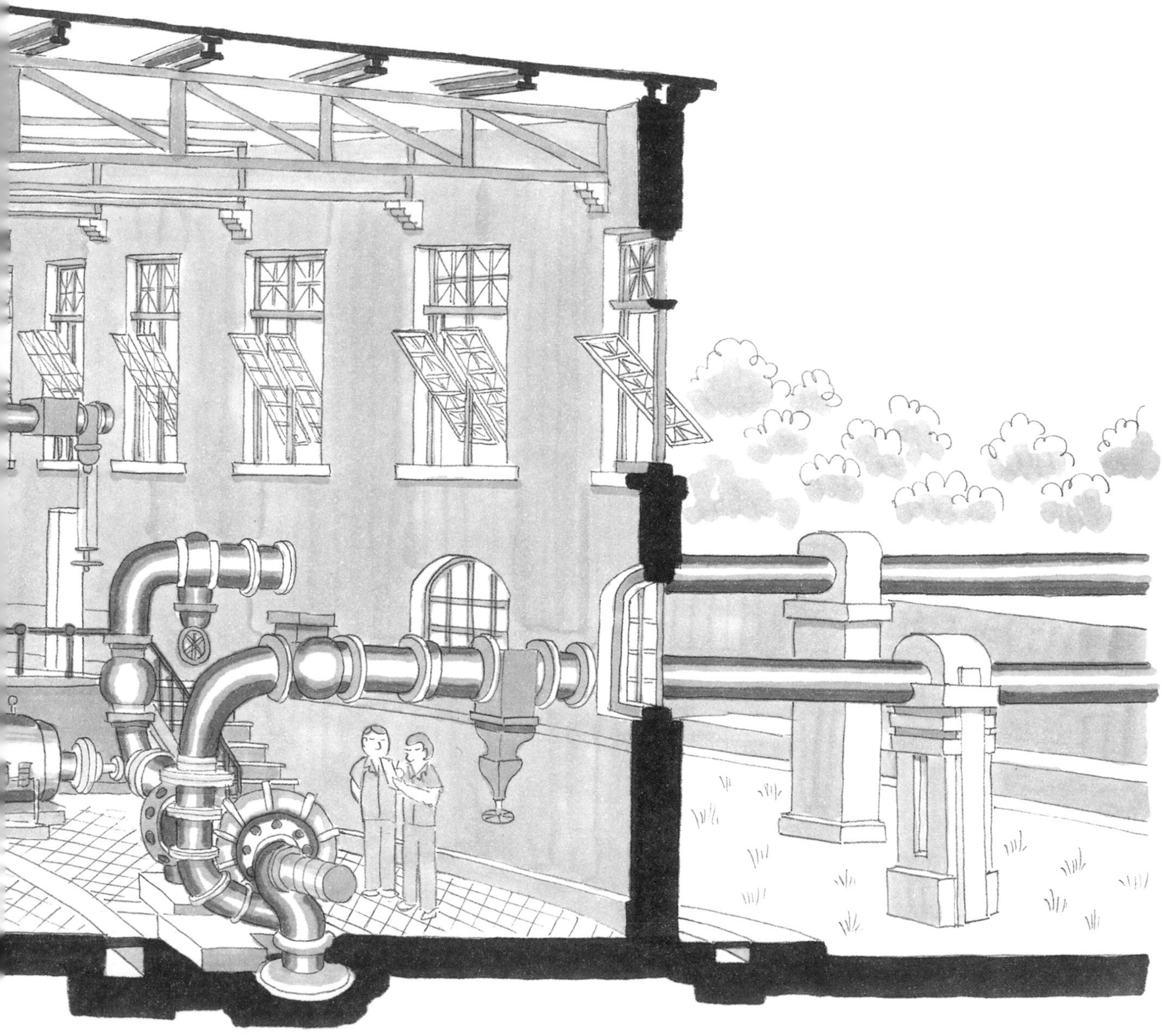

台北水道泵浦室

1907-1909 年建，森山松之助設計。
泵浦室造型為巴洛克風格，非常優美。雖僅是作為放置抽水設備的廠房建築，仍然精心構築。建築平面呈弧形，在簡潔曲面上布置成列的愛奧尼克柱式，是這座建築給人印象最深刻的地方。

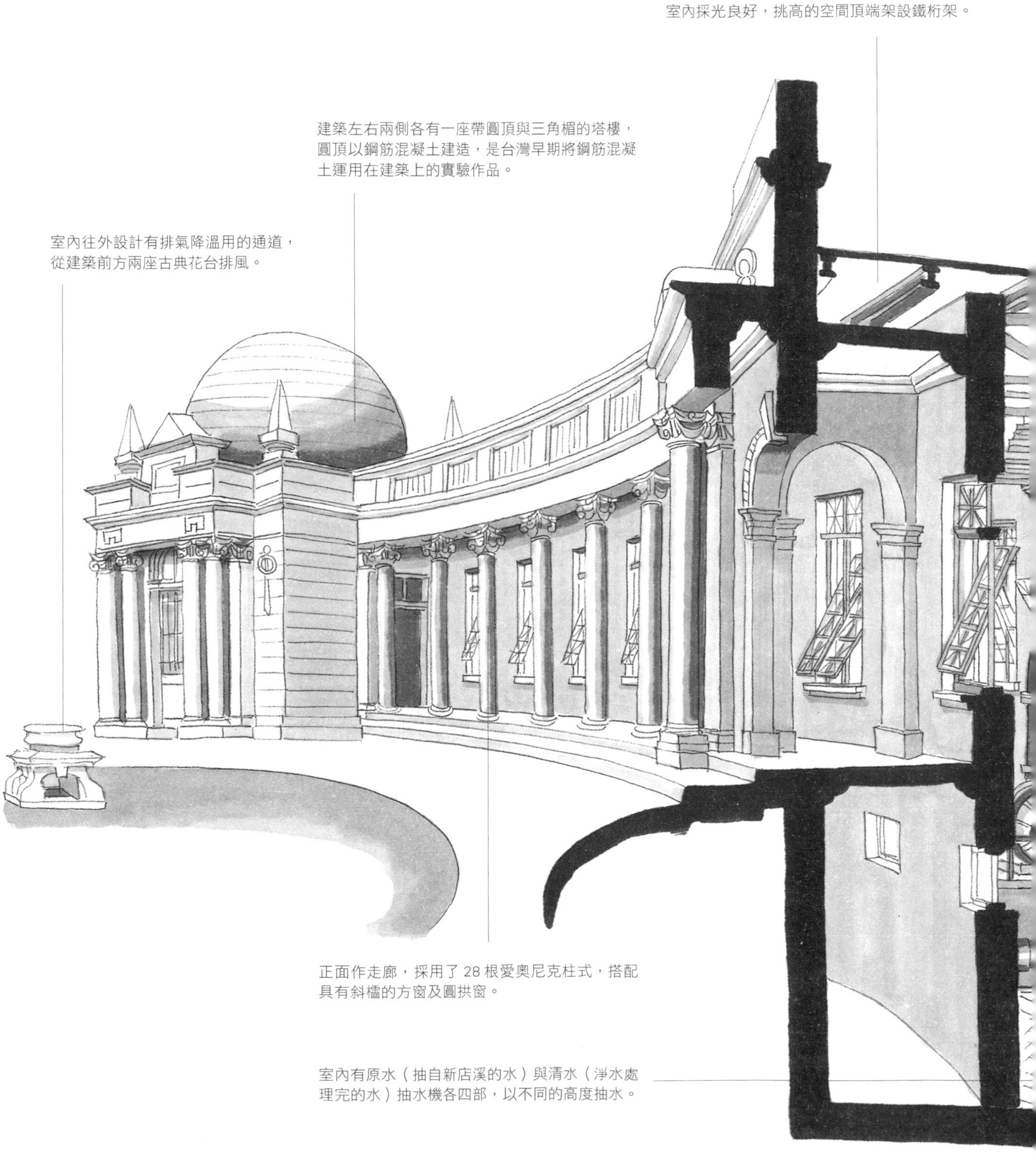

室內採光良好，挑高的空間頂端架設鐵桁架。
建築左右兩側各有一座帶圓頂與三角楣的塔樓，圓頂以鋼筋混凝土建造，是台灣早期將鋼筋混凝土運用在建築上的實驗作品。
室內往外設計有排氣降溫用的通道，從建築前方兩座古典花台排風。
正面作走廊，採用了 28 根愛奧尼克柱式，搭配具有斜櫺的方窗及圓拱窗。
室內有原水（抽自新店溪的水）與清水（淨水處理完的水）抽水機各四部，以不同的高度抽水。

三線道

一九〇一年，台灣總督府開始逐步拆除台北城牆，拆下來的石條改作鋪設下水道與其他建設的材料。作為清代台北城之魂的城牆，就此走入歷史。台北城的五個城門，除了西門早被拆除外，其餘四個在有識之士的呼籲中保存了下來，成為僅存的清代台北城遺跡。

城牆拆除後，在原有基礎上建造了近代化的公園式道路，寬度為二十五到四十間（即約四十五到七十二公尺）不等，中央是人行道，兩側各有植樹的綠化帶及車道，稱為「三線道路」，自一九〇五年開工，一九一三年完成。一九一六年就在三

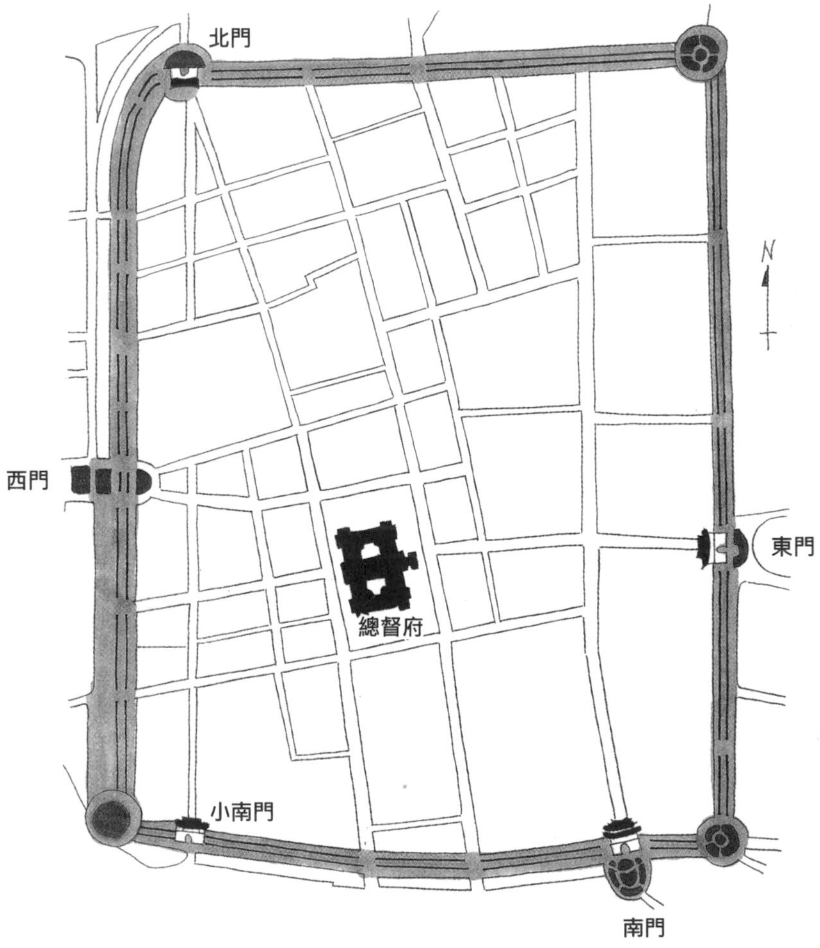

台北環城三線道與舊城門位置

在三線道的東北角、東南角和西南角上，都設置了大型圓環，南門與西門則各設置一座橢圓形公園。

線道舉辦環城馬拉松賽跑。這條集交通、景觀、休閒於一體的環城道路，不但成為台北交通新動脈，更打造出全新的都市開放空間，可說是統治當局欲將台北改造為近代化都市的一項重要宣示。

四座清代台北城的城門被保存在三線道上，成為圓環中央的造景。其中東門「景福門」與日後建造的台灣總督府遙遙相對，在這個日後被稱為凱達格蘭大道的都市空間裡，展現出新舊台北交錯的城市印象。

另外，東門還是台北城內通往圓山台灣神社的「敕使街道」起點。「敕使街道」是參拜神社的專用道路，建於一九〇一年，於一九三六年到一九四〇年間拓寬為四十公尺，設快車道、慢車道與人行道，共為五線道，路上種植楓樹、樟樹，並將電纜線地下化，也是台北著名的新式街道之一。

西三線道
西三線道因為有縱貫鐵路通過，大大增加了西三線道的寬度，路中央人行道與綠帶亦非常開闊。

車道
縱貫鐵路
人行道
綠帶
人行道
綠帶
車道

南三線道
南三線道是整個環城線最幽靜的一段，在衛生顧問濱野彌四郎的堅持下，於道路南側保留了十八公尺寬的大片綠地。

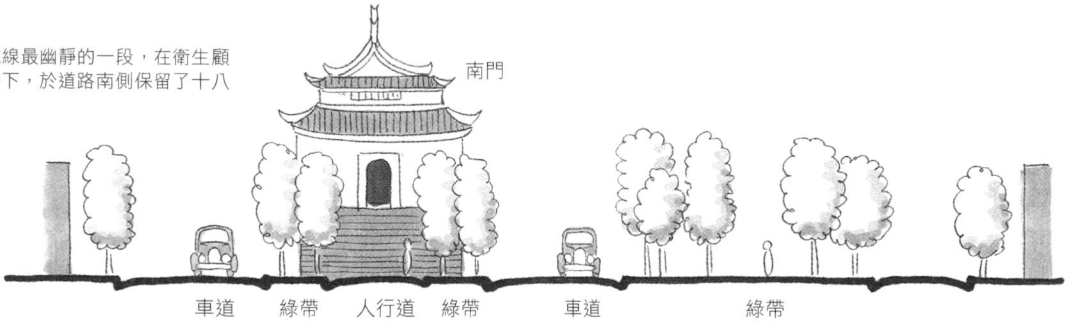
南門
車道
綠帶
人行道
綠帶
車道
綠帶

東三線道
東三線道是標準的三線道規畫，中央為人行道、兩側為車道。1939 年改中央為快車道，兩側為慢車道，以適應日漸增多的汽車。路面早期都是鋪碎石，1930 年代開始逐漸將車道改鋪為瀝青路面。

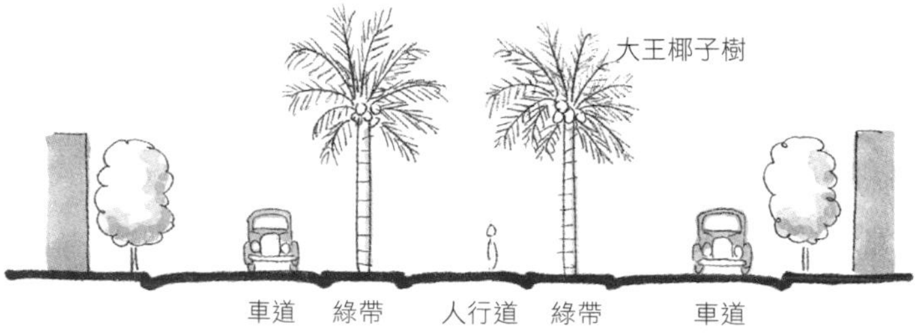
大王椰子樹
車道
綠帶
人行道
綠帶
車道

台北三線道的規畫
三線道是規模龐大的都市改造工程，因此不是一次完成的，而是分段施工，且四條線路寬窄不一、各有特色。以行道樹來說，早年都是種植相思樹，之後陸續試種許多種類的樹木，最後自 1936 年開始進行整理，東、西、南、北線各種植大王椰子、楓香、茄苳、蒲葵，確立了三線道最後的風貌。

中央研究所
幸町教會
東三線道
北三線道（種植蒲葵）

東三線道

東三線道即今日的中山南路。日治時期在這段路上有台北州廳、第二高女、幸町教會、中央研究所、台北醫院、總督府醫學校等歐風建築，在三線路大片綠化帶的襯托下，成為台北最優美的現代化街區。

大島久滿次銅像。大島久滿次是第五任台灣總督佐久間左馬太時代的民政長官。

表町、本町、榮町

日治初期，台北城內有許多建於清代的街屋房舍，由於不符合近代生活的衛生、堅固等條件，以開拓街道的名義，陸續拆除了不少。有些街屋將沿街面改成日本內地樣式，內部則保留清代的土磚構造，但當局希望的是全面性的街區改建，只不過限於土地徵收與財力因素，無法實現。

一九一一年八月底的一次颱風，讓全台灣都籠罩在強烈的風災之下，台北更是發生了六十年未見的大水災，台北城內以及艋舺、大稻埕等地都被水淹沒。土牆構造的街屋不耐水淹，損毀更是嚴重。總督府趁這個機會，進行了台北城內的市區改建，自一九一一到一九一四年，完成了表町、本町、榮町等現代化商業街。這個規模宏大的造街工程，由「台灣土地建物株式會社」負責規畫，總督府土木局的野村一郎指揮局內的技師設計，在拓寬街道的同時，一併建設出西

洋風格的街道建築。如同一八五三年霍斯曼男爵大刀闊斧改造巴黎，台北城內的風貌，從此有了脫胎換骨的改變。

儘管劉銘傳在清末時就在大稻埕進行過造街，但當時所完成的街道形式並不統一，有西洋風格，也有傳統漢人的街屋造型。清末洋樓的設計也不如日治時期那樣多變，整體而言較為樸實。然而，表町、本町、榮町一帶在一九一〇年代完成的台北城內街道，高度為兩層到三層，外觀並非整齊畫一的單調設計，而各有不同造型，風格有西洋古典式、也有紅磚與白橫帶相間的辰野式，還有日本式樣，形成了豐富的街道景觀。連排的街屋立面藉由高度統一的窗台和屋簷取得協調感，完成了形態豐富、規格畫一的街道景觀。「同中求異」可說是這次規畫的理想。

在當時，西洋風格是文明開化的象徵，也是展現日本國力，收服台灣人心的手段，因此在廣大城區內的建設皆以西洋風格為基調。此時，台北城已從漢人的傳統都市，一躍成為歐風都市。當局對於統治首都的風貌改造，有很大的宣示作用，對於台灣其他都市的街道風貌，更有深遠的影響。

櫛比鱗次的街屋（本町）

城內每棟街屋的設計都不盡相同，表現出商業街區的熱鬧氣氛。與此同時，每棟街屋的騎樓高度，一樓、二樓的窗戶位置，以及頂端出簷的位置都差不多，在不同的變化中形成了秩序感。

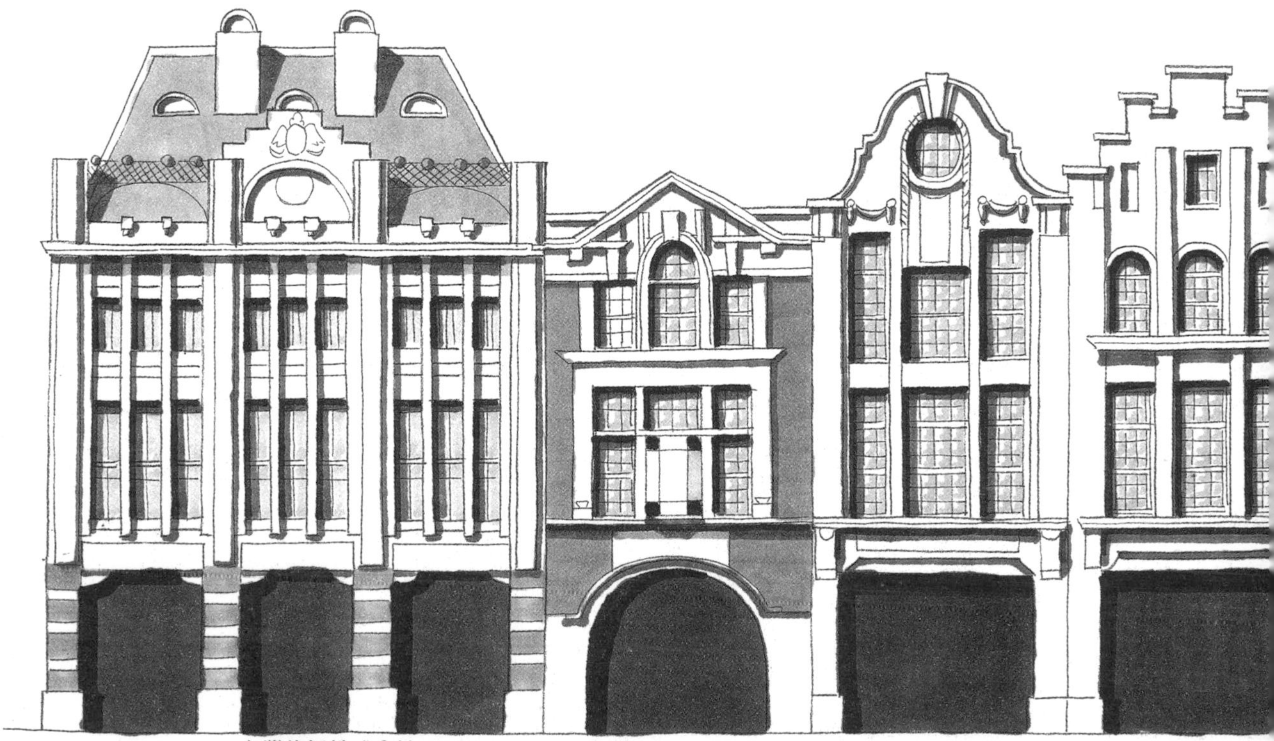

台灣信託株式會社

台北城內的重要街道

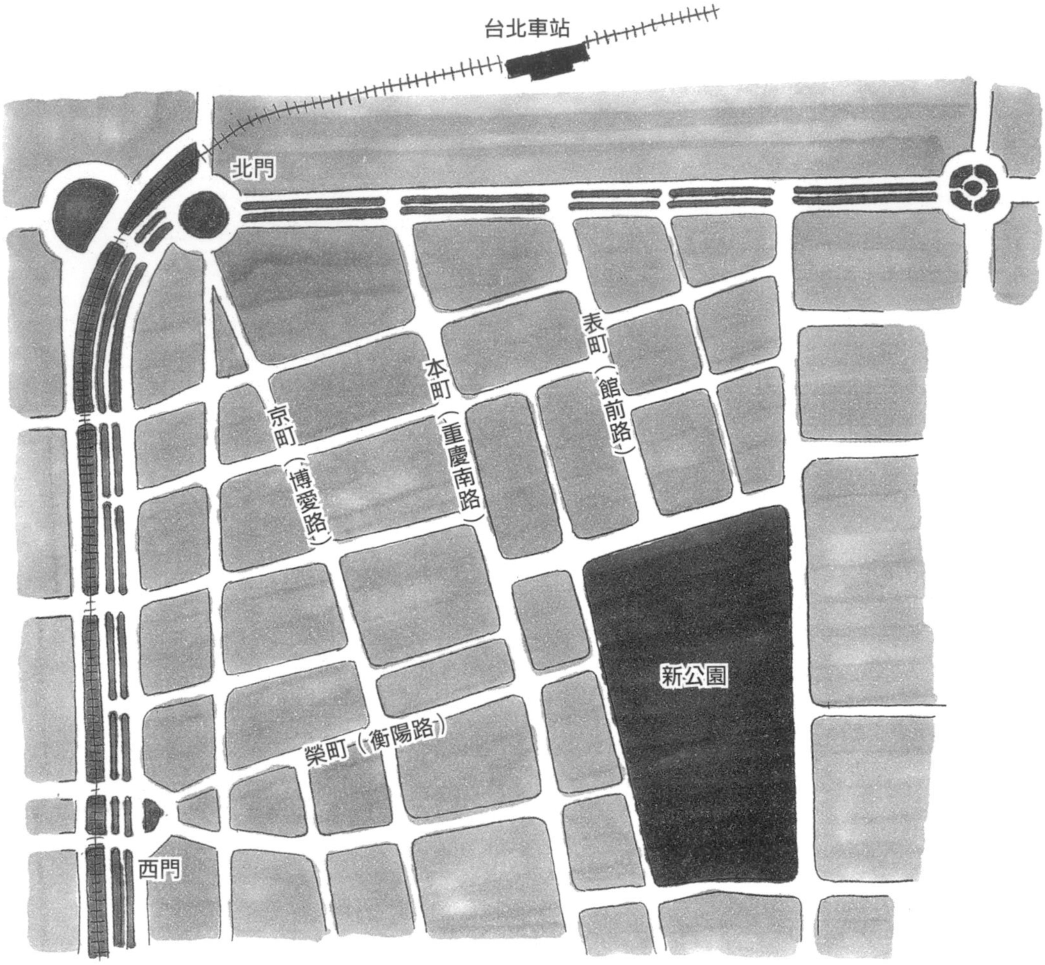
台北車站
北門
表町（館前路）
本町（重慶南路）
京町（博愛路）
新公園
榮町（衡陽路）
西門

福田商會（位於府中街）

吳服（和服）用品店。這是早期在台北城內出現的日式街屋，正面有騎樓與開闊的門面，兩層屋頂看起來十分氣派。

清代台灣漢人街屋

清代漢人傳統街屋以紅磚瓦建造，外觀不像西式街屋那樣有講究的立面設計，而是以實用為主。正面建造出騎樓，可遮風蔽雨，裡頭的店面通常設計成中央一道門扇、兩邊開窗的形式。

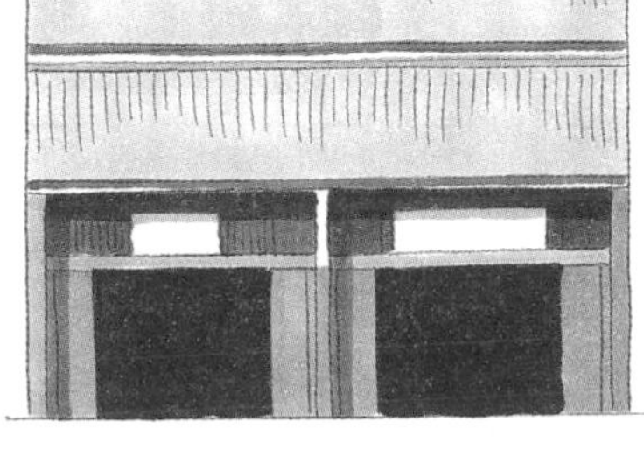

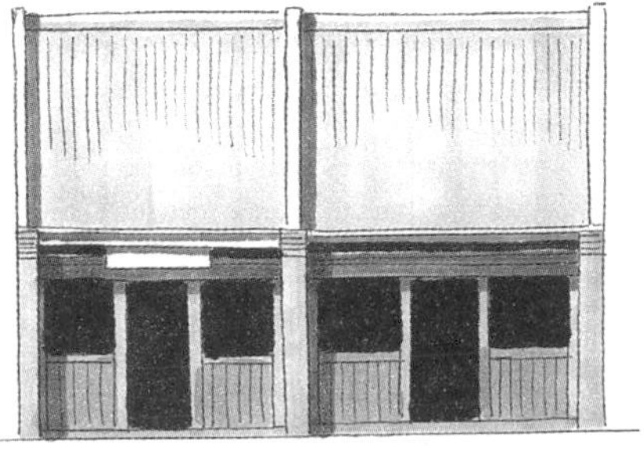

資生堂藥鋪（位於府中街）

典雅的日式屋頂搭配騎樓，成為極有特色的街屋建築，屋簷下隱藏著西式的裝飾帶，展現出和洋混合風格。

中惣御料理（位於表町）

一樓騎樓採用輕快的西洋柱式，二樓為日式木造雨淋板與黑瓦頂，為和洋混合風格。

大阪屋商店

二樓作出陽台與木造欄杆，兩層木造屋簷和拉門充滿日式風味。

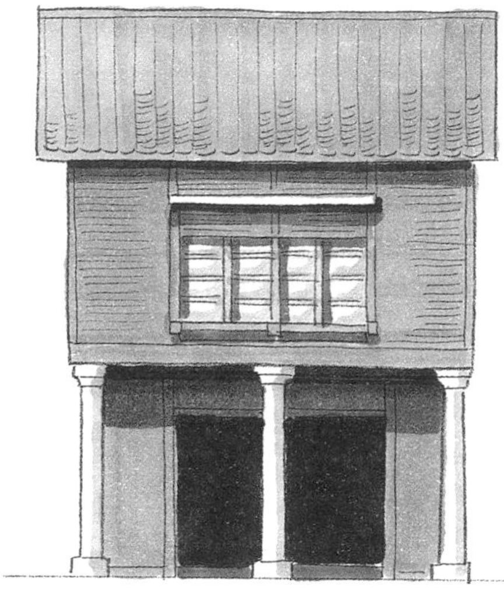

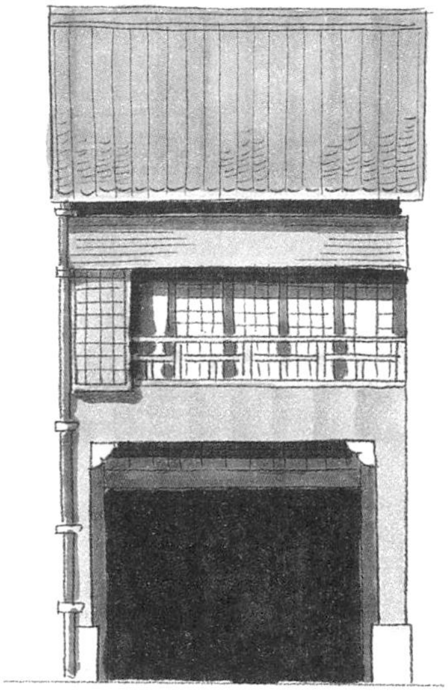

台北消防隊（位於表町）

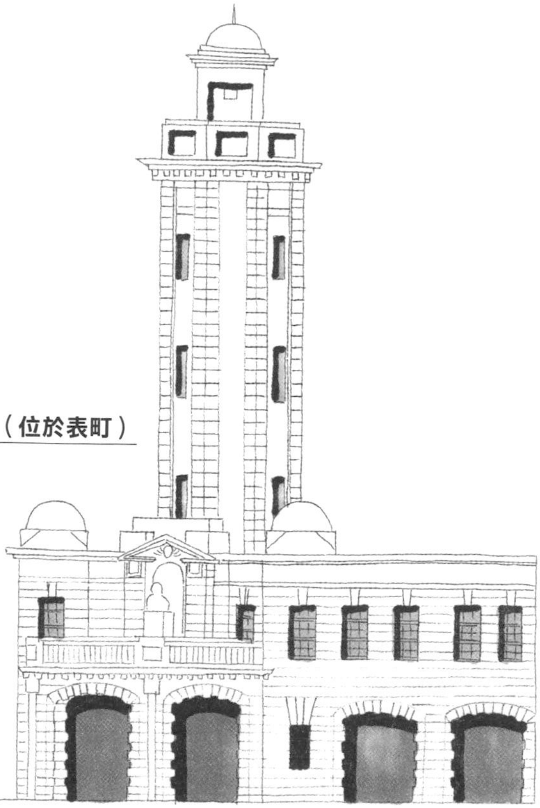

新高堂書局（位於本町）

外觀為華麗的辰野風格，以紅磚與橫白飾帶組成活潑的裝飾，是大正年間流行的建築式樣。新高堂是台北城內著名的書店，坐落在榮町與本町的交叉路口，轉角處設計出高聳的馬薩式屋頂，成為醒目的地標。

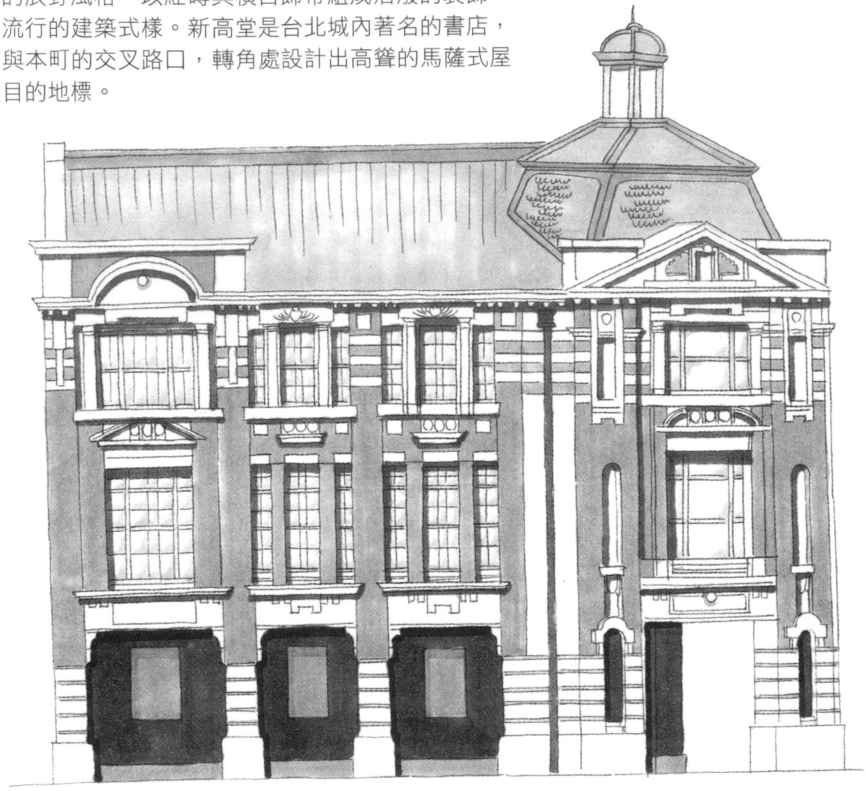

江上理髮館（位於本町）

簡潔的西洋古典式樣，紅磚搭配白飾帶，展現出辰野風格的趣味性。

小島屋（位於榮町）

販售化妝品與和洋雜貨。外觀以西洋古典元素如三角楣、弧拱為主體，搭配幾何風味的裝飾藝術風格，非常活潑的設計。

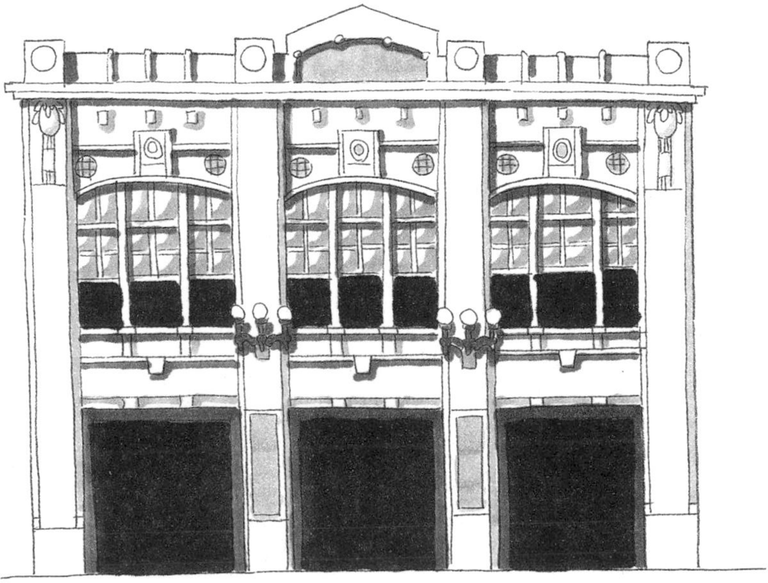

梅月堂（位於榮町）

御菓子店鋪，建築融合了幾何型的裝飾藝術風格與西洋古典元素，牆頂上的弧線牆帶出一點巴洛克風味。

十商店（位於榮町）

台灣工藝品專門店，簡潔的建築外觀運用了奇妙的弧線，成為非常特殊的樣式。

小塚本店（位於榮町）

從事印刷業與文具用品販售，建築外觀採用仿石材疊砌造型與大型三角楣，展現出穩重的西洋古典風格。

勝山寫真館（位於京町）

京町即今日的博愛路。這裡沒有跟上 1910 年代的街屋改建，而在 1935 年由當地仕紳合資進行改建。當時流行簡約的建築風格，因此改建完成的京町展現出簡潔明快的街道景觀。

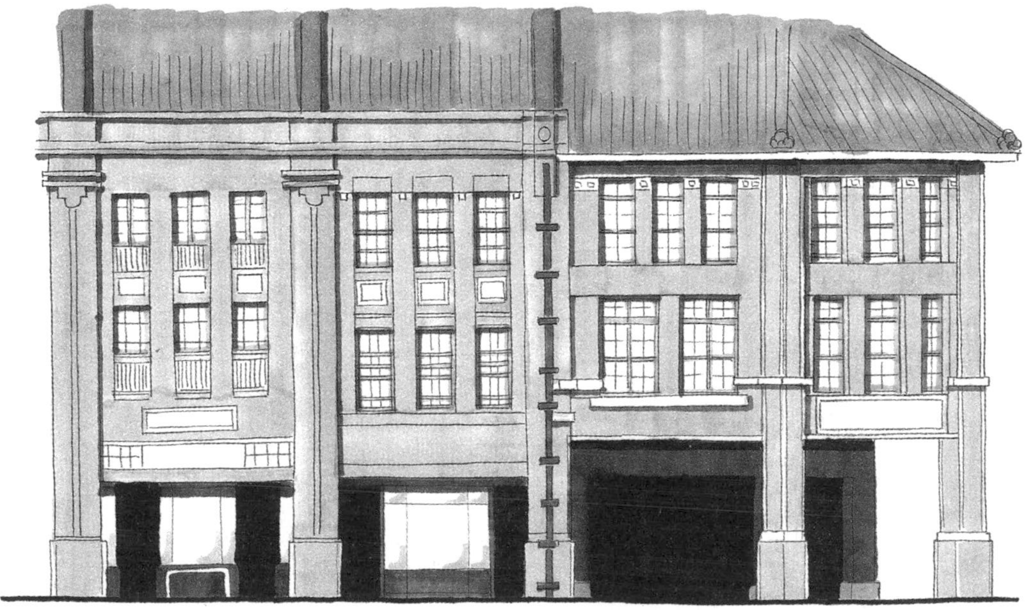

勝山寫真館

高石組（位於撫臺街）

1910 年建。高石組是日治時期的建築營造商，曾經參與總督府博物館、總督府的建築工程。這座辦公建築外觀小巧，沒有花俏的山牆裝飾，而是以馬薩式屋頂搭配老虎窗，形成典雅簡約的風味。騎樓採用石造拱券，在台北城內街屋中相當罕見。

日日新報社（位於榮町）

1907-1908 年建。位在台北城西門圓環邊，由總督府技師近藤十郎設計，原本只有兩層樓，後來增建成三層，簡潔而充滿秩序感的有力構圖，是台北城內大型街屋的代表作品。

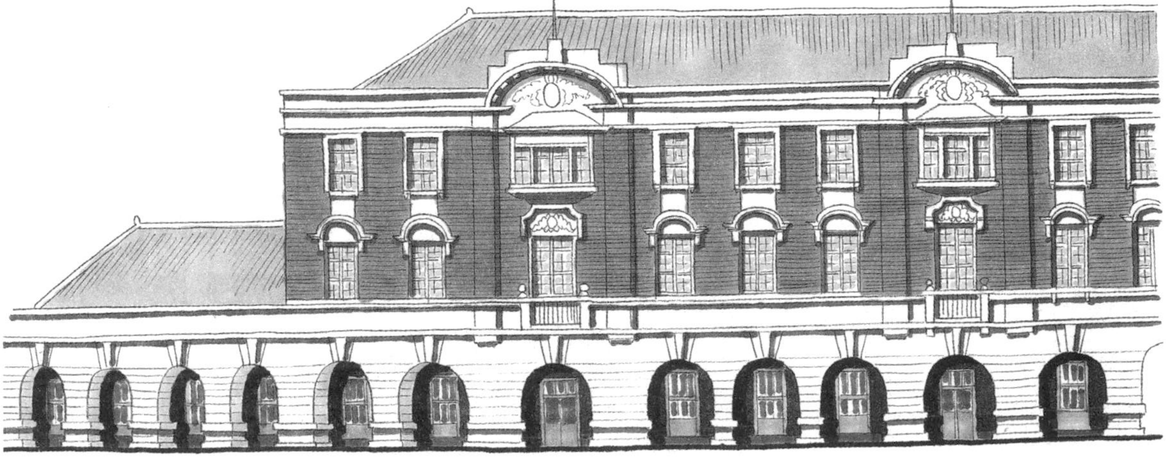

吾妻旅館（位於表町）

1910 年代建。位在台北鐵道飯店正對面，造型簡潔，七開間寬的正面非常有氣勢。

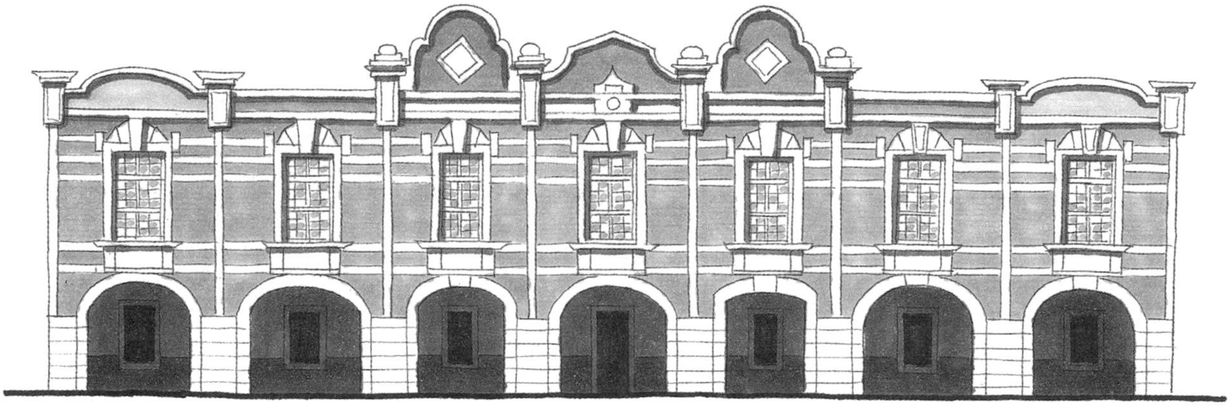

朝日座（位於撫臺街）

1907 年建。台北早期著名的戲院，位在狹窄的台北城內街區，街屋型態相當特別。正面寬達十五開間。一樓按規定設計了騎樓，作出成排的西洋柱式，二樓則是文藝復興式的花俏設計，醒目的馬薩式屋頂和老虎窗，作為戲院建築，非常吸引眾人的目光。

鐵路系統的建設

台北自清代即有鐵路，是劉銘傳在台實施新政時所建造，最後完成了基隆經台北到新竹的路線。和一般道路相比，鐵路的運輸量極大，效率亦高，清代建造鐵路主要著眼於國防，有利快速調兵，也有利貨物進出口的輸送。這樣的眼光非常正確，可惜鐵路完成沒有幾年，台灣就被割讓給了日本。

日本領台之初，已建有許多軍用臨時鐵路作為平定島內反抗義軍的運輸線。一八九九年成立「鐵道部」總理官營鐵路後，隨即展開縱貫鐵路的建設。一九〇八年，從基隆到打狗的縱貫鐵路全線通車，成為台灣交通運輸大動脈，另外還陸續開發基隆港與高雄港，作為物產進出的門戶，如此為台灣的產業開發奠定了良好基礎。

台北地區的縱貫鐵路，自台北站以北，有樺山、松山、南港、汐止、五堵、七堵、八堵、基隆。台北

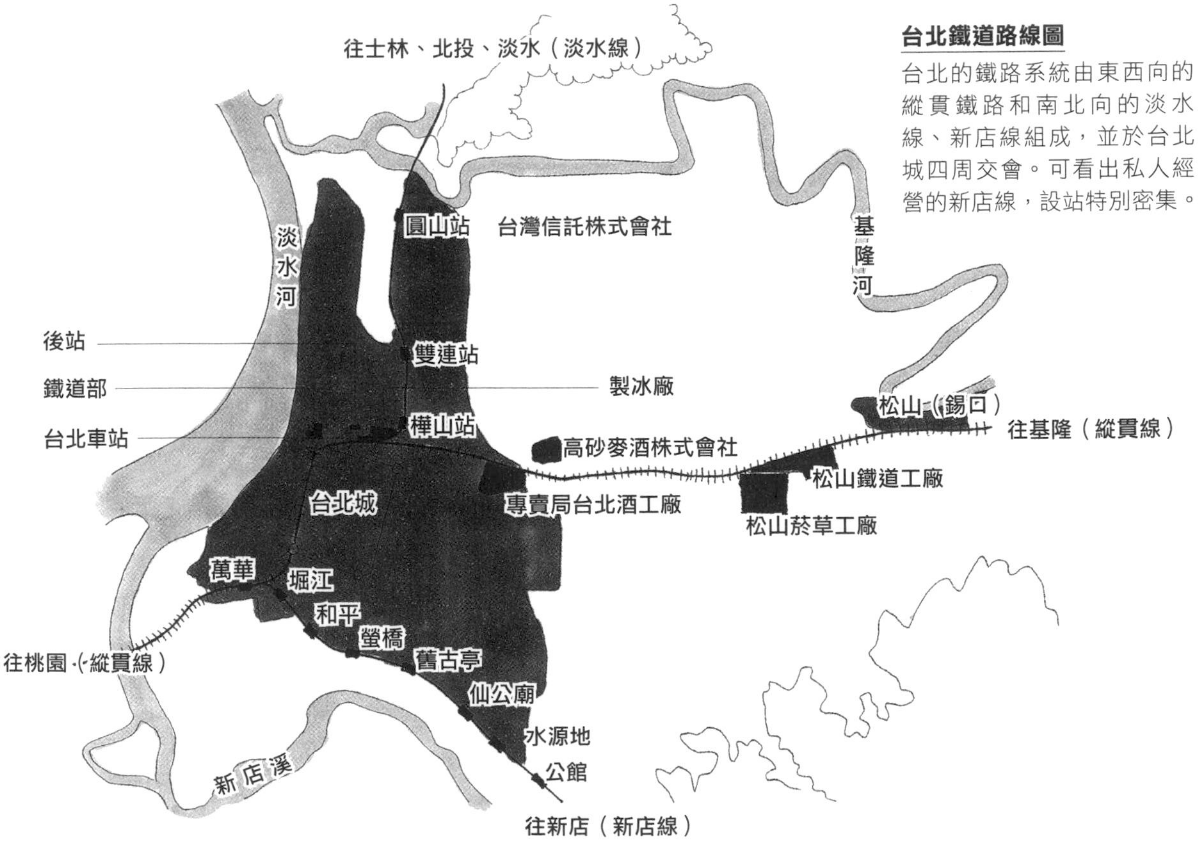
往士林、北投、淡水（淡水線）
圓山站
台灣信託株式會社
淡水河
基隆河
後站
雙連站
鐵道部
製冰廠
台北車站
樺山站
松山（錫口）
往基隆（縱貫線）
高砂麥酒株式會社
松山鐵道工廠
台北城
專賣局台北酒工廠
松山菸草工廠
萬華
堀江
和平
螢橋
往桃園（縱貫線）
舊古亭
仙公廟
水源地
公館
新店溪
往新店（新店線）

台北鐵道路線圖

台北的鐵路系統由東西向的縱貫鐵路和南北向的淡水線、新店線組成，並於台北城四周交會。可看出私人經營的新店線，設站特別密集。

站以南有萬華、板橋、樹林、鶯歌直至桃園。而為了從淡水港輸入興建縱貫線所需材料，從台北站往北分出一條通往淡水的支線，並早在一九〇一年即建成。另外，又從萬華站往東南方分出一條新店線支線，並於一九二一年通車，由私人公司「台北鐵道株式會社」經營。原位於大稻埕的清代台北火車站則改為貨運站，如此構成了台北地區的鐵路網。

鐵路網運作所需的重要設施都在台北站周邊。台北車站西側以鐵道部辦公廳和維修工廠為主體，加上大片宿舍所組成的建築群，是台北地區的鐵路維修、運作核心。台北車站東側則設有一座造型特殊的扇形車庫，主要作為修理、調度火車頭之用。扇形車庫再往東就到樺山站，是一處大型的鐵路貨運站。

台北市區的縱貫鐵路沿線設有許多工廠、倉庫，如台北站旁有菸草倉庫、製冰工廠，樺山站東側緊鄰著專賣局台北酒工廠，再往東還有高砂麥酒株式會社，可見產業發展與鐵路線關係之緊密。一九三〇年代，位於松山的「新台北鐵道工廠」落成，是一處規模宏大的鐵路車輛維修廠房，台北的鐵路設施又向前邁進了一大步。

新台北鐵道工廠全景

1930-1934 年建，速水和彥設計。

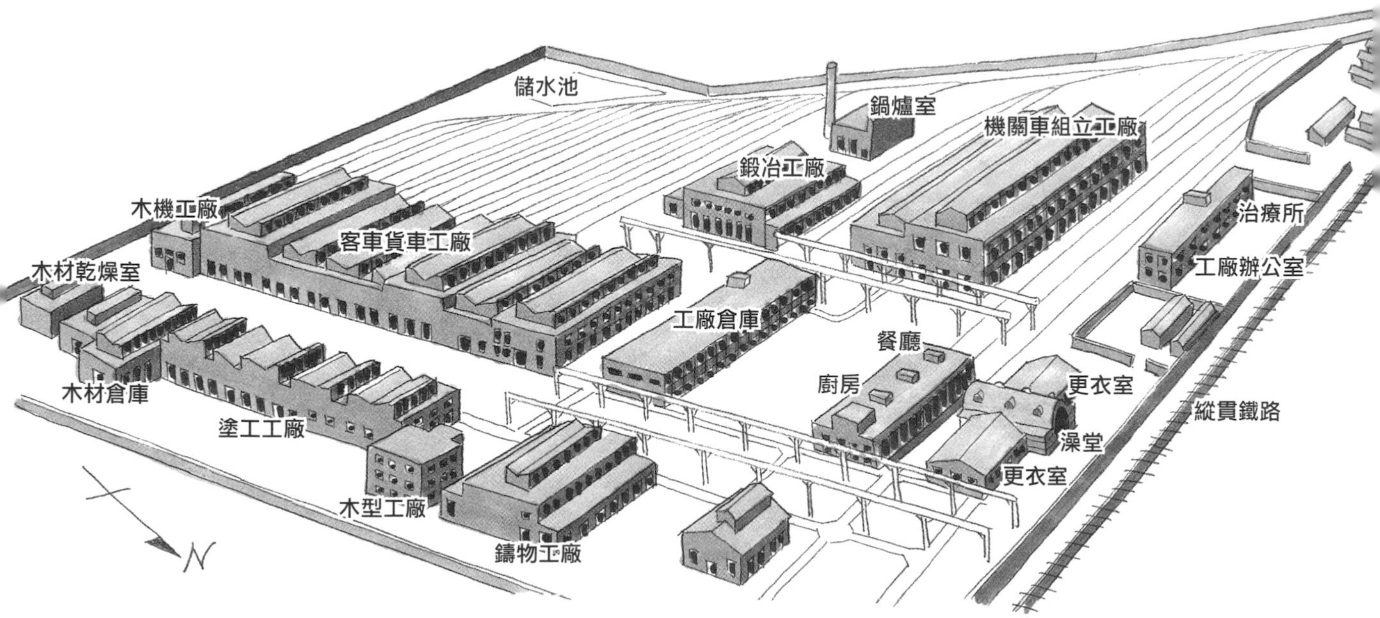

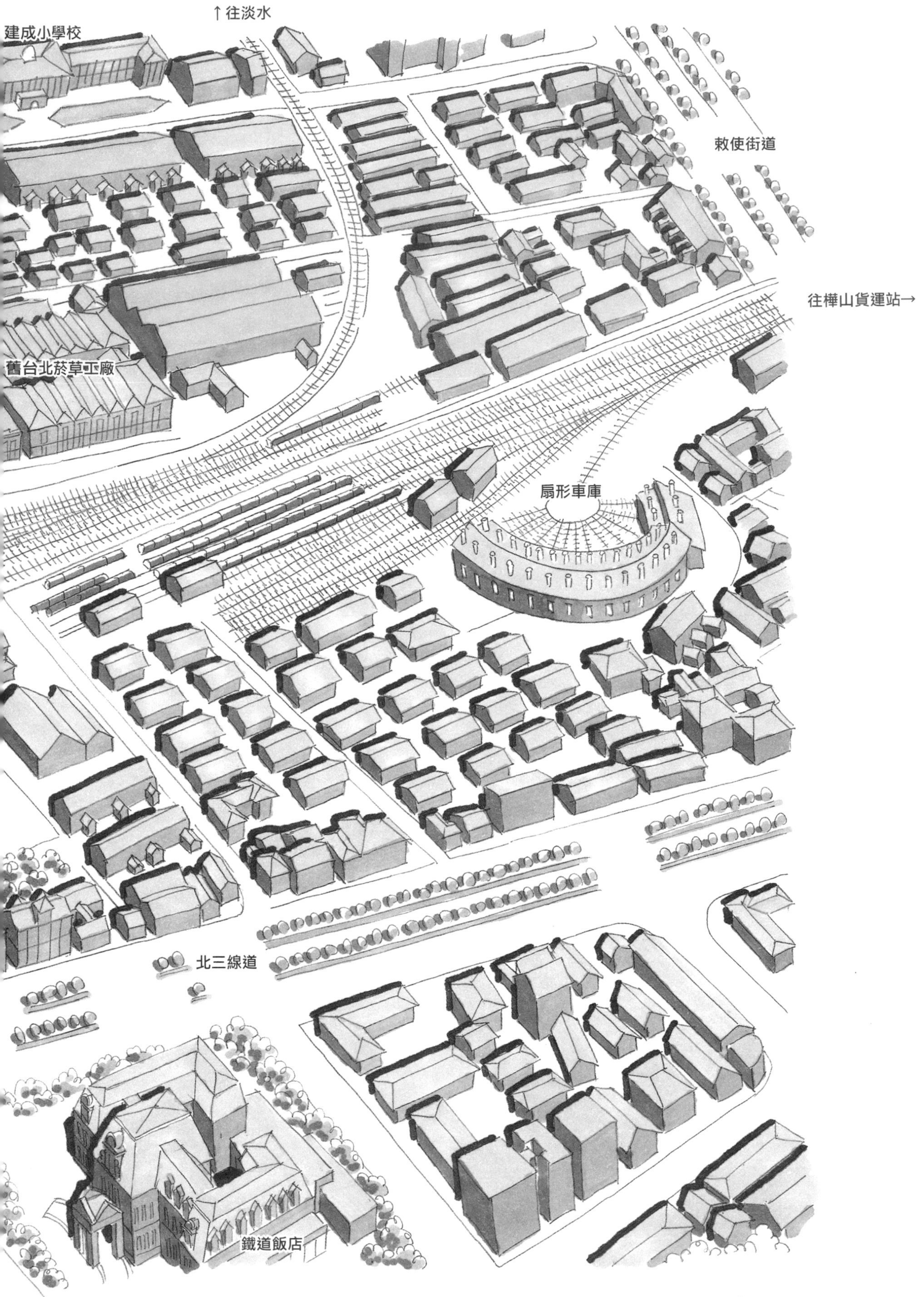
↑往淡水
建成小學校
敕使街道
往樺山貨運站→
舊台北菸草工廠
扇形車庫
北三線道
鐵道飯店

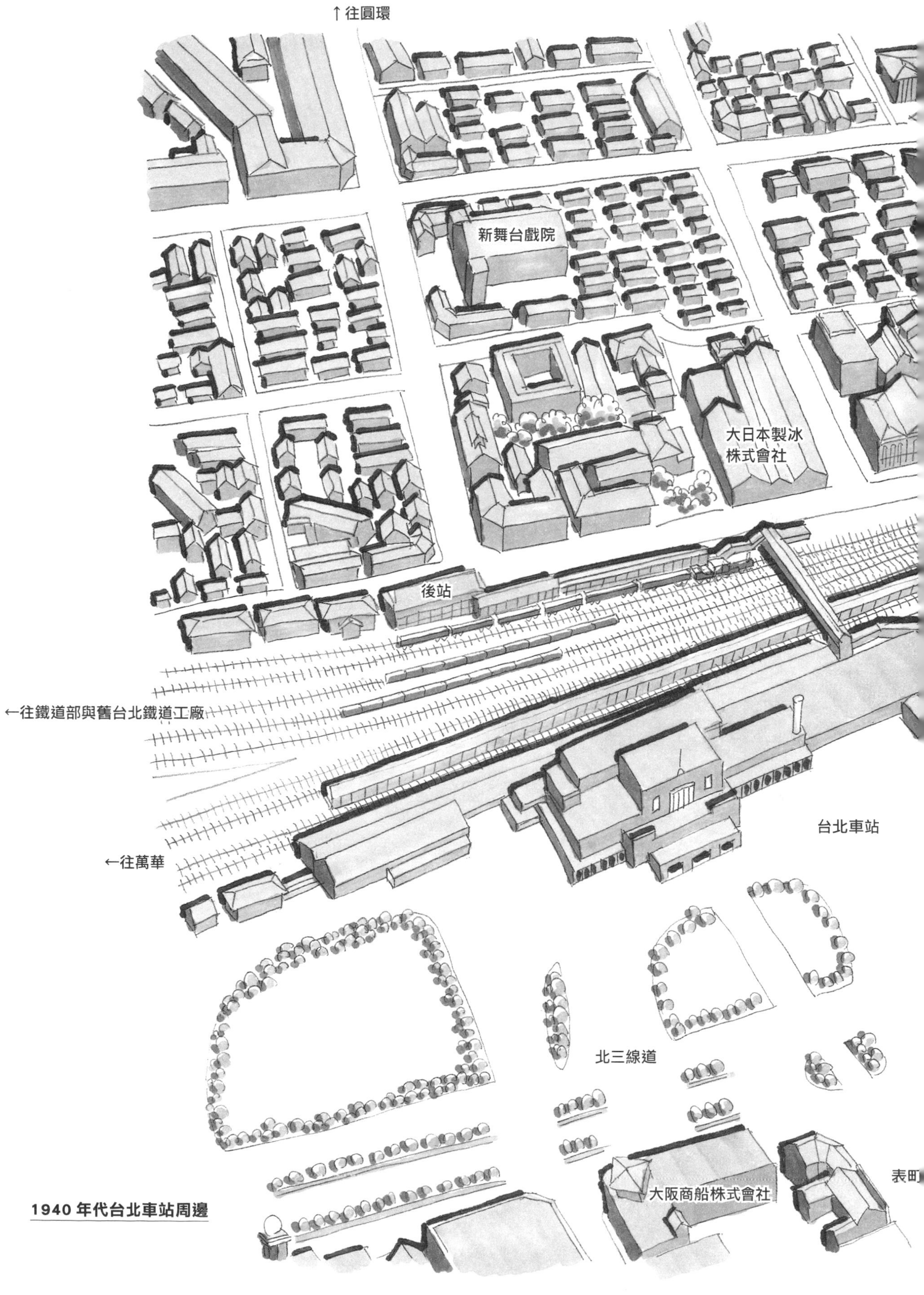
↑往圓環
新舞台戲院
大日本製冰
株式會社
後站
←往鐵道部與舊台北鐵道工廠
台北車站
←往萬華
北三線道
表町
大阪商船株式會社

1940 年代台北車站周邊

火車站

伴隨著縱貫鐵路的興建，富有特色的火車站建築也開始在台北出現。

清代的縱貫鐵路並沒有特意建造的火車站，甚至連月台也沒有，相當簡陋。日治時期每個車站的站體都經過設計，稍有規模的車站還特別講究造型，成為有特色的地標建築。

日治時期主管縱貫鐵路的鐵道部設有建築設計部門，以處理眾多的車站設計業務。他們偏好具有浪漫風情的木造建築，與總督府技師喜愛典雅的文藝復興風格或華麗的辰野風格不同。早期的火車站大多採用木造，特別是小站，帶有淡淡的淳樸風味。一般的小木造車站外觀與日式住宅很類似，只不過將開窗加大，並在外圍多加一圈走廊，以利旅客候車。

萬華站和桃園站採用了和洋混合樣式，這也是鐵道部偏愛的風格。而建於一九一六年的新北投車站則設計成簡潔的西式木造站體，建築沒有外牆，只有自屋頂落地的柱子，外觀像個涼亭，極富特色。

新北投車站

1916 年建，是新北投溫泉區的進出門戶，採用西式桁架，建築不作外牆、四面透空，成為開放式的候車室，很有特色。車站和鐵軌呈垂直，形成火車正對車站開來的奇特景觀。

如果是台北、基隆這樣重要的大站，則由總督府技師設計。第一代的台北站設計成辰野樣式，基隆站則採用文藝復興樣式，都是四平八穩的莊重造型，並以堅固的磚石建造。兩座火車站前都有大型廣場，形成開闊的門戶意象。

日治初期由於建設縱貫鐵路的經費有限，因此採取了「縮小車站規模，將經費用於延長鐵道路線」的政策，第一代台北車站和基隆車站可說是這個政策下的產物，台北車站的建築面積不過一八〇坪，基隆車站則是一二五坪。如此小巧的台北車站，在一九三五年台北舉辦台灣博覽會期間，曾創下一天進出九萬人次的紀錄，僅次於東京車站（一天十三萬人）。

然而，這種流量已經不是一個小型車站能夠應付的，於是台北車站在一九三八年到一九四〇年間進行了改建，成為占地近一千兩百坪、鋼骨鋼筋混凝土造的大型建築，中央有寬廣挑高的候車大廳，內部設置了三間不同等級的候車室，以及貴賓專屬出入口、候車室與乘車票口。另外還有郵局、餐廳、酒吧、行李室等服務空間，甚至還有公共浴室。經過這次改造，台北車站總算成為一座多功能的現代車站。

七堵車站

1908 年建，台北的北投站（1904）、士林站（1909）、南港站（1914）、五堵站（1912）等車站也都採用日式木造風格。

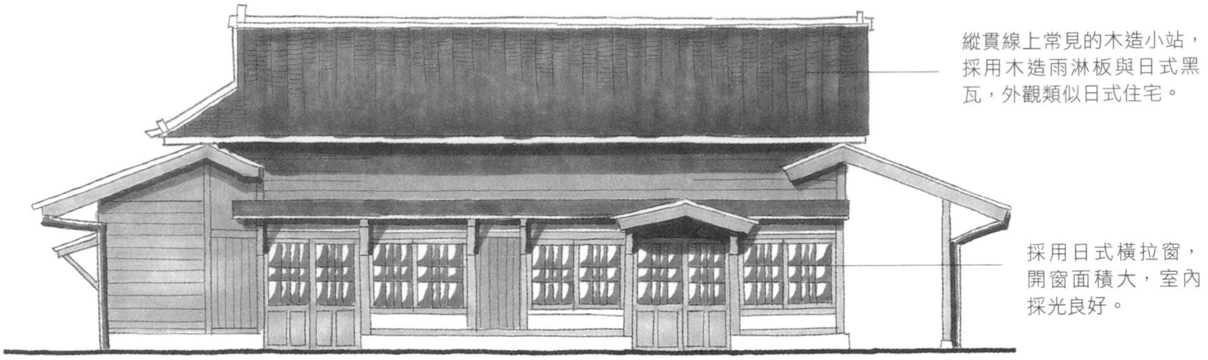

縱貫線上常見的木造小站，採用木造雨淋板與日式黑瓦，外觀類似日式住宅。
採用日式橫拉窗，開窗面積大，室內採光良好。

萬華車站

1918 年建，和洋混合風格的木造車站，親切感十足。

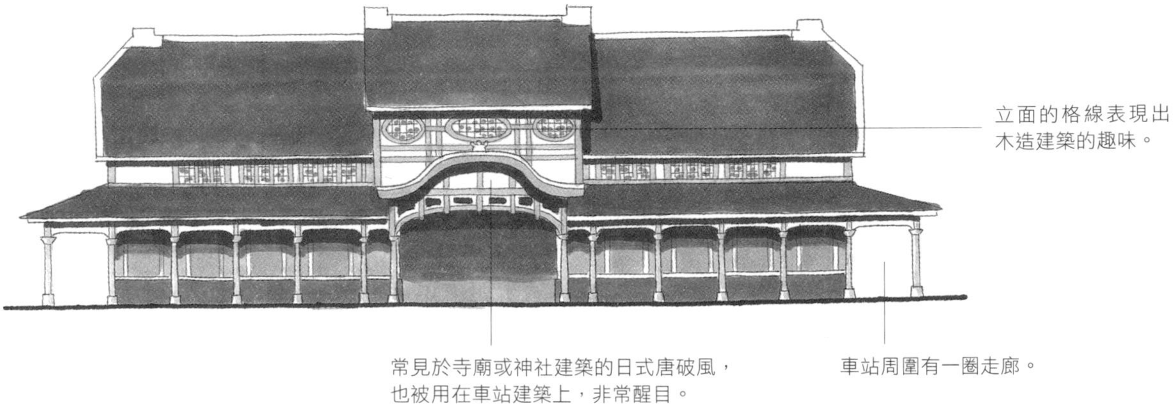

立面的格線表現出木造建築的趣味。
常見於寺廟或神社建築的日式唐破風，也被用在車站建築上，非常醒目。
車站周圍有一圈走廊。

第一代台北車站

1899-1901 年建，野村一郎設計。

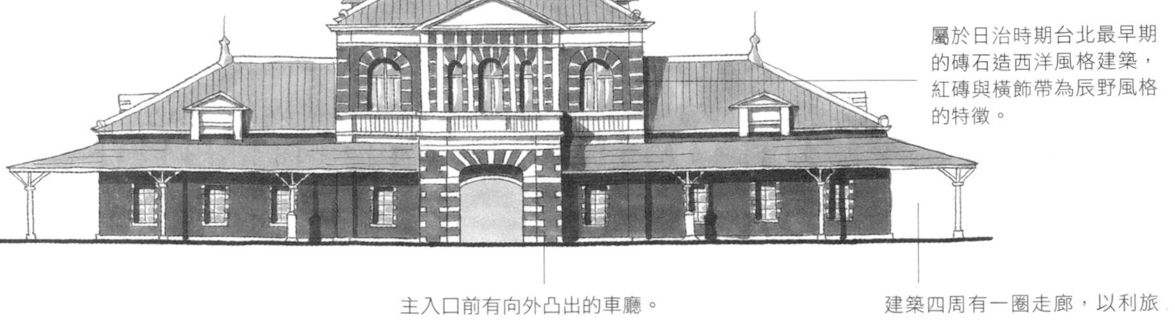

屬於日治時期台北最早期的磚石造西洋風格建築，紅磚與橫飾帶為辰野風格的特徵。
主入口前有向外凸出的車廳。
建築四周有一圈走廊，以利旅客遮風避雨。

基隆車站

1907-1909 年建，松崎萬長、野村一郎、福島克己設計。

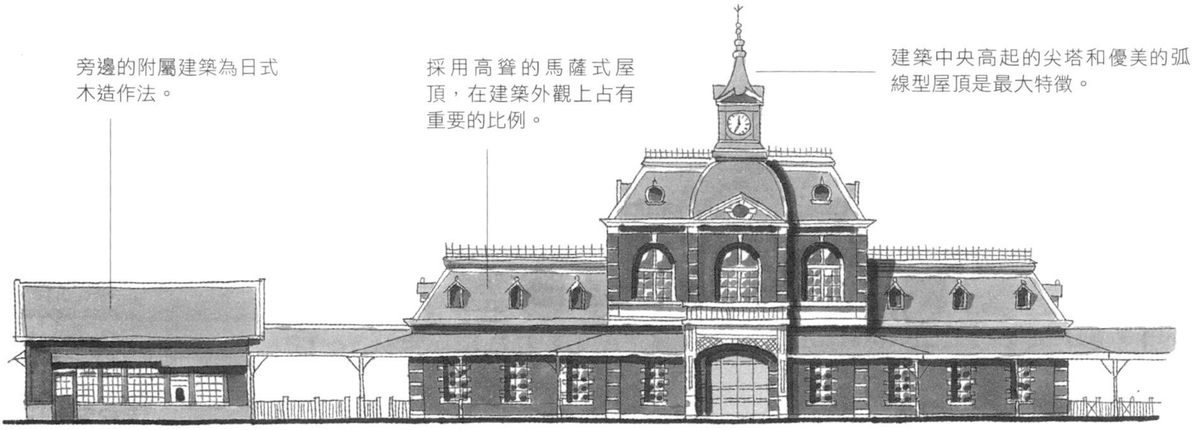
旁邊的附屬建築為日式木造作法。
採用高聳的馬薩式屋頂，在建築外觀上占有重要的比例。
建築中央高起的尖塔和優美的弧線型屋頂是最大特徵。

第二代淡水車站

1935 年建，典型的現代主義建築。空間布置、開窗、開門位置皆不講究對稱，而是以實用性作為設計考量。

水平的鋼筋混凝土板取代了以往的斜屋頂，形成輕快的外觀。
高低不等的量體組合形成造型趣味，最高處即為車站最重要的空間：候車室。
建築外牆貼面磚，並以橫線條作為細節處理的基調，帶有強烈的流線感。
候車室上方開設高窗，形成明亮的候車環境。

第二代台北車站

1940 年建。此作品與淡水車站的設計理念、手法皆相同，表現出簡潔的現代主義精神與流線感。

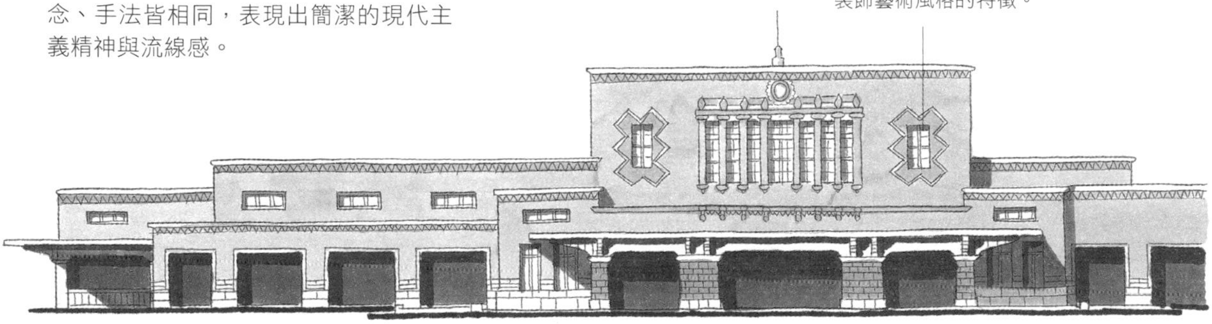
建築外牆貼面磚，正面開窗部分作出垂直裝飾線，並以瓷磚拼組出幾何圖案，屬於裝飾藝術風格的特徵。

鐵道部建築群

清代建設台北鐵路時，將台北車站設在北門外與大稻埕街區接壤的位置，並在一旁設置了「機器局」，也就是機關車修理廠。裡頭有江南式的辦公廳建築、修理火車頭的大廠房和許多工作間，西洋顧問則住在專用的洋樓裡，是一處規模龐大的鐵路設施。

日本人到台北後，繼續沿用機器局設施，先作為兵器修理所與砲兵工廠，一九〇〇年移交給鐵道部，作為「台北工場」使用，並逐步更新設施與建築。其中最具代表性的建築就是鐵道部辦公廳。這是一棟罕見的半木結構建築，由森山松之助設計，一樓以紅磚砌出連續半圓拱，二樓改用木造，使用的是阿里山檜木，在建築正面作出寬敞的柱廊，搭配坡度和緩的屋頂，整體表現出鐵道部偏愛的歐式木造建築風情，與當時其他高大華麗的政府機構相比，鐵道部給人一種較為樸實的親切感。

日治時期在建造維修廠房時，沿用了清代機器局舊維修廠房的大跨距鋼鐵桁架，跨距達十一點四米，以鐵軌製成，並採用大型的熱熔式鉚釘，是台灣難得一見的早期鐵桁架。

除了鐵道部辦公室和維修廠房外，此處還有各單位辦公室、餐廳、倉庫，以及八角廁所、防空碉堡等特殊建築，不規則地聚集成為辦公區，辦公區西側還建造了一整片日式住宅作為員工宿舍，並一直延伸到淡水河邊，形成了日治時期台灣鐵路運作的核心。

會議室牆頂上的勳章飾為手工泥塑製作。

二樓中央的會議室是整座建築最華麗的房間。內部天花板以帶優美曲線的大橢圓形作為主體，表面貼有泥塑西洋花草裝飾。這是一種日本近代建築特有的裝飾手法，先以小木條製作出骨架，然後在表面抹上灰泥，製作線腳、安裝各種植物紋樣的灰泥裝飾。這種施工法比單純的木材裝修更生動、更有立體感，且必須在現場手工製作，難度很高。

衛塔下方為磚造，上方轉為木造。展現半木造的建築趣味。

屋頂採用木造西式桁架，跨距達到 16 公尺之長，非常壯觀。

挑高的梯廳空間，欄杆和牆面裝修都用木材。

會議室向外一側有八角凸窗與露台。

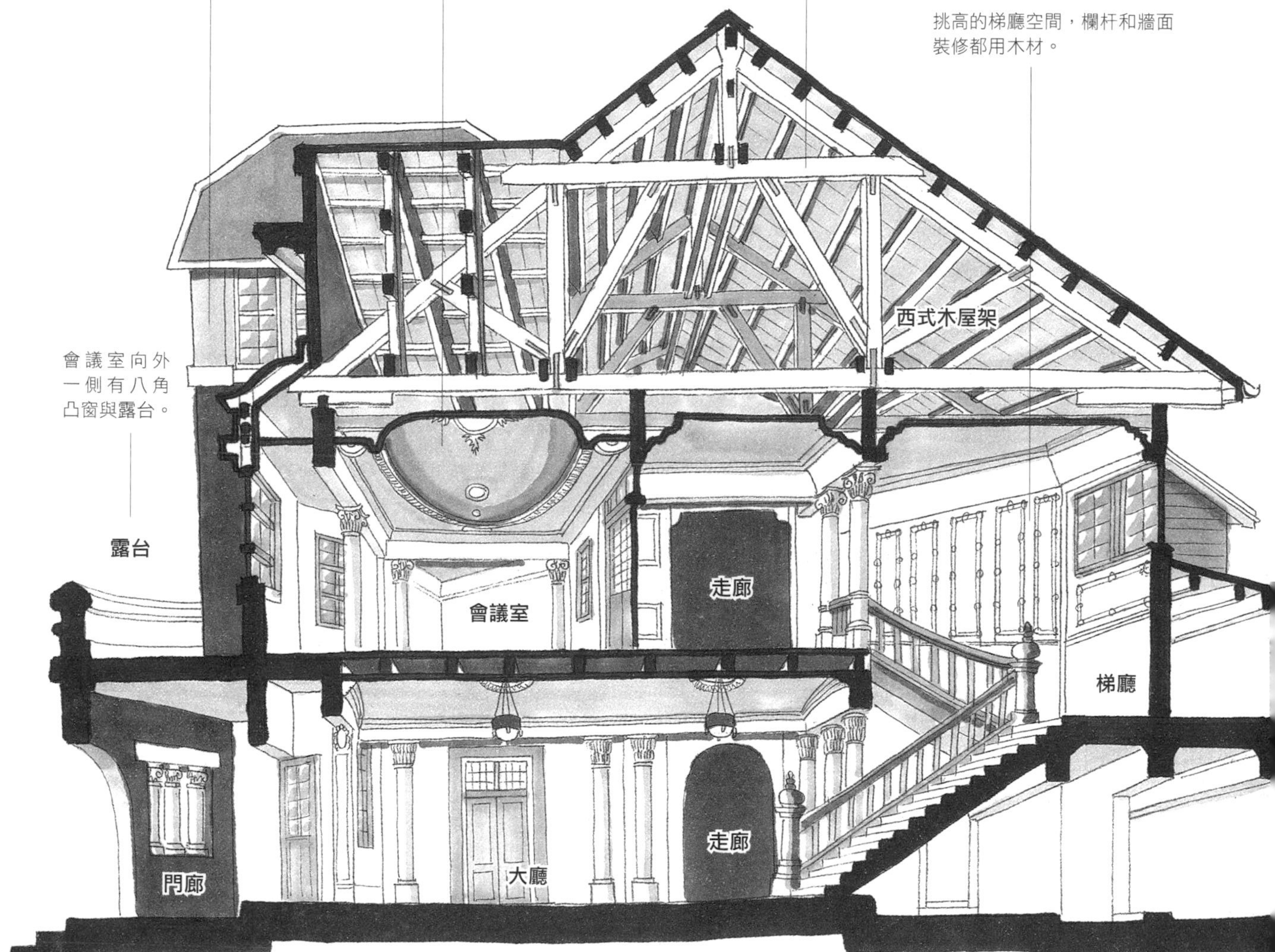

鐵道部辦公廳

1918-1920 年建，森山松之助設計。

1945 年鐵道部建築群復原圖

以鐵道部辦公廳建築為主體，其餘建築物不規則排列在周邊。此時台北松山鐵道工廠已經建好，但這裡還留有兩座工廠廠房。

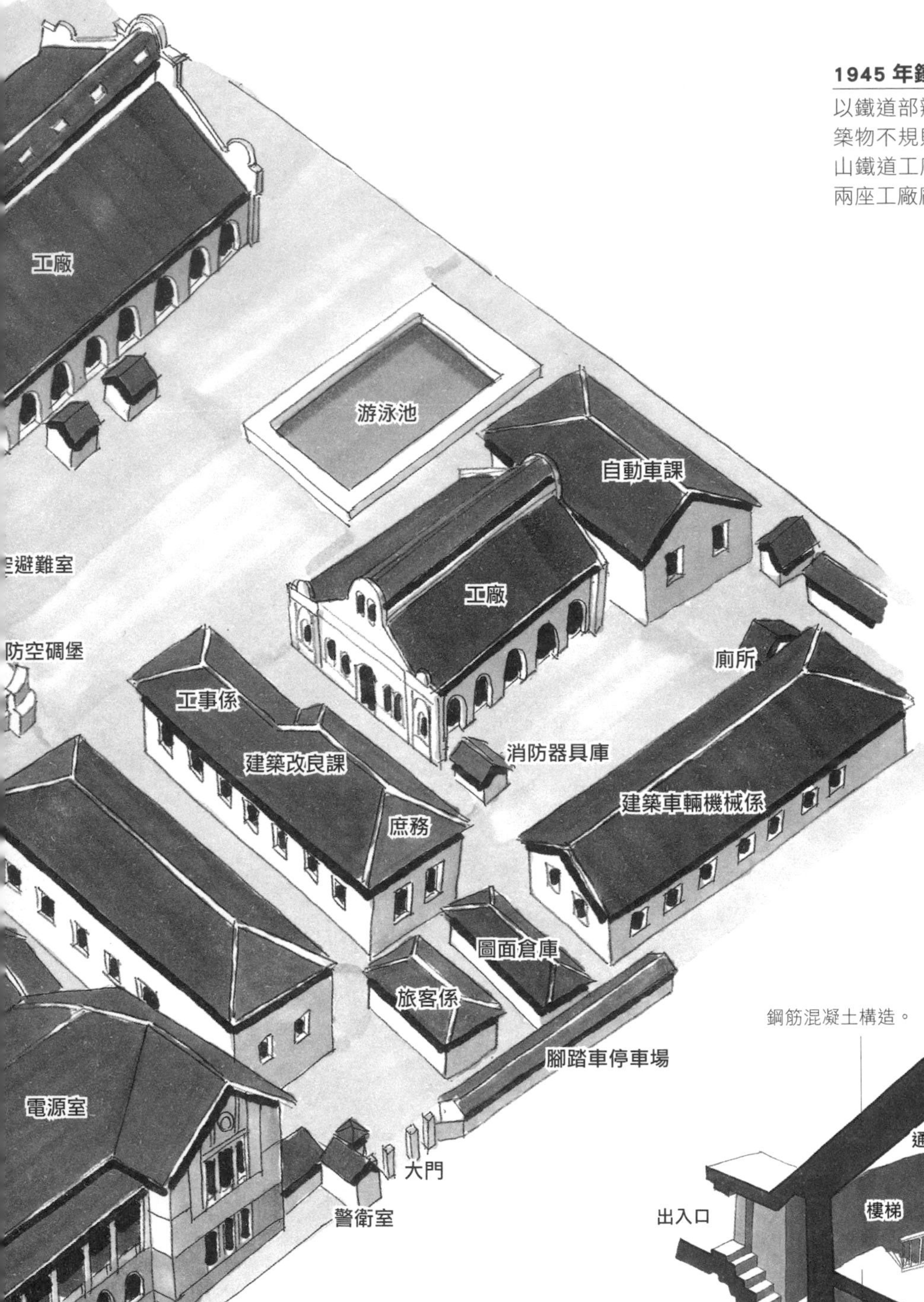
工廠
游泳池
自動車課
避難室
工廠
防空碉堡
廁所
工事係
建築改良課
消防器具庫
庶務
建築車輛機械係
圖面倉庫
旅客係
腳踏車停車場
電源室
大門
警衛室

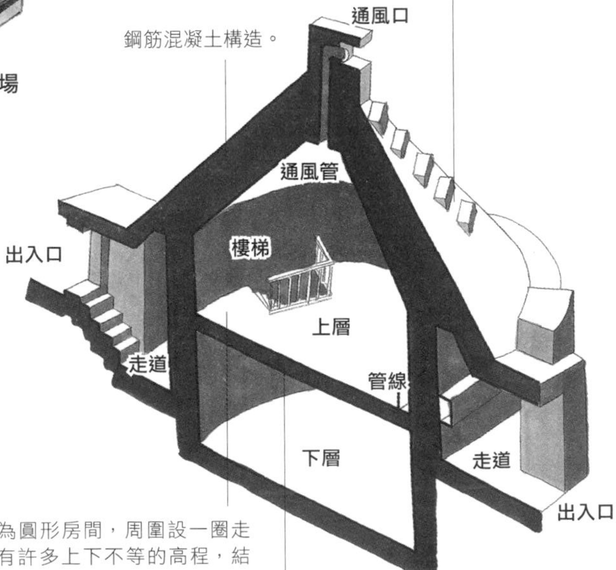
外觀呈圓錐狀，設有三個出入口以及許多窺孔。
通風口
鋼筋混凝土構造。
通風管
出入口
樓梯
上層
走道
管線
下層
走道
出入口
碉堡中央為圓形房間，周圍設一圈走道，走道有許多上下不等的高程，結構十分複雜。
主空間分上下兩層，裝有換氣、電力設施，是一座設施齊全的碉堡。

防空碉堡透視

建於 1934 年。

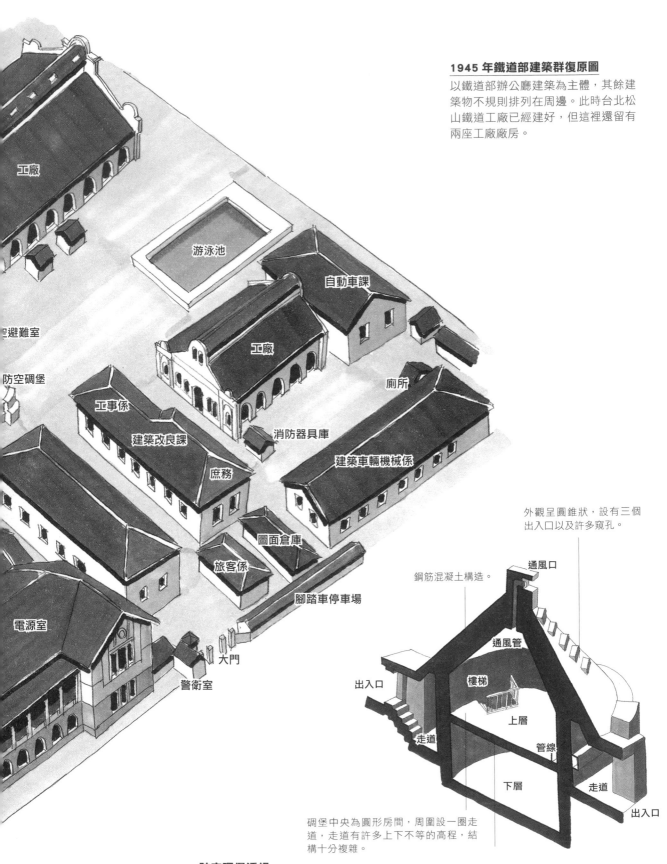

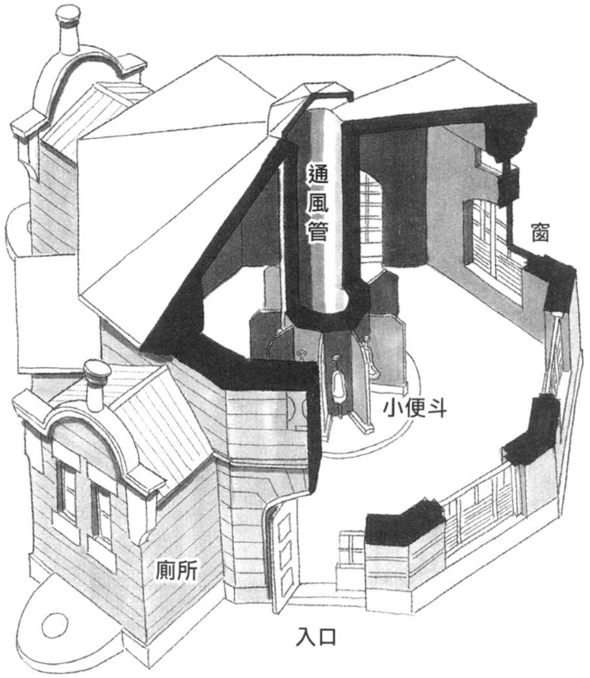

通風管
窗
小便斗
廁所
入口

八角廁所透視

建於 1919 年。辦公廳後方中庭有一棟八角形廁所，為西方古典式樣。這種八角或六角形的廁所在 1870 年代的日本就出現過，但在台灣非常罕見。

防空避難室
工務課保險係
工務課電氣係
N
工務課長
二號倉庫
八角廁所
一號倉庫
辦公廳
餐廳
辦公廳
會計係
警衛室
停車場

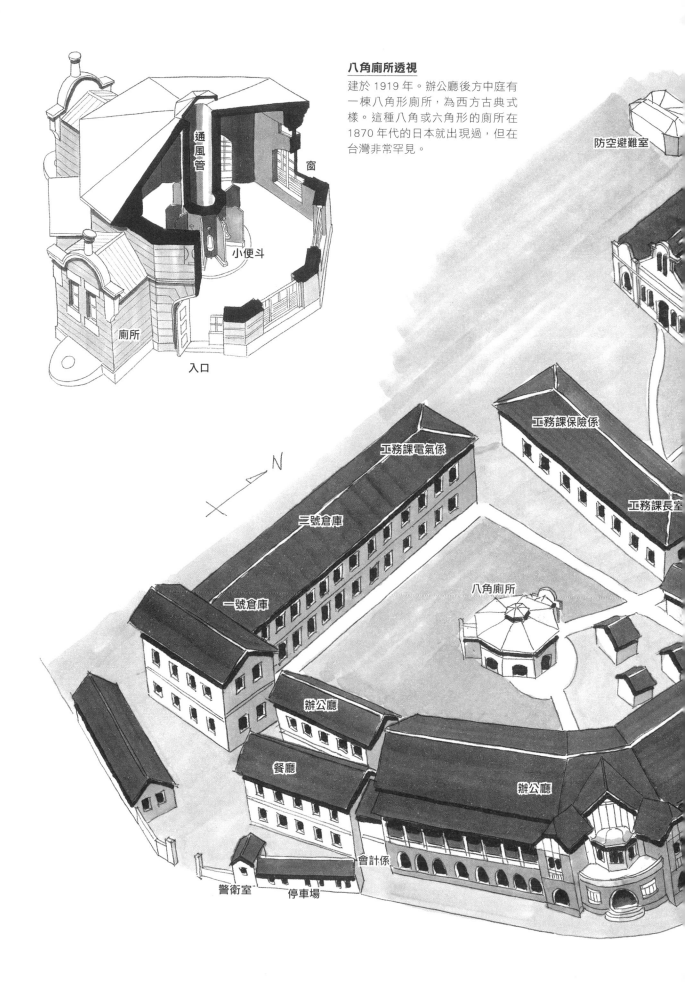

小學校與公學校

小學校和公學校是日治時期台灣最基礎的教育機構，設立的數量最多，遍布全台。其中，公學校供台灣人就讀，小學校則為日本人就讀。小學校的教材完全和日本本土相同，強調個人表現的進取精神。公學校使用的教材則由台灣總督府編纂，內容較簡易，重點在於日文教育，並強調順從和睦的德性涵養。

日治之前，台灣人的教育是在私塾、書房與書院中進行，教授漢文與古代經典，是昔日因應科舉考試的產物。近代化的小學教育除了語言之外，還有歌唱、體育、家事等活動教學，強調德、智、體的平衡發展，是訓練國民現代知識、培養良好生活習慣、注入國家認同意識的重要場所。

日治前幾年，基礎教育是以總督府國語學校在各地的「分教場」形式來進行，一八九八年當局公布「公學校令」，畫定學區，正式實行公學校教育。由於公學校設置的數量龐大，因此將建校經費交由各地方自行籌措，如此才實現了快速設立學校的目的。到了一八九九年，台北縣已經有三十四所公學校。

早期公學校的校舍大多臨時借用地方的三合院、寺廟等加以改裝。逐漸了解台灣的氣候與實際情況後，總督府於一九〇一年首次公布了建築規範「台灣公學校設備規程」，讓新建校舍的建築規畫設計能有統一標準，以確保校舍的衛生、安全、通風採光、校舍容量等，皆能符合教學活動之用。一九〇四年又公布了「台灣公學校設備標準」，對建築標準訂出更細的規範。

台北城內與周邊地區大多是日本人就讀的小學校，其中東門外的「旭小學校」（今東門國小），是台北第一所小學，也是台灣小學教育之始。而台灣人就讀的公學校，則以「大稻埕公學校」（後改為太平公學校，今太平國小）以及艋舺公學校（後改稱老松公學校，今老松國小）較早。大稻埕作為台北最富庶的台灣人居住區，小學校也建造得非常宏偉，在西式紅磚建築中加入了台灣傳統建築元素，極具特色。

一九四一年，在皇民化的氣氛下，當局宣布小學校和公學校一律改稱「國民學校」，以顯示台日一體。但實際上，台、日學生的上課內容仍然不同，不平等現象依舊存在。

太平公學校的教室

此為一般教室，經費充裕的學校還有特別教室如圖書室、歌唱室、家事室等。

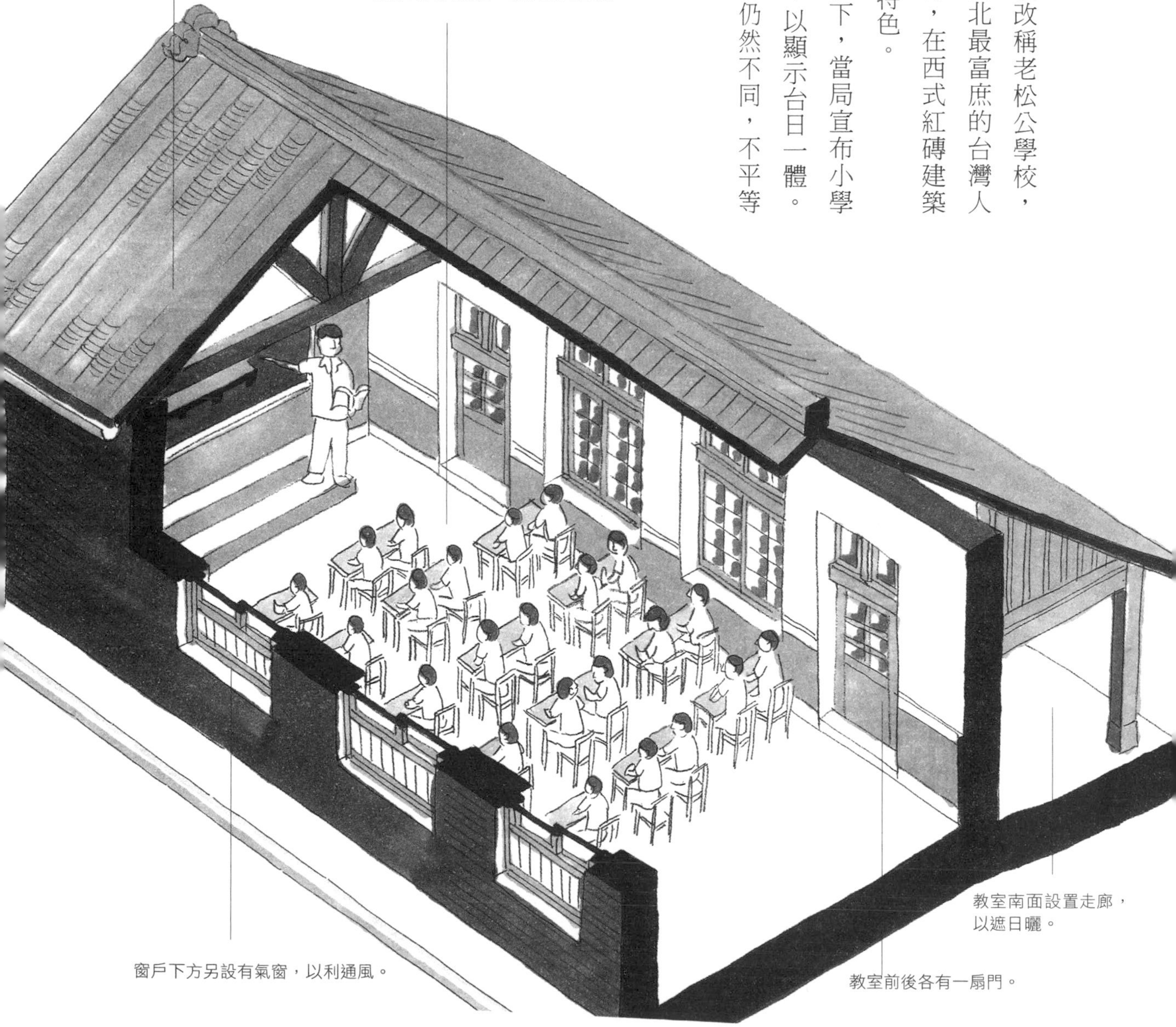
紅磚牆上架設西式木桁架，屋架下方安裝木質天花板。
教室呈長方形，黑板在東側，南北兩側皆有大片開窗，以利室內採光。
教室南面設置走廊，以遮日曬。
窗戶下方另設有氣窗，以利通風。
教室前後各有一扇門。

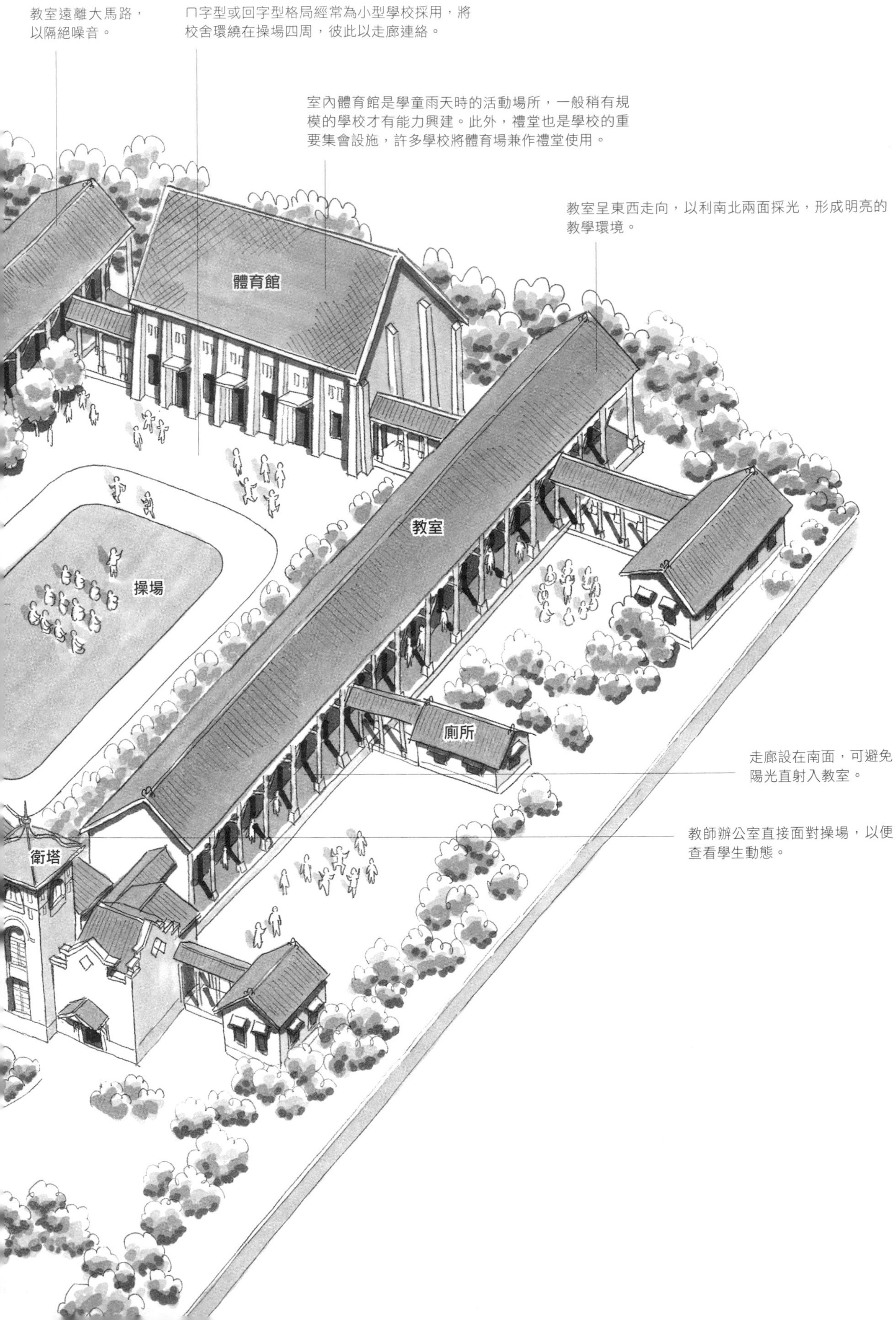
教室遠離大馬路，
以隔絕噪音。
ㄇ字型或回字型格局經常為小型學校採用，將
校舍環繞在操場四周，彼此以走廊連絡。
室內體育館是學童雨天時的活動場所，一般稍有規
模的學校才有能力興建。此外，禮堂也是學校的重
要集會設施，許多學校將體育場兼作禮堂使用。
教室呈東西走向，以利南北兩面採光，形成明亮的
教學環境。
體育館
教室
操場
廁所
走廊設在南面，可避免
陽光直射入教室。
教師辦公室直接面對操場，以便
查看學生動態。
衛塔

太平公學校全景

台北最有代表性的公學校。1923 年皇太子裕仁（後來的昭和天皇）來台時，曾到這裡參觀。

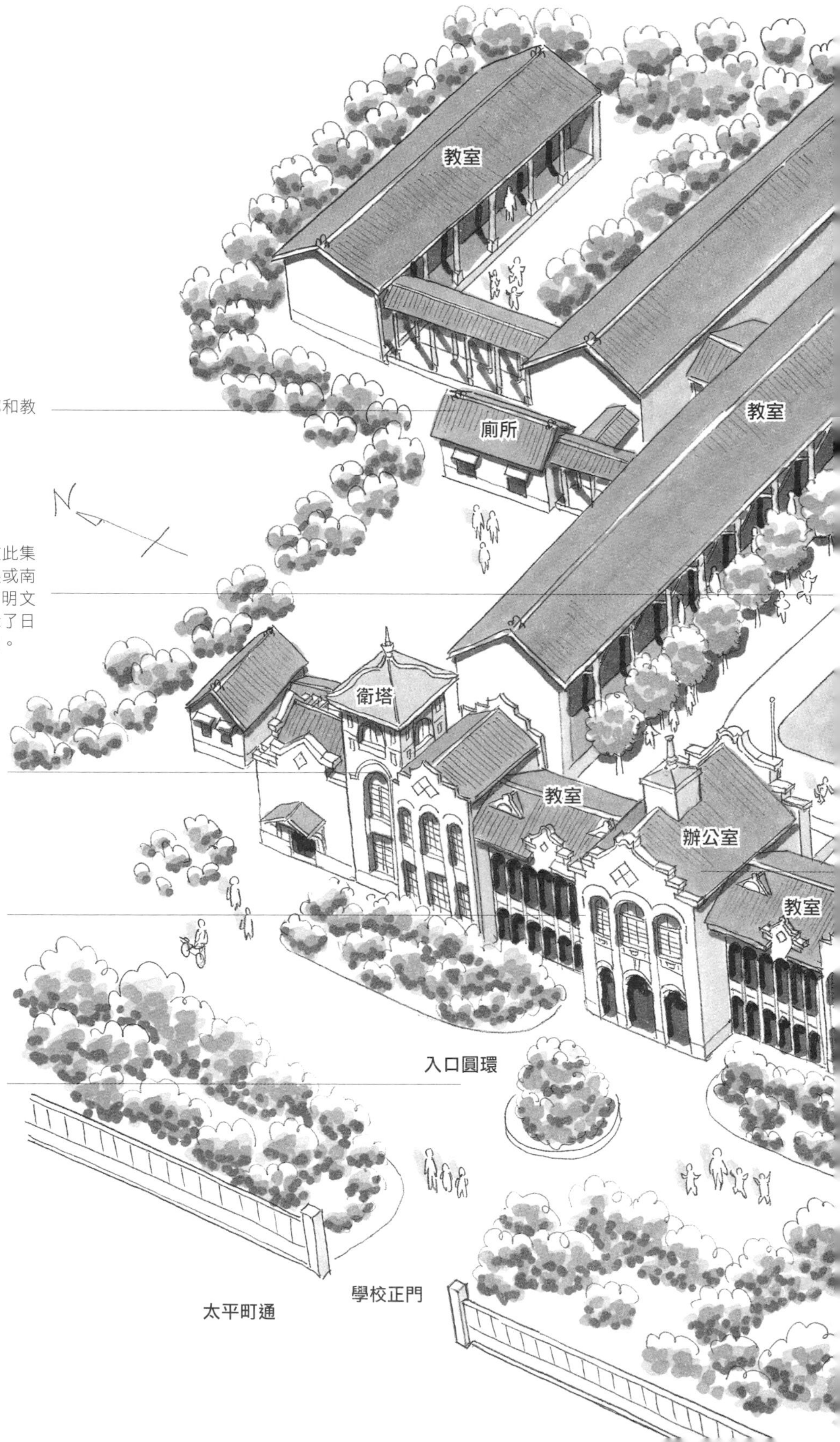
教室
教室
廁所
衛塔
教室
辦公室
教室
入口圓環
學校正門
太平町通

廁所設置在校園偏僻處，以走廊和教室相連，以防味道四溢。

操場是學校的核心空間，學生在此集會、運動。一般設在校地的東邊或南邊以利日照。1922 年，總督府明文規定將公學校開放民眾使用，除了日常休閒外，也有緊急避難的作用。

左右各有一座西洋式衛塔，使立面更加活潑生動。

辦公大樓是學校的門面，設計精美，在西洋磚造拱券上加入台灣傳統建築的山牆元素，成為罕見的台洋混合風格，表現出台灣人學校的風味。

學校主入口前有圓環，日治時期的學校大多有此設計。

總督府醫學校

日治時期的醫學教育發軔很早，由於領台之初缺乏醫療人員，一八九七年就在台北城內設立了「醫學講習所」，招募台灣人入學，以培養本土醫療人才。然而，此時針對台灣人的國語（日語）教育也才剛剛開始，可見在當時衛生欠佳的環境下，醫學教育相當急迫。另一方面，醫師出身的民政長官後藤新平認為，提高醫療水準有助取得台灣民心，因此大力推展醫學教育。一八九九年，醫學校正式設立，起初在城內興建木造校舍，旋即改在東門外建造宏偉的磚石造校舍，與城內的台北醫院遙遙相對。

起初，台北醫院的日本病患不願意讓台籍實習生看診，因此醫學校的學生只好遠赴艋舺仁濟院實習。一九〇五年，在醫學校長高木友枝的爭取下，日本紅十字會來台北設立教學醫院，並就近建造在醫學校旁，解決了學生的實習問題，亦逐漸形成了包含醫學校、紅十字醫院、病房、宿舍等的龐大建築群。

醫學校的面積幾乎是台北醫院的兩倍大。主要建築大多採用簡潔的文藝復興樣式。紅十字醫院本館的外觀皆使用方形門窗，簡單有力，屋頂上的尖塔相當引人注目。醫學校教室外觀一樓用拱圈迴廊、二樓用雙柱列，高聳的馬薩式屋頂搭配圓形老虎窗，十分典雅。本館內還設有一座大講堂，有上下兩層座位與大型講台，在日治初期即建造如此講究的建築，可見醫學校受重視的程度。

當時台灣人的升學管道不多，醫學校畢業後可以自行開業，收入豐厚，再加上傳統的漢醫和教會醫療系統受到政府刻意管制，很難和取得執照的正式醫師競爭，醫學校遂成為台灣人升學首選，集合全台灣最優秀的人才，蔣渭水、杜聰明、賴和都畢業自醫學校，形成台灣人菁英多出身醫師的傳統。

醫學校的教學研究原本就相當重視台灣本土的熱帶疾病。一九三六年，台北帝國大學併入醫學校並收購了紅十字醫院，成立醫學部，並於一九三九年成立熱帶醫學研究所，成為帝大醫學部最重要的特色。

杜聰明，醫學校第十三屆畢業，後來成為台灣第一位醫學博士，戰後任台大醫學院第一任院長。

1940 年代的台北帝國大學醫學部

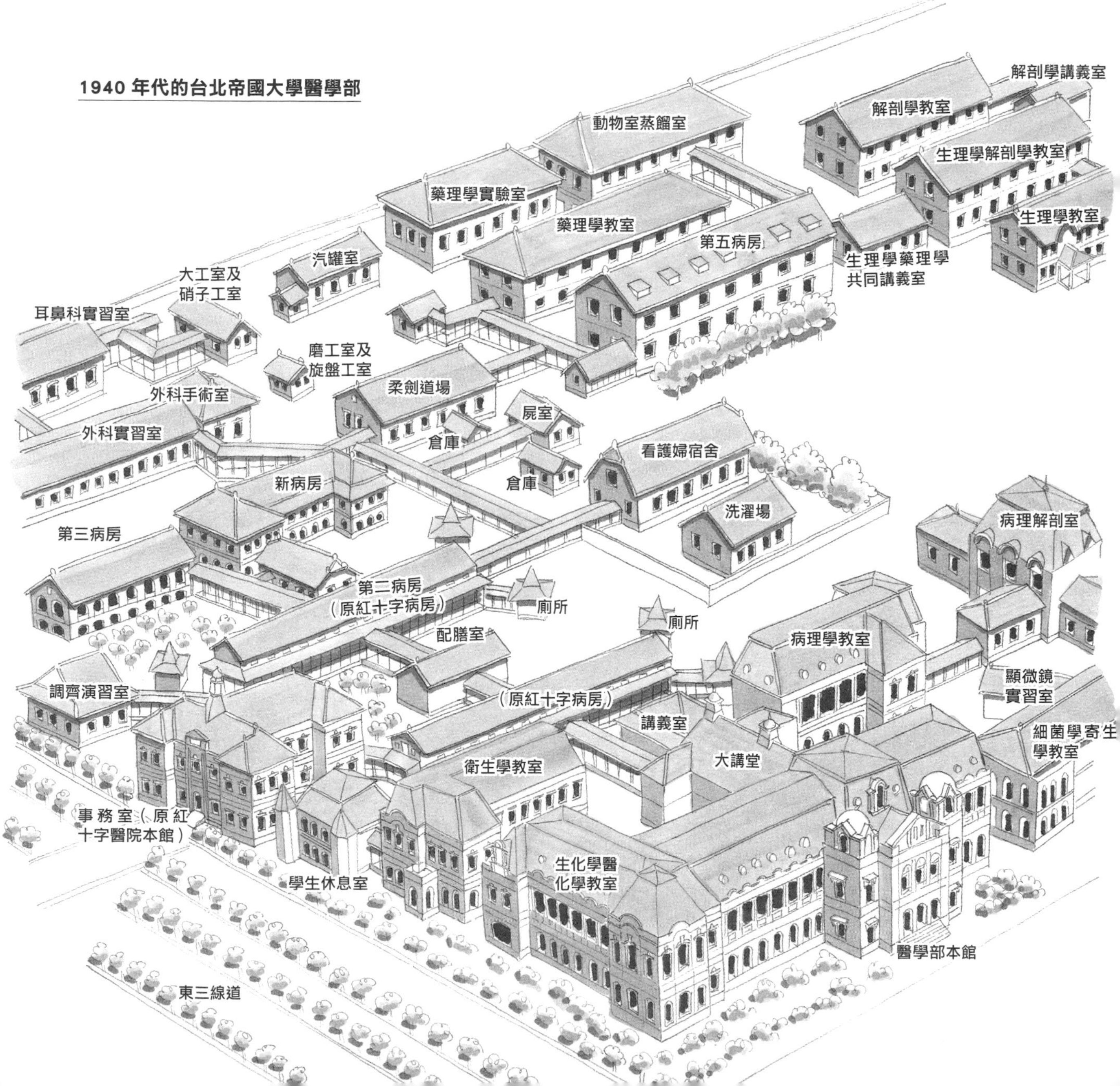
解剖學講義室
解剖學教室
動物室蒸餾室
生理學解剖學教室
藥理學實驗室
藥理學教室
生理學教室
第五病房
生理學藥理學
共同講義室
汽罐室
大工室及
硝子工室
耳鼻科實習室
磨工室及
旋盤工室
柔劍道場
外科手術室
屍室
外科實習室
倉庫
倉庫
看護婦宿舍
新病房
洗濯場
第三病房
病理解剖室
第二病房
（原紅十字病房）
廁所
廁所
配膳室
病理學教室
顯微鏡
實習室
調齊演習室
（原紅十字病房）
講義室
細菌學寄生
學教室
大講堂
衛生學教室
事務室（原紅
十字醫院本館）
生化學醫
化學教室
學生休息室
醫學部本館
東三線道

新公園

一九〇〇年台北縣（當時台北地區的主管機構）第一次提出台北城內的都市計畫方案時，已在城中央畫出一片公園預定地，公園內部大約從一九〇四年開始規畫設計。此預定地內最大的建築物是清代留下的台北天后宮，於一九一二年遭到拆除，並將整個公園的範圍清理出來，這就是台北著名的新公園。

當時在台北市郊已經有了一個圓山公園，所以才稱城內的這個公園為新公園。公園位在城內精華地段，緊臨表町、榮町等台北主要商業區，周圍有台北醫院、總督官邸、民政長官邸等重要建築。台北城四周還有三線道環城公園，大片綠帶形成了優美的都市景觀。

設置都市公園能提供市區良好的生活品質，對於景觀與空氣品質的改善有良好功效。近代都市公園的概念起源於歐美，因為工業革命帶來的新形態都市生活，需要綠地來改善都市環境，美國紐約的中央公園即相當著名。日本

1905 年新公園設計圖

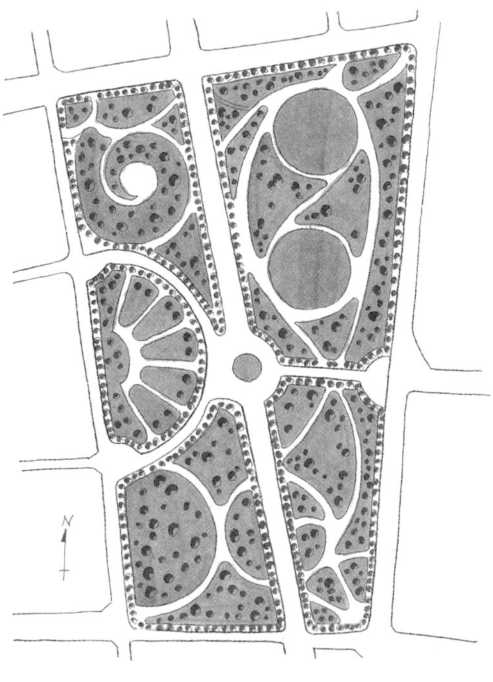

1906 年新公園設計圖

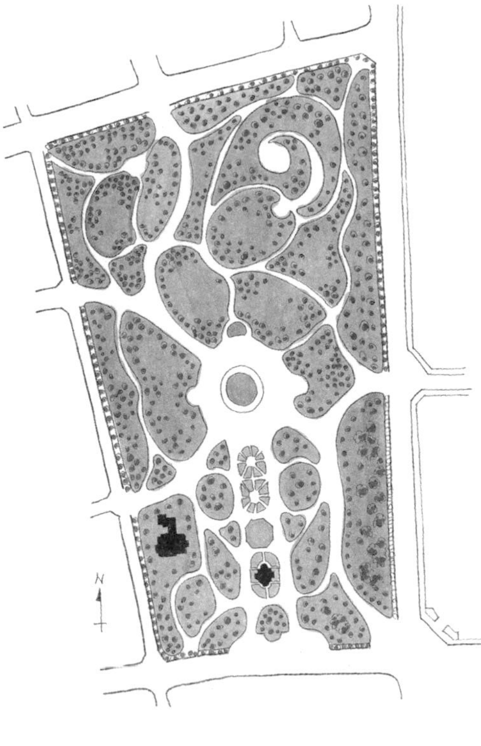

東京最早的日比谷公園則建於一九〇三年。由此看來，台北新公園的設置，是走在時代前列的。

新公園的功能不只是都市綠化，園內還有許多休閒設施，如音樂堂、兒童遊戲場、運動場、噴水池、荷花池、另外還有後藤新平、兒玉源太郎、柳生一義（台灣銀行總裁）等人的塑像。此外，台北城內的兩座清代牌坊「急公好義坊」與「黃氏節孝坊」，也隨著道路開闢而移入新公園內保存。

園內還有許多建築物，最早建造的是台北俱樂部，旁邊還建了一座稻荷神社「天滿宮」，一九一五年落成的兒玉後藤紀念博物館是園內最大的建築。一九三〇年在公園東南角建設了台北放送局，也就是廣播電台。這些逐年增設的建築，讓新公園的文化內涵日益豐富。

新公園還是台北市舉辦大型活動最重要的場地。最盛大的一次活動莫過於一九三五年的台灣博覽會，主要場地就設在新公園，將整個公園蓋滿了展覽會建築，由此可見大型公園在現代都市中的重要性。

日治時期台灣許多都市都建有公園，如台中、台南、基隆、旗山等，台北則以新公園為代表。公園創造了優美的都市景觀，提供舒適的休閒空間，也改變了人們的生活形態。

新公園音樂堂
建於 1913 年。

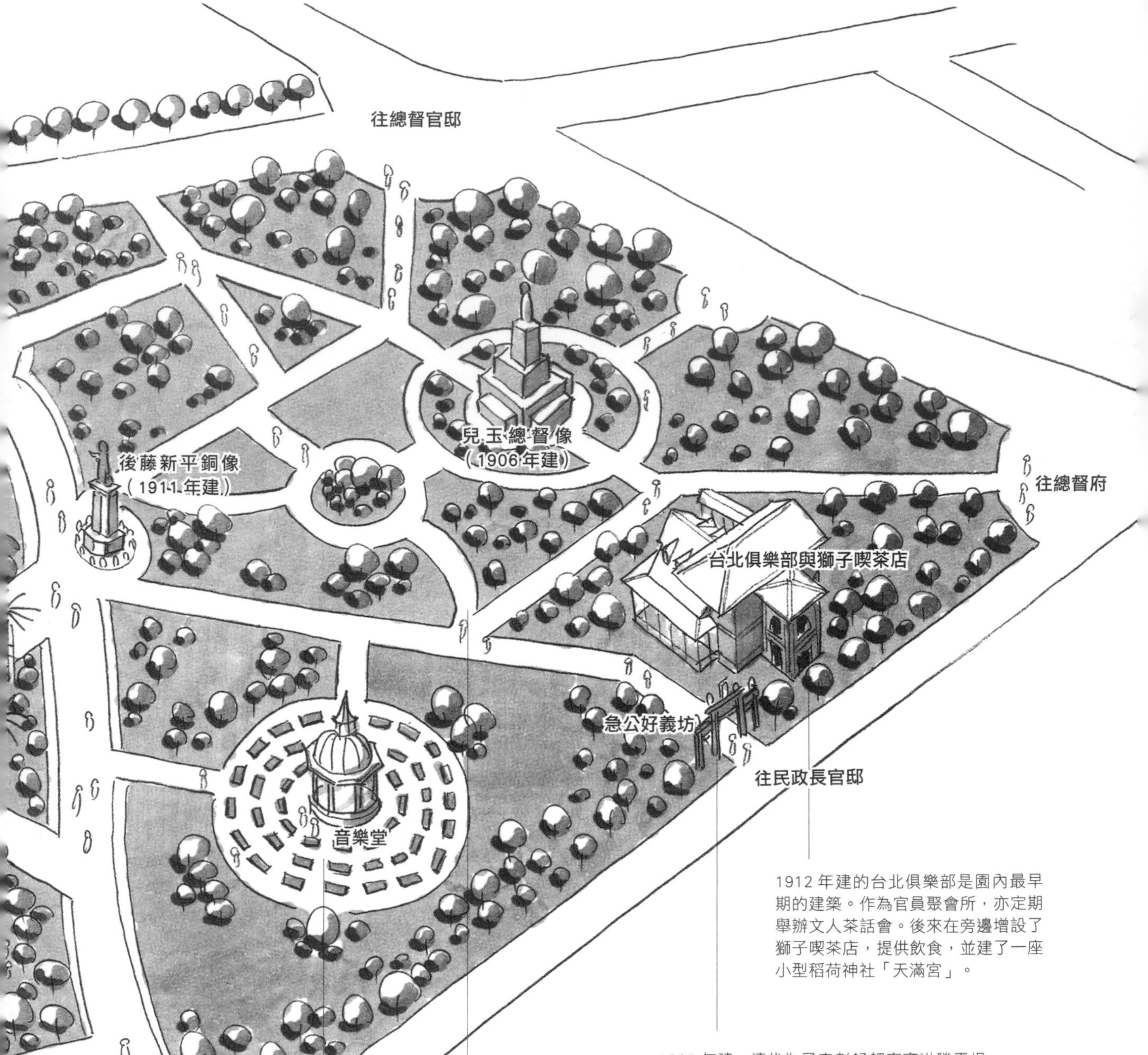
往總督官邸
兒玉總督像
（1906 年建）
後藤新平銅像
（1911 年建）
往總督府
台北俱樂部與獅子喫茶店
急公好義坊
往民政長官邸
音樂堂
往榮町
（今衡陽路）

1912 年建的台北俱樂部是園內最早期的建築。作為官員聚會所，亦定期舉辦文人茶話會。後來在旁邊增設了獅子喫茶店，提供飲食，並建了一座小型稻荷神社「天滿宮」。

1887 年建。清代為了表彰艋舺富商洪騰雲捐建台北考棚，在石坊街（榮町）所立的牌坊。

園內的道路皆為弧線設計，引發漫遊的趣味。

1913 年為了慶祝台灣縱貫鐵路通車而建造了音樂堂，每到周末在這裡舉行音樂會。1935 年舉辦台灣博覽會時，音樂堂拆除擴建，演出空間大為增加。

園內最大的主幹道，連接公園東西兩側。

公園東北角的大廣場經常舉辦各式集會如歡迎會、歡送會，以及針對在台陣亡將士的招魂祭等。台北市重要的體育活動也經常在此舉辦。

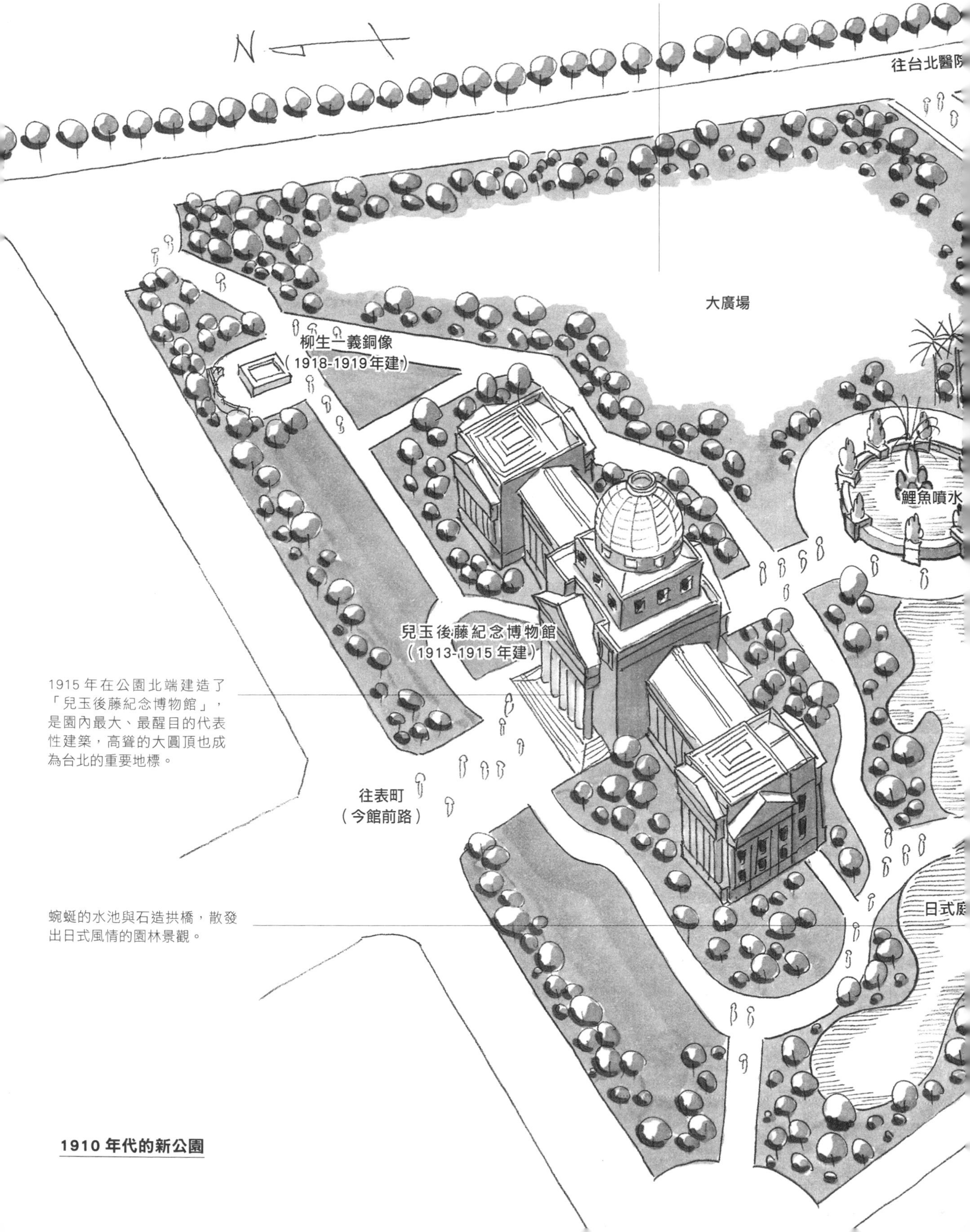

N
往台北醫
大廣場
柳生一義銅像
（1918-1919年建）
鯉魚噴水
兒玉後藤紀念博物館
（1913-1915 年建）
往表町
（今館前路）
日式庭

1915 年在公園北端建造了「兒玉後藤紀念博物館」，是園內最大、最醒目的代表性建築，高聳的大圓頂也成為台北的重要地標。

蜿蜒的水池與石造拱橋，散發出日式風情的園林景觀。

1910 年代的新公園

專賣局與樟腦工廠

專賣是一種增加國庫稅收的方式，在清代就曾施行，如同治年間的樟腦專賣，清末劉銘傳也曾將食鹽、硫磺列入專賣。日本領台後，以現代化的目標建設台灣，從衛生、港灣工程到各種官方建築等等，財政支出負擔極重。起初由日本本土提供財政支援，但為了在財政上能夠獨立經營，總督府成立專賣局，陸續將鴉片、食鹽、樟腦、菸草、酒等物產的製造銷售列入專賣事業，由此獲得了巨大的銷售利益。日治時期最初二十

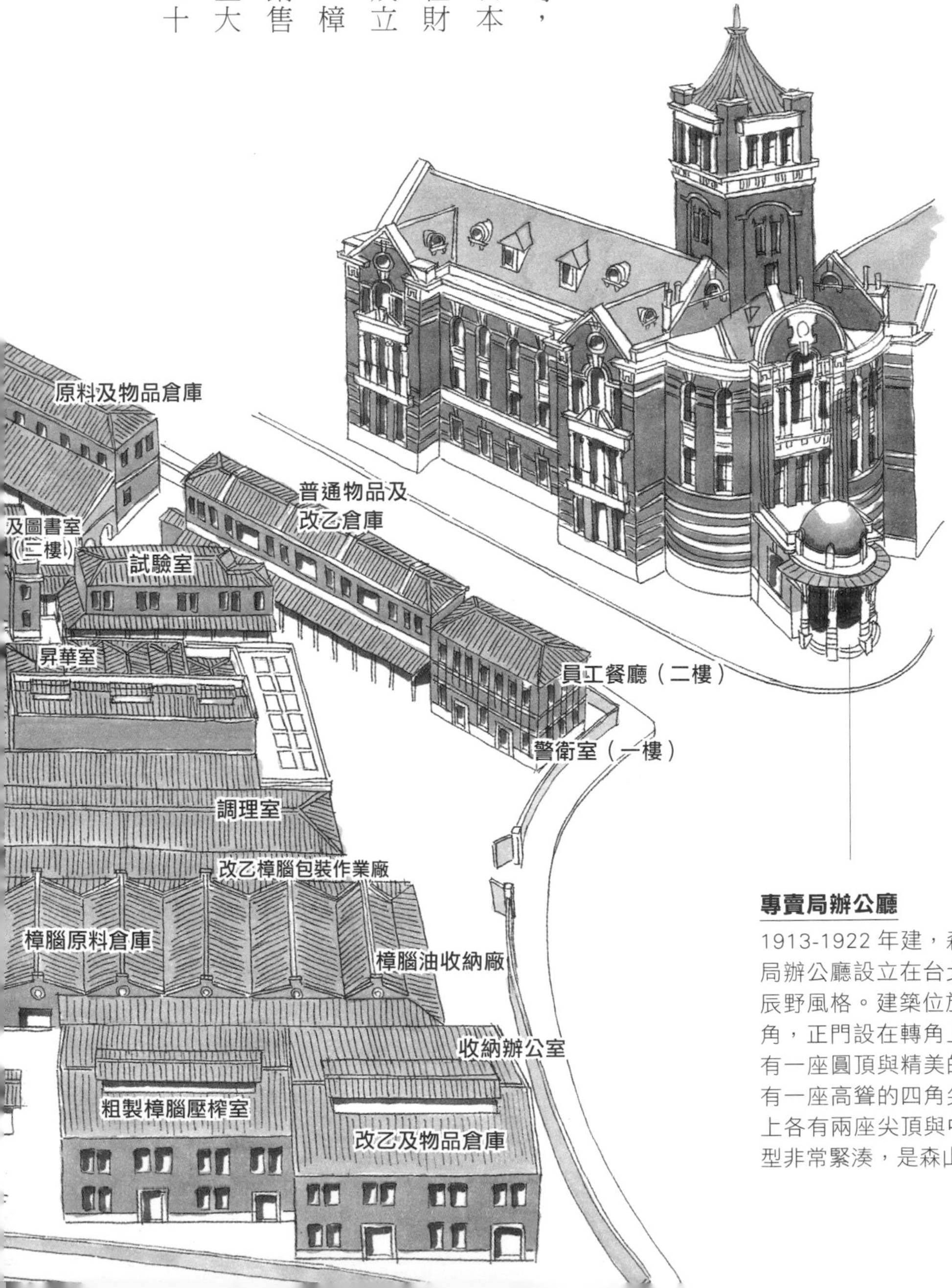
原料及物品倉庫
普通物品及
改乙倉庫
及圖書室
（二樓）
試驗室
昇華室
員工餐廳（二樓）
警衛室（一樓）
調理室
改乙樟腦包裝作業廠
樟腦原料倉庫
樟腦油收納廠
收納辦公室
粗製樟腦壓榨室
改乙及物品倉庫

專賣局辦公廳

1913-1922 年建，森山松之助設計。專賣局辦公廳設立在台北城南門外，外觀採用辰野風格。建築位於一個小於九十度的轉角，正門設在轉角上，外觀作成圓形，並有一座圓頂與精美的遮陽棚。建築中央則有一座高聳的四角尖塔，另外在兩側立面上各有兩座尖頂與中央尖塔呼應，整體造型非常緊湊，是森山松之助的傑出作品。

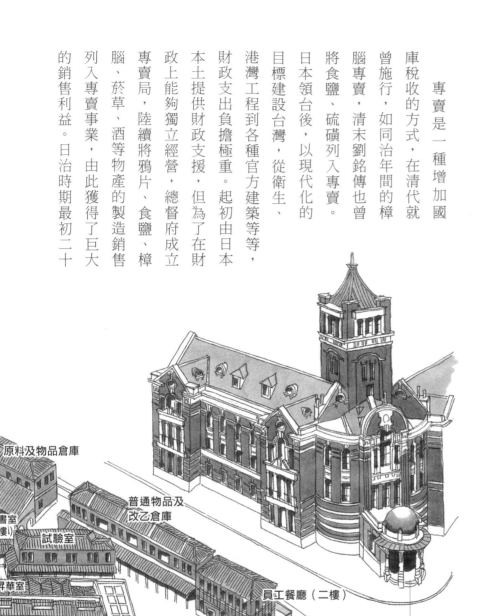

年內，每年專賣收入占總歲入百分之四十到五十左右，可見專賣對財政幫助之大。

為了執行重要的專賣業務，總督府在台北城南門外設立了專賣局。專賣的方式分成兩種，一種由專賣局自行設立工廠製造並銷售，如鴉片、樟腦；一種委由民間製造，再由專賣局統一銷售。正因如此，專賣局轄下擁有許多工廠建築，以台北市區內為例，就有樟腦與鴉片工廠、菸草工廠、清酒工廠、啤酒工廠等。

樟腦是製造重要工業原料「賽璐珞」的原料，在國際市場上需求很大，雖然有人造樟腦，但品質不如天然樟腦。台灣盛產樟木，成為天然樟腦的主要產地。日本人在採伐的同時進行造林工作，以維持樟樹林的數量。

樟腦的製造，首先採伐樟木林，並在當地的腦寮中初步提煉，製成「粗製樟腦」，接著再運到台北的南門工廠內製成「再製樟腦」。一九一八年成立「日本樟腦株式會社台北支店工場」，將再製樟腦精煉成「精製樟腦」。一九一九年，將民間的粗製樟腦業者合併成為「台灣製腦株式會社」。台灣生產的樟腦並優先提供日本的「大日本賽璐珞株式會社」。如此，台灣整個樟腦產業皆由日本當局操控。

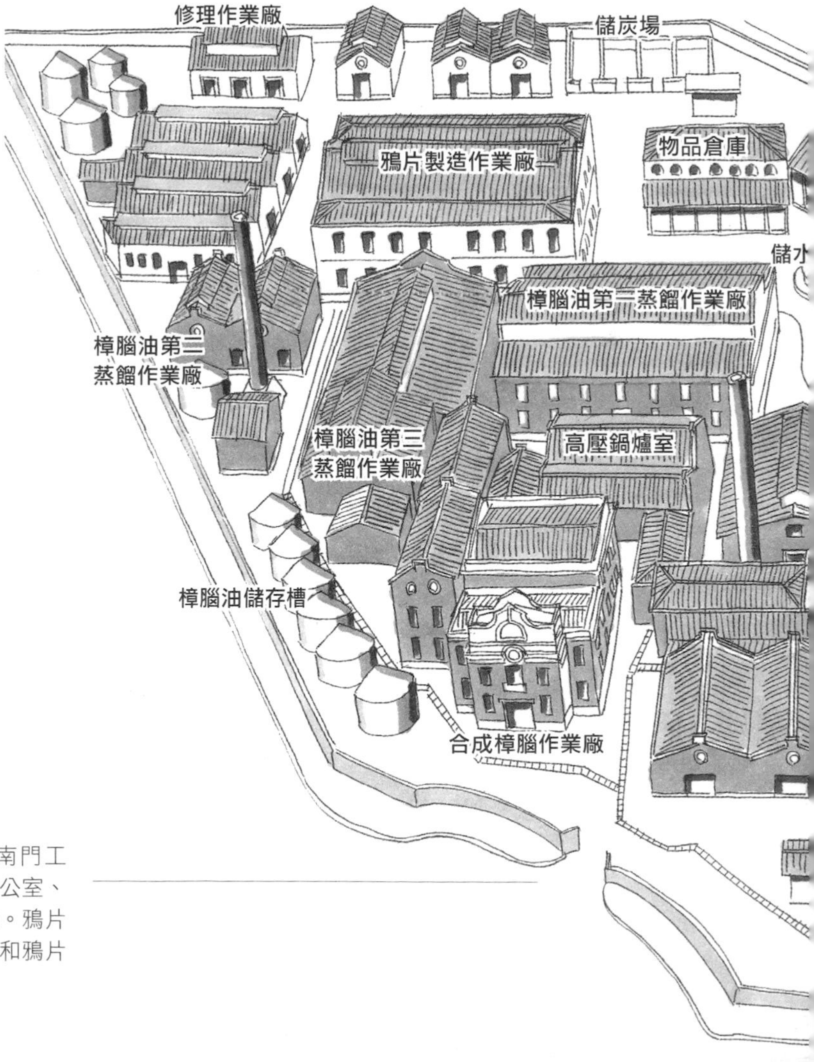

修理作業廠
儲炭場
鴉片製造作業廠
物品倉庫
樟腦油第一蒸餾作業廠
樟腦油第二蒸餾作業廠
高壓鍋爐室
樟腦油第三蒸餾作業廠
樟腦油儲存槽
合成樟腦作業廠

樟腦與鴉片工廠

樟腦與鴉片工廠設立於 1899 年，稱「南門工廠」，緊鄰專賣局辦公廳東側。廠內有辦公室、實驗室、製造工廠與倉庫、儲水池等建築。鴉片是將罌粟榨汁煮製而成，產品有鴉片煙膏和鴉片粉兩種，只供應台灣本地使用，不外銷。

總督府博物館

日本統治台灣的五十年中，在第四任總督兒玉源太郎與民政長官後藤新平任內，為台灣打下了經濟發展與現代化的基礎。他們卸任後，民間組織籌畫建造一座「兒玉後藤紀念館」，奉獻給總督府。這座為兩位統治者歌功頌德的建築，同時也是台灣第一座以收藏、展示為目的，正式設計建造的博物館建築，具有重要的歷史意義。

早在清代，台灣就出現過一座私人博物館，位在淡水理學堂大書院內，收藏了馬偕博士多年佈道過程中收集的台灣原住民、漢人文物以及動植物、礦物標本，可視為台灣最早的博物館。日治時期為了展示地方物產，在各地設立物產陳列所，同樣具有博物館的性質。一九〇二年，台南市利用台灣仕紳吳汝祥捐贈的住宅，成立了「台南博物館」，展示內容包含台灣與日本本土的物產、工藝品、動植物與礦物標本、藝術品等。這個博物館後來又遷入台南兩廣會館內，是日治時代第一座公立的博物館。

一九〇八年為了紀念縱貫鐵路通車，總督府規畫了「產業展覽會」，並將這次的成果成立「總督府博物館」，起初利用當時閒置的彩票局作為館舍，一九一五年遷入新落成的兒玉後藤紀念館，宣告台灣博物館史進入了新的時代。此時已經有兩萬件藏品，館藏特色為南洋動植物與台灣原住民文物。

兒玉後藤紀念館由總督府技師野村一郎設計，於一九一三到一九一五年之間建造完成。建築風格採用西方古典式樣，以古希臘羅馬的柱式、圓頂、三角楣等古典元素之組合，表達出沉穩厚重的紀念意象，與當時許多追求繁複裝飾的公共建築不太相同。

當時，日本已有東京上野博物館、帝國奈良博物館、帝國京都博物館等重要的博物館建築。這幾座建

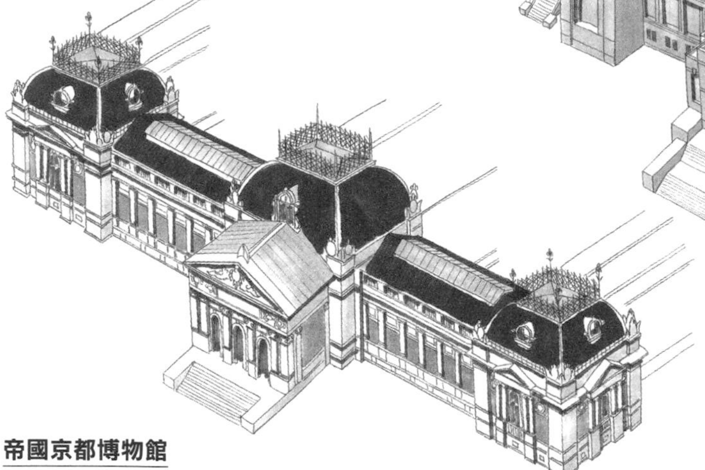

帝國京都博物館

1895 年建，片山東熊設計。

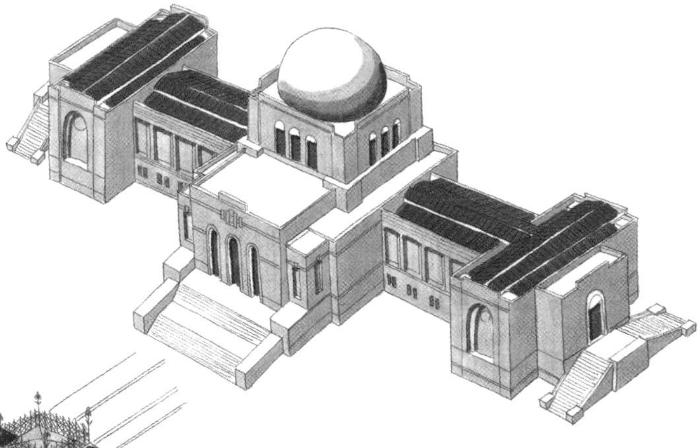

明治神宮外苑聖德紀念館

1926 年建。

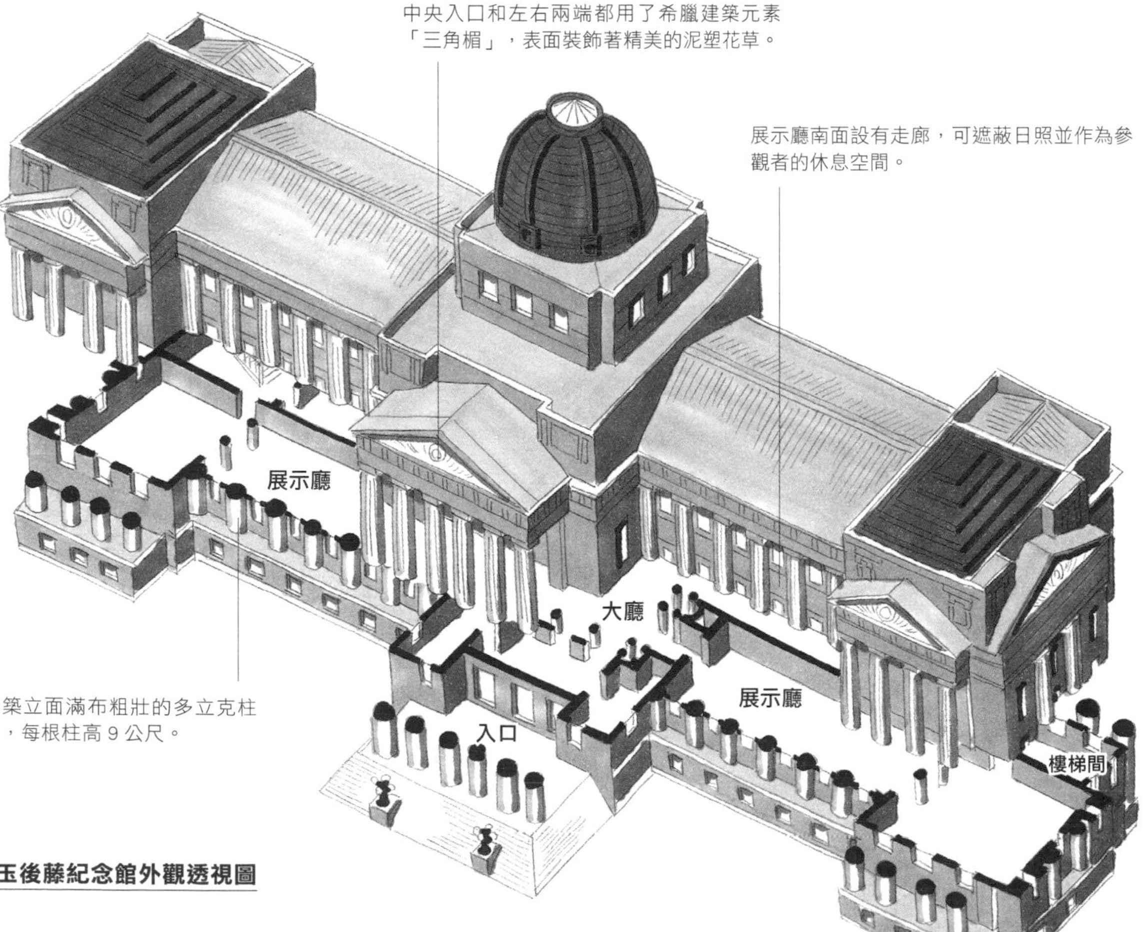
中央入口和左右兩端都用了希臘建築元素「三角楣」，表面裝飾著精美的泥塑花草。
展示廳南面設有走廊，可遮蔽日照並作為參觀者的休息空間。
展示廳
大廳
展示廳
入口
樓梯間
建築立面滿布粗壯的多立克柱列，每根柱高 9 公尺。

兒玉後藤紀念館外觀透視圖

兒玉後藤紀念館中央大廳

建築中央有一座直徑約 10 公尺的大圓頂，是整座博物館外觀最醒目的標誌。圓頂以鋼筋混凝土澆灌，表面包覆銅皮。

大廳全部採用鋼筋混凝土建造，以此完成大跨距的挑空，並確保結構強度。建築表面用洗石子作出仿石材的質感。

大廳兩側中央各有一座壁龕，放置兒玉源太郎與後藤新平兩人的塑像。此為後藤新平塑像。

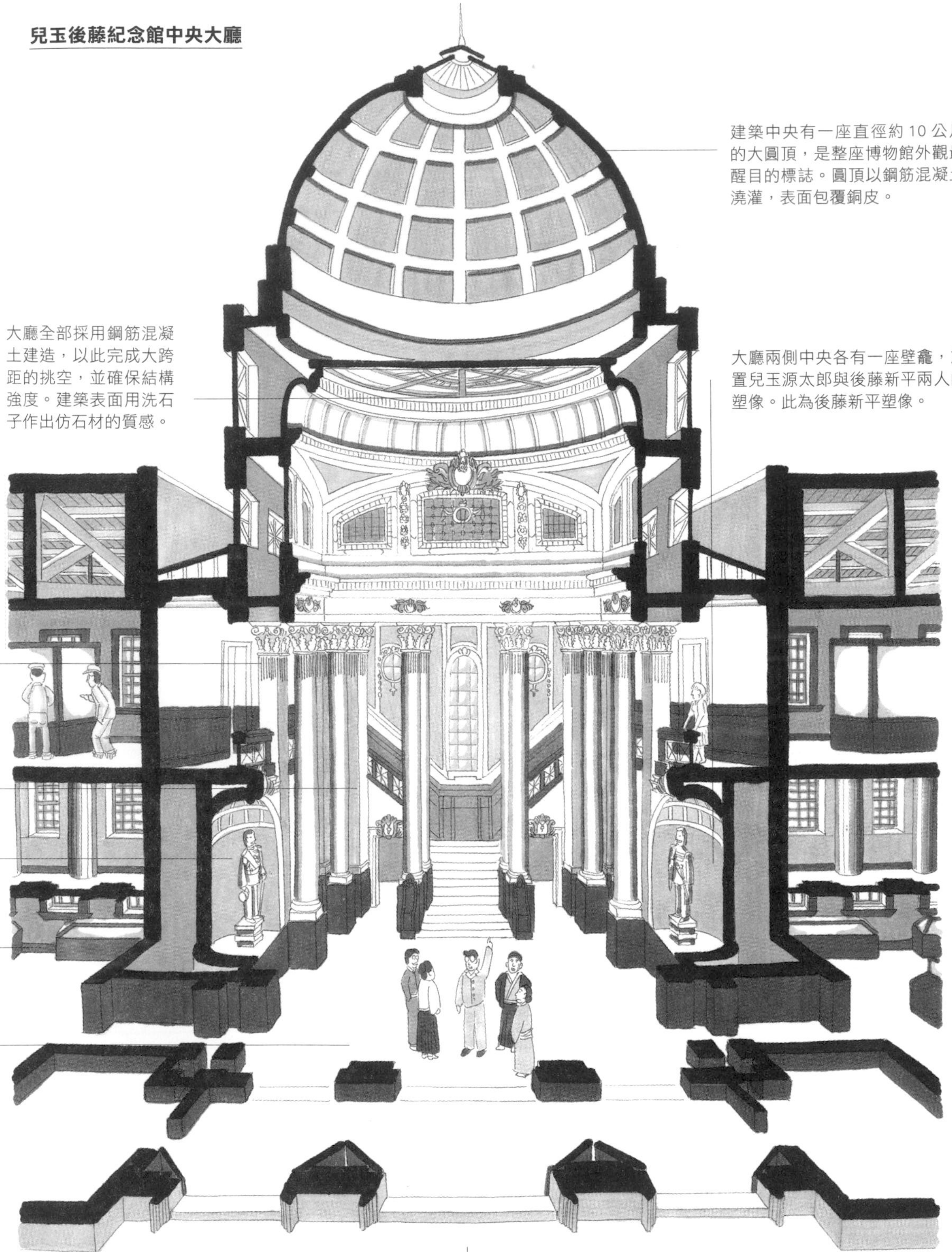

一樓下方還有地面層，有兩個小門分別讓參觀者與館員出入，內有換鞋空間，讓參觀者換鞋後再進入館內，另外還有警衛室、工友室、標本整理室、廚房、倉庫等。

築的平面都採用「兩翼型」，也就是強調中央入口及大廳，並往兩側延伸出展覽空間，兒玉後藤紀念博物館同樣採用了這種規畫概念，最後設計出來的平面和上野博物館相當類似。

紀念博物館落成後成為台北重要的地標，坐落於新公園內，正對著表町街道，並與台北車站遙遙相對。紀念博物館與台北車站這兩座地標建築，再加上表町街道組成的都市軸線，正當台北的大門地位，予人強烈的視覺印象。儘管紀念博物館在落成時就出現展示空間不足的窘境，但畢竟這是一座由民間捐資建造的博物館，且參觀人潮非常踴躍，顯見這座博物館是受到民眾歡迎的，無論對日本人或台灣人來說，確實都達到了良好的社會教育功能。

後藤新平

大廳四周有 32 根高 9.7 公尺的科林斯柱，承托起大廳頂端的圓形採光井，這座採光井直徑達 6 公尺，以彩繪玻璃組成，圖案中鑲有兒玉和後藤兩人的家紋。

牆壁採用日本進口的大理石作雕刻裝飾，是台灣近代建築中少見的高級建材。

兒玉源太郎塑像。

大廳左右兩側的一、二樓都是展示廳，展示內容包括了礦物、蕃族、南洋、動物、林業、農業等。

大圓頂之下的中央大廳是整個館內空間的重心。挑高 16.6 公尺（約五層樓高），中央有一座 T 型主樓梯通往二樓。

兒玉源太郎

台北醫院

日治時期官方在各地建立近代化的醫療院所，其中由總督府直轄各地的醫院有十二所，還有地方層級的醫院。軍方的醫院則稱為衛戍醫院，鐵道部也有專用的醫院。另外還有一些特殊醫院，如專門收治痲瘋病人的樂生院、收治結核病患的松山療養所、收治精神病患的養神院等。除了公立醫院，私人開設的診所也很多，比如「台灣新文化運動之父」蔣渭水從總督府醫學校畢業後，一九一六年就在大稻埕開設了大安醫院。

台北最重要的醫院當屬總督府台北醫院，也是總督府轄下第一間建造的醫院，位在台北城內精華地段，比臨環境優美的東三線道與新公園。一八九八年開始在現址建造第一代木造館舍，規模龐大，由醫院本館、藥局、病房等主要建築組成。建築皆為木造平房，四周有迴廊環繞，擬洋風格的造型相當有特色，表現出日治早期的木造建築技術與風格。

自一九〇六年始，台北醫院逐步改建為全新風格的紅磚辰野式樣。本館於一九一八年落成，成為台北城內最具有代表性的建築，外形壯麗，裝飾細節極為考究。建築分為地面層、一樓、二樓，並有本館、病房、手術室等，占地廣大，建築之間以走廊相連，圍繞出來的中庭則形成靜謐的醫療環境，可謂醫院建築的代表作。

據一九三七年紀錄，院內設有內科、外科、眼科、小兒科、產婦人科、耳鼻科、皮黴科、齒科、理學的治療科等九科，是總督府醫院中科種最齊全的。一九二〇年在醫院北邊增建了傳染病房，一九四二年又建造了四層樓高的鋼筋混凝土病房，是總督府醫院

中最高的病房建築，大概也是全台唯一一例。如此大型的醫院建築，設備完善、人才齊集，特別是在熱帶病理學方面的專精，使得台北醫院擁有「東洋第一」的稱號。

第一代台北醫院

1898 年建。

傳染病房與一般病房的距離刻意拉遠。

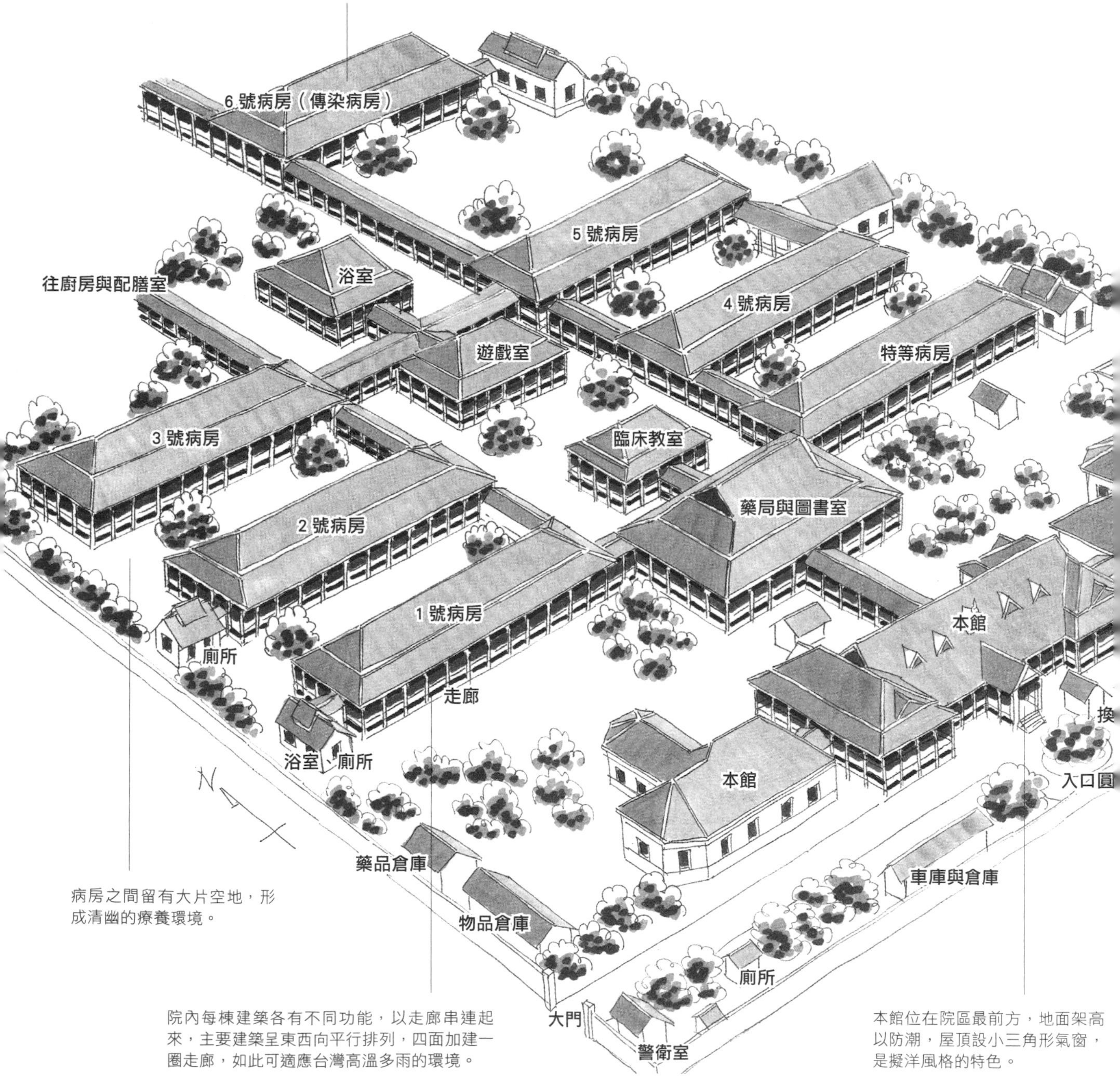
6 號病房（傳染病房）
5 號病房
浴室
往廚房與配膳室
4 號病房
遊戲室
特等病房
3 號病房
臨床教室
2 號病房
藥局與圖書室
1 號病房
本館
廁所
走廊
換
浴室、廁所
入口圓
本館
藥品倉庫
車庫與倉庫
物品倉庫
廁所
大門
警衛室

病房之間留有大片空地，形成清幽的療養環境。

院內每棟建築各有不同功能，以走廊串建起來，主要建築呈東西向平行排列，四面加建一圈走廊，如此可適應台灣高溫多雨的環境。

本館位在院區最前方，地面架高以防潮，屋頂設小三角形氣窗，是擬洋風格的特色。

第二代台北醫院

1906-1918 年建，近藤十郎設計。
圖中為 1936 年的使用狀況。

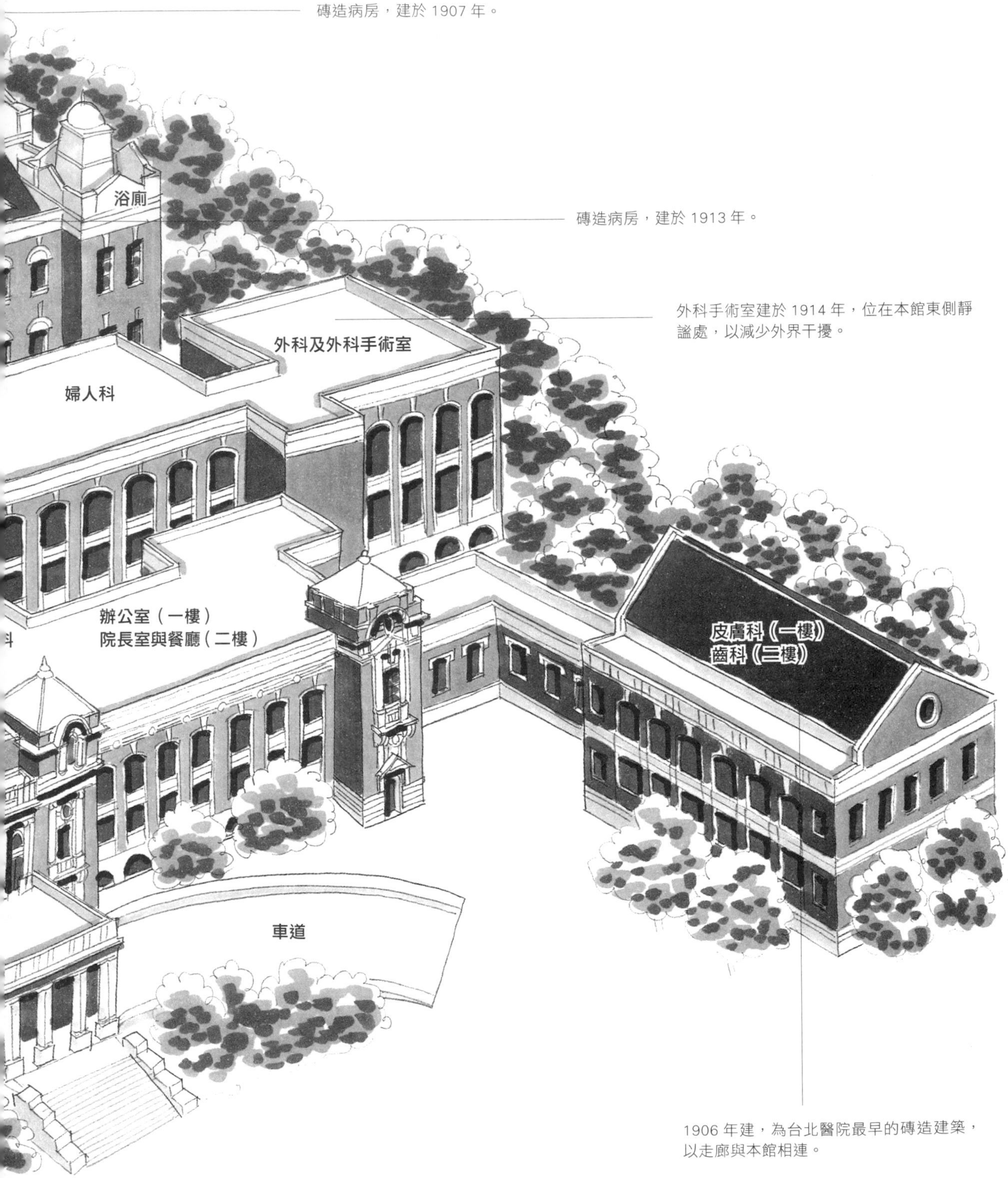

磚造病房，建於 1907 年。
浴廁
磚造病房，建於 1913 年。
外科手術室建於 1914 年，位在本館東側靜謐處，以減少外界干擾。
外科及外科手術室
婦人科
辦公室（一樓）
院長室與餐廳（二樓）
皮膚科（一樓）
齒科（二樓）
車道
1906 年建，為台北醫院最早的磚造建築，以走廊與本館相連。

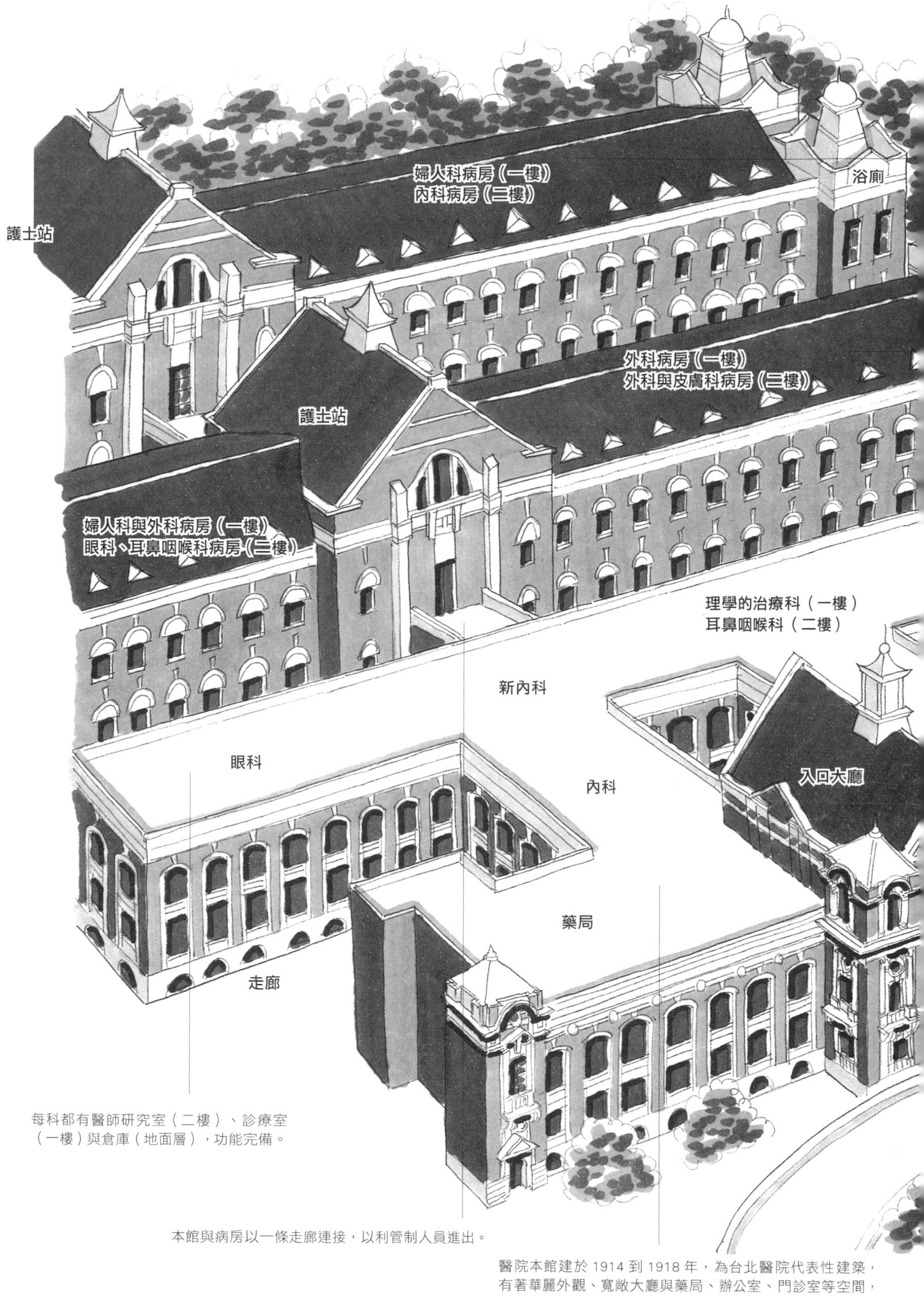
婦人科病房（一樓）
內科病房（二樓）
浴廁
護士站
外科病房（一樓）
外科與皮膚科病房（二樓）
護士站
婦人科與外科病房（一樓）
眼科、耳鼻咽喉科病房（二樓）
理學的治療科（一樓）
耳鼻咽喉科（二樓）
新內科
眼科
內科
入口大廳
藥局
走廊

每科都有醫師研究室（二樓）、診療室（一樓）與倉庫（地面層），功能完備。

本館與病房以一條走廊連接，以利管制人員進出。

醫院本館建於 1914 到 1918 年，為台北醫院代表性建築，有著華麗外觀、寬敞大廳與藥局、辦公室、門診室等空間，前後兩排建築之間設置中庭，創造舒適明亮的診療環境。

總督府

一九一九年，約略在台北舊城中央的位置，一座巨大的建築落成了。樓高五層，中央塔樓高達十一層，是當時全台灣最高的建築，站在塔樓上，整個台北市盡收眼底。作為統治核心，台灣總督府可說是整個日治五十年最重要的一座建築。經過七年的施工，花費兩百六十九萬元，在日本人到台灣二十四年之後才完成，可見日本人對這座建築的重視。

作為統治象徵的台灣總督府，在計畫建造時為求慎重，採用競圖的方式選取設計方案，據說這是後藤新平的建議。於是，總督府成為台灣乃至於日本本土，第一個正式的建築競圖案，也是整個日治時代台灣公共建築唯一的一次競圖。最後由長野宇平治獲得

長野宇平治設計方案

長野最初的設計案，比較簡約。

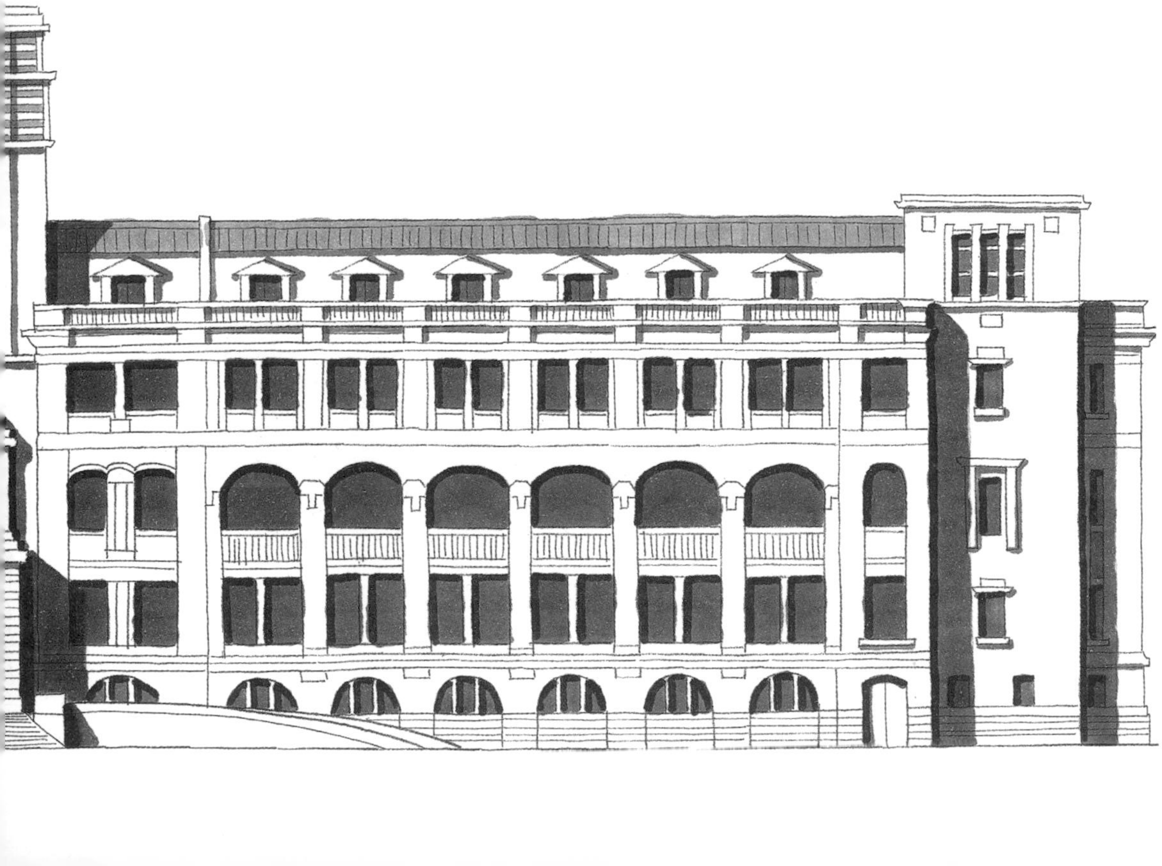

第一名。

然而，似乎是老天開的玩笑，當初在競圖中落選的森山松之助，居然在修正總督府設計的階段進入總督府任職，並擔任設計主任，最後整個設計方案經過他大幅修改，成為我們現在看到的樣貌。因此，總督府這棟建築可以說是森山與長野兩人共同設計的。長野最初的設計案風格比較簡約，森山接著將這個設計擴充規模，並增加了許多裝飾細節，讓整個建築外觀成為華麗無比的辰野式風格。

總督府尚未完工時，曾在一九一五年的「始政二十年勸業會」中作為會場，完工後則一直作為日本統治台灣的權力中心。它是台北的地標建築，也是台灣辰野風格建築的代表作。

森山松之助設計方案

森山將原設計改成華麗的辰野式風格。

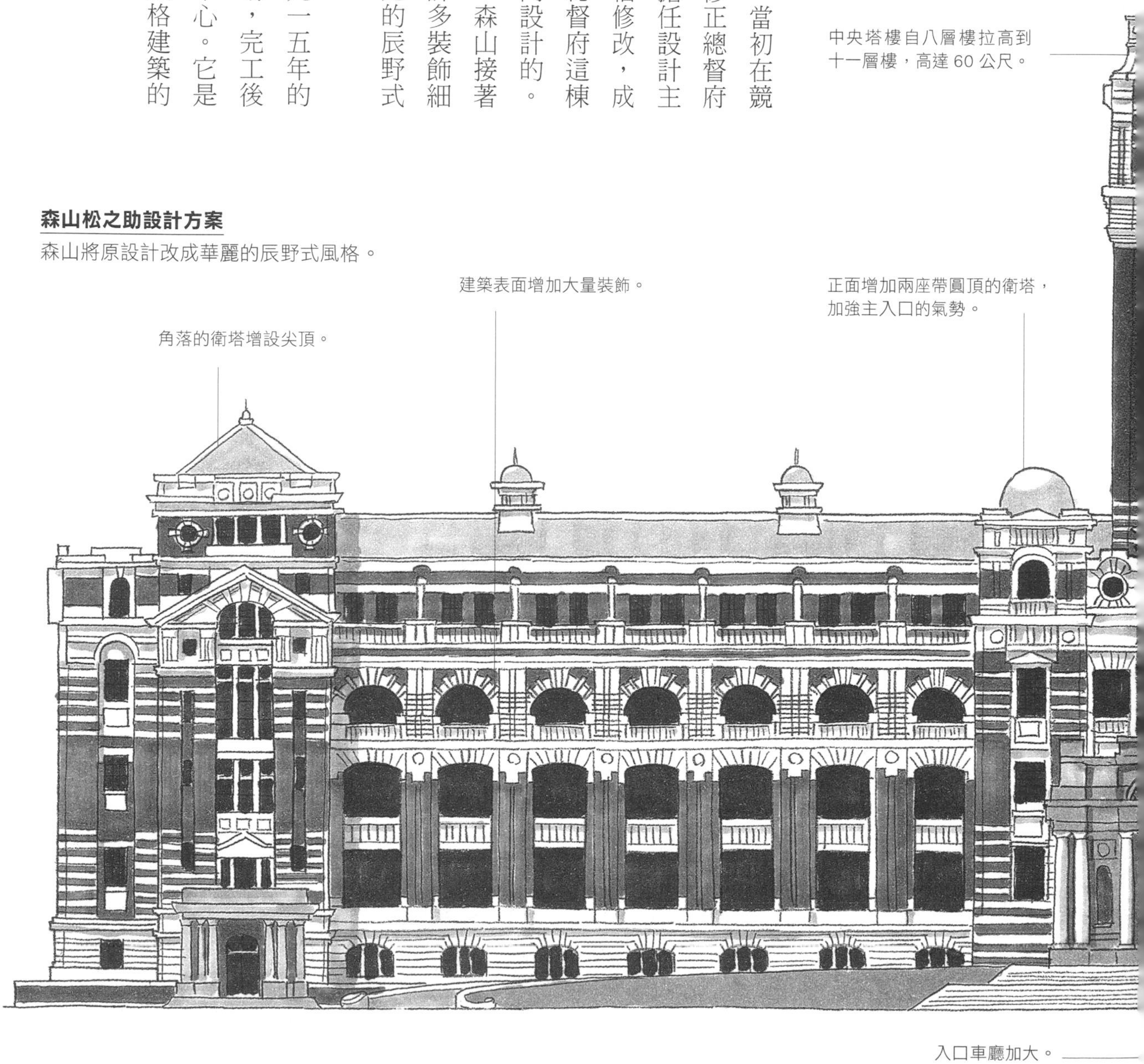
中央塔樓自八層樓拉高到十一層樓，高達 60 公尺。
建築表面增加大量裝飾。
正面增加兩座帶圓頂的衛塔，加強主入口的氣勢。
角落的衛塔增設尖頂。
入口車廳加大。

總督府平面圖

總督府平面成日字形，正面寬 130 公尺、深 80 公尺，建築面積約 2165 坪，一共有六個主要出入口，以及兩個車輛出入口。每個主要出入口都設有電梯，中央塔樓內也有一部，總共七部。府內電力、空調、消防、電信等設備一應俱全。

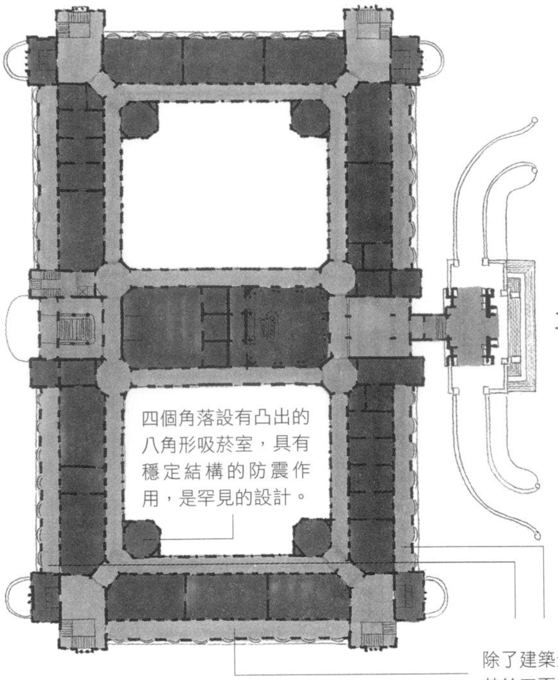

正門面向東方。

四個角落設有凸出的八角形吸菸室，具有穩定結構的防震作用，是罕見的設計。

除了建築最北側外，其餘四面都設走廊。

建築一樓中央有一座挑高 19 公尺（約等於六層樓高）的宏偉大廳。大廳四周立有 24 根西洋古典柱式的柱子，撐起了高 9.5 公尺的弧形屋頂，屋頂四周設有採光窗戶。

大廳中央設一座 T 型主樓梯。大廳內部採用了大理石、灰泥雕塑與金箔裝飾，非常華麗。

總督府的主要結構是鋼筋混凝土，混合了磚承重牆，屋頂以西式木桁架為主，部分採用鐵桁架。

地面層設有郵局、配電室、鍋爐室、電話交換室、印刷室、倉庫等服務空間，中庭還有腳踏車停車場。

大廳後方設有三座金庫。

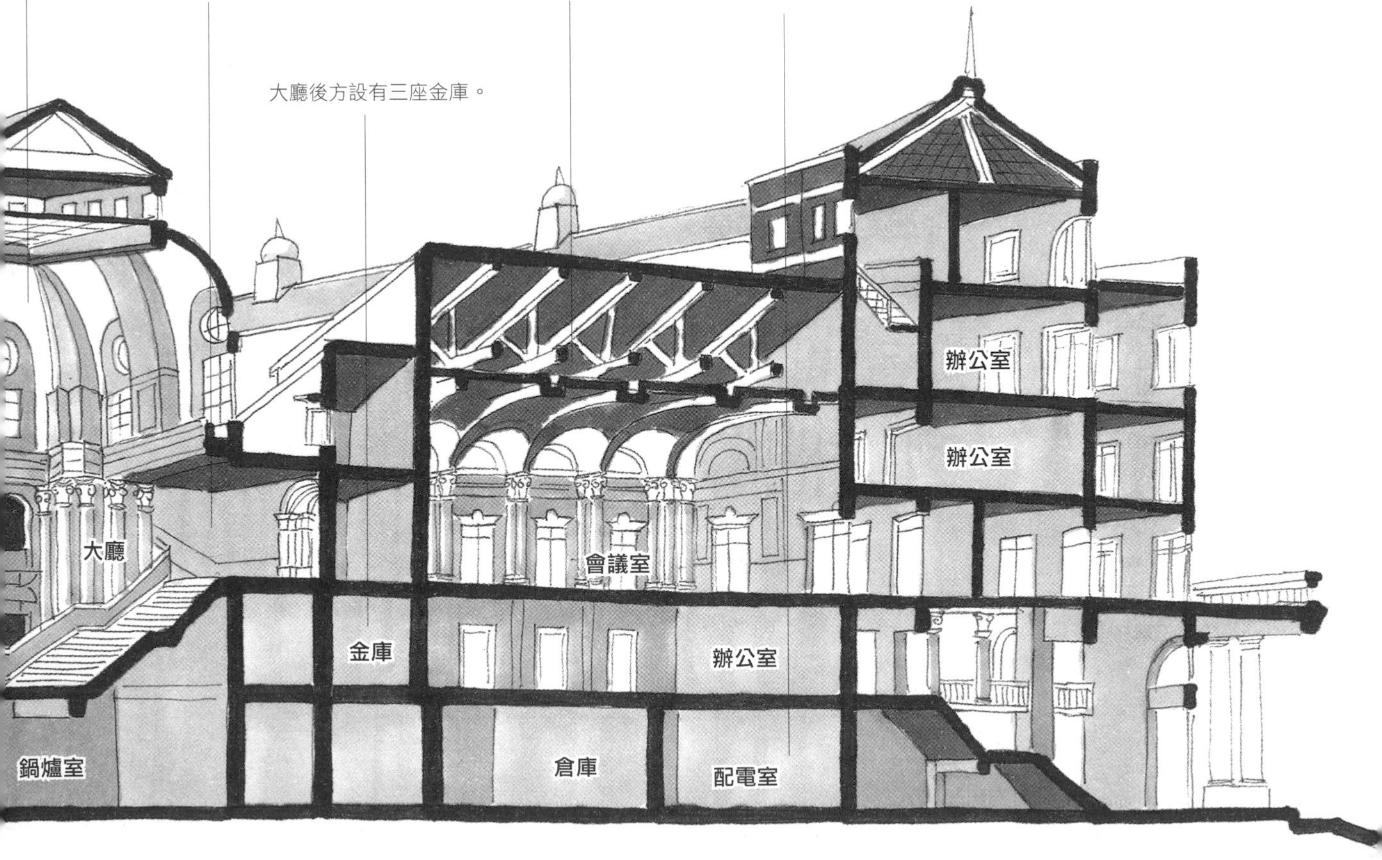
辦公室
辦公室
大廳
會議室
金庫
辦公室
鍋爐室
倉庫
配電室

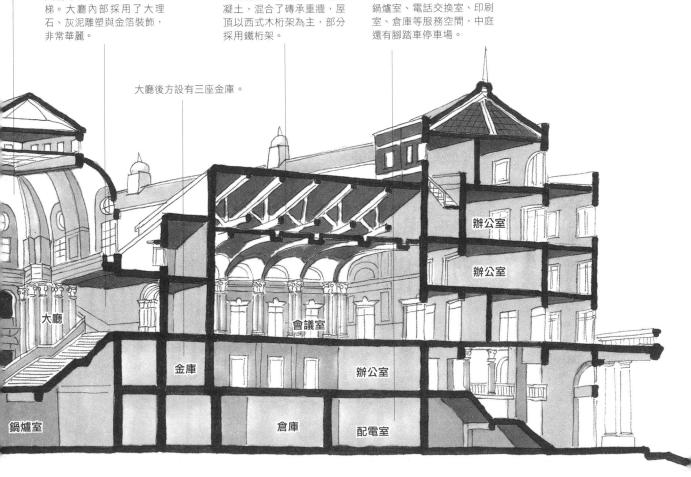

室內裝修為巴洛克風格，並
安裝彩繪玻璃。

總督府剖面圖

總督辦公室位在二樓，後
方有大會議室、餐廳等空
間，是整個總督府最核心
的部分。

建築外表看似為紅磚，實際
上採用的是被稱為「化妝煉
瓦」的瓷磚。

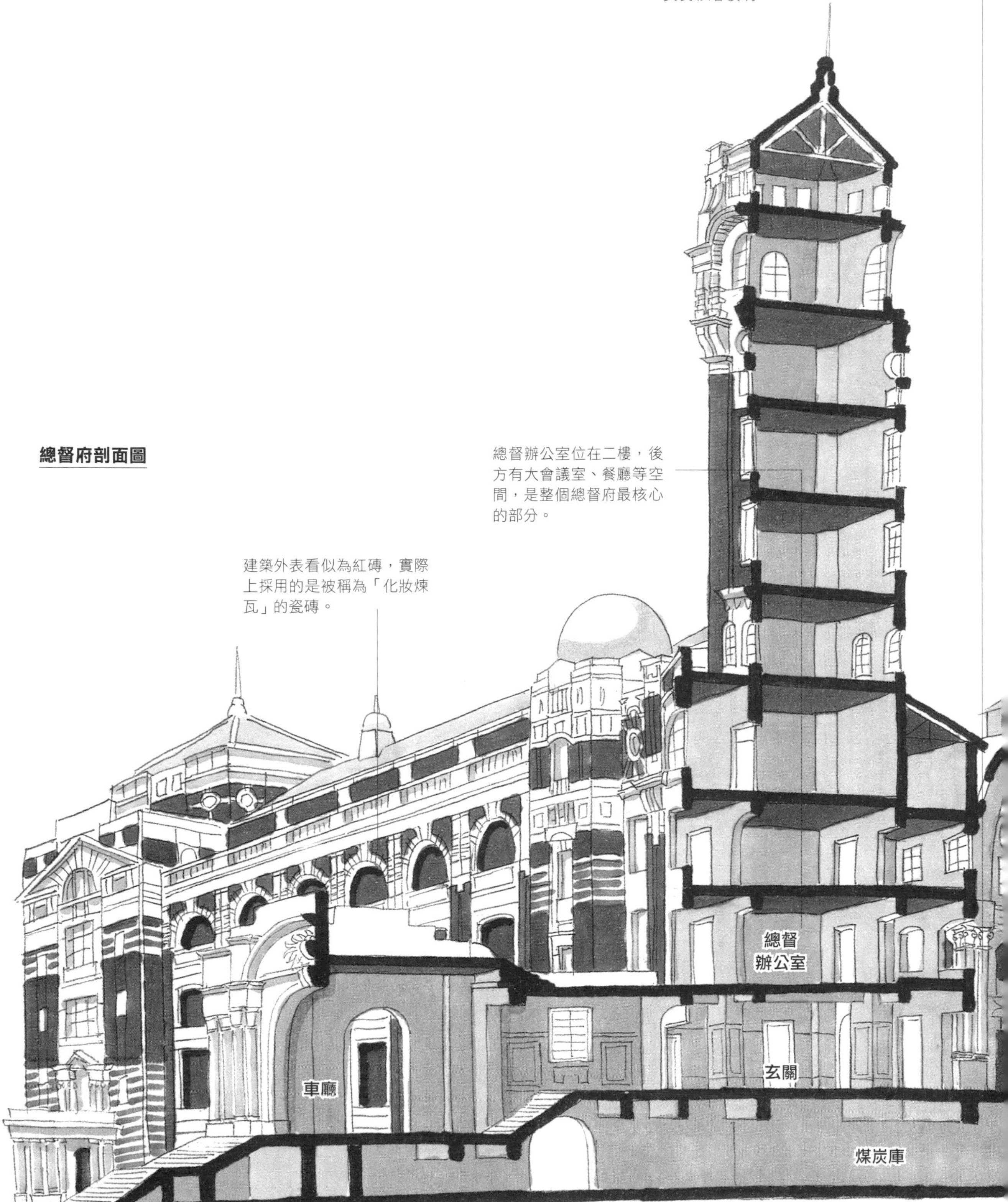

政府機構

台北作為日本統治台灣的政經中樞，城內地區集中了許多政府機構，這些機構大都占地廣大，且建築高大，門面講究，成為塑造台北市街景觀的重要角色。

這些政府機構主要分布在兩處，一是以總督府為核心的城內中央地帶，周圍有民政長官官邸、台灣銀行、總督府圖書館、台灣電力株式會社、遞信部、電話交換局、高等法院等中央級單位。

另一處是台北城東門往北一帶，這一帶聚集了重要的醫療機構如紅十字會、總督府醫學校、紅十字醫院、台北醫院等，還有總督官邸、中央研究所，以及地方機構如台北州廳、台北市役所（市政府）等。

城北以台北車站和鐵道部、鐵道飯店為核心，組成了鐵路建築群，城南則有台灣軍司令部以及台北專賣局、樟腦工廠等。

從都市空間來看，許多機構被刻意放在城市的重要位置上，比如作為道路底端的端景。如總督府，坐西朝東，與東門遙遙相對。又如新公園內的總督府博物館，同樣位於表町街道末端，與另一端的台北車站相望，塑造出了富戲劇性的都市景觀。

另外有些則位在十字路口、圓環等交通要衝上。比如台北城東北角圓環邊的台北州廳、南門外圓環邊的台北專賣局、北門圓環邊的鐵道部與台北郵局，都在都市空間中占有醒目的位置。

在設計風格方面，這些政府機構與公共建築早期以文藝復興、辰野式的紅磚建築為主調，中後期開始改採折衷式樣，也就是仍採用西方文藝復興的建築元素，但加以簡化，並配合面磚來裝修表面。後期則是簡潔明快的現代主義風格。

走一遍台北城內，就能看出台灣近代建築五十年的發展過程。

日治台北城周邊重要官方建築分布圖

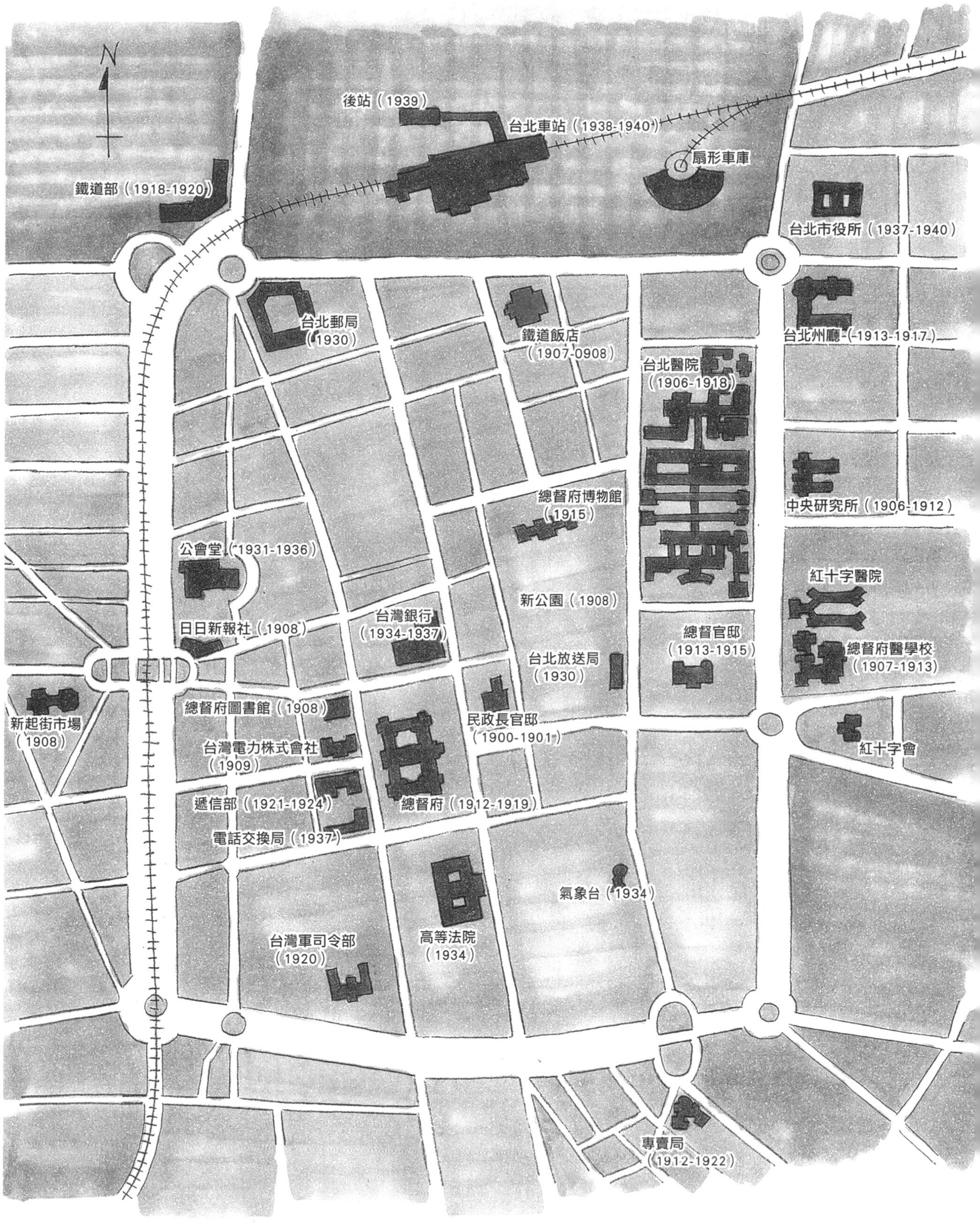
N
後站（1939）
台北車站（1938-1940）
扇形車庫
鐵道部（1918-1920）
台北市役所（1937-1940）
台北郵局
（1930）
鐵道飯店
（1907-0908）
台北州廳（1913-1917）
台北醫院
（1906-1918）
中央研究所（1906-1912）
總督府博物館
（1915）
公會堂（1931-1936）
紅十字醫院
新公園（1908）
日日新報社（1908）
台灣銀行
（1934-1937）
總督官邸
（1913-1915）
總督府醫學校
（1907-1913）
台北放送局
（1930）
新起街市場
（1908）
總督府圖書館（1908）
民政長官邸
（1900-1901）
紅十字會
台灣電力株式會社
（1909）
遞信部（1921-1924）
總督府（1912-1919）
電話交換局（1937）
氣象台（1934）
台灣軍司令部
（1920）
高等法院
（1934）
專賣局
（1912-1922）

中央研究所

1906-1912 年建，近藤十郎、小野木孝治設計。
日治早期的文藝復興式樣。

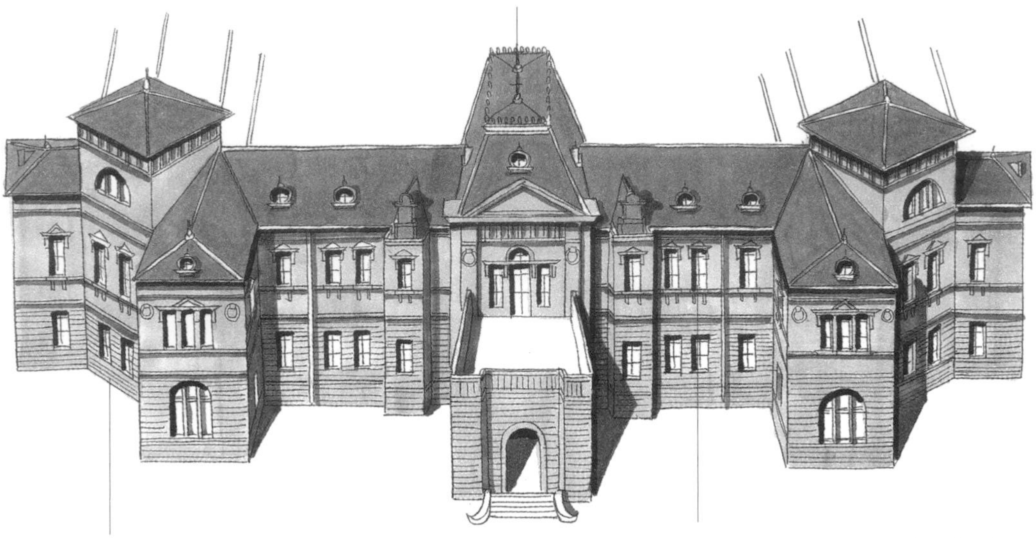
中央屋頂用馬薩頂。
轉角採用四十五度角造型。
立面不用柱式，而是安置規律排列的方窗，簡單而富古典美感。

台灣電力株式會社

1909 年建，森山松之助設計。辰野式樣。

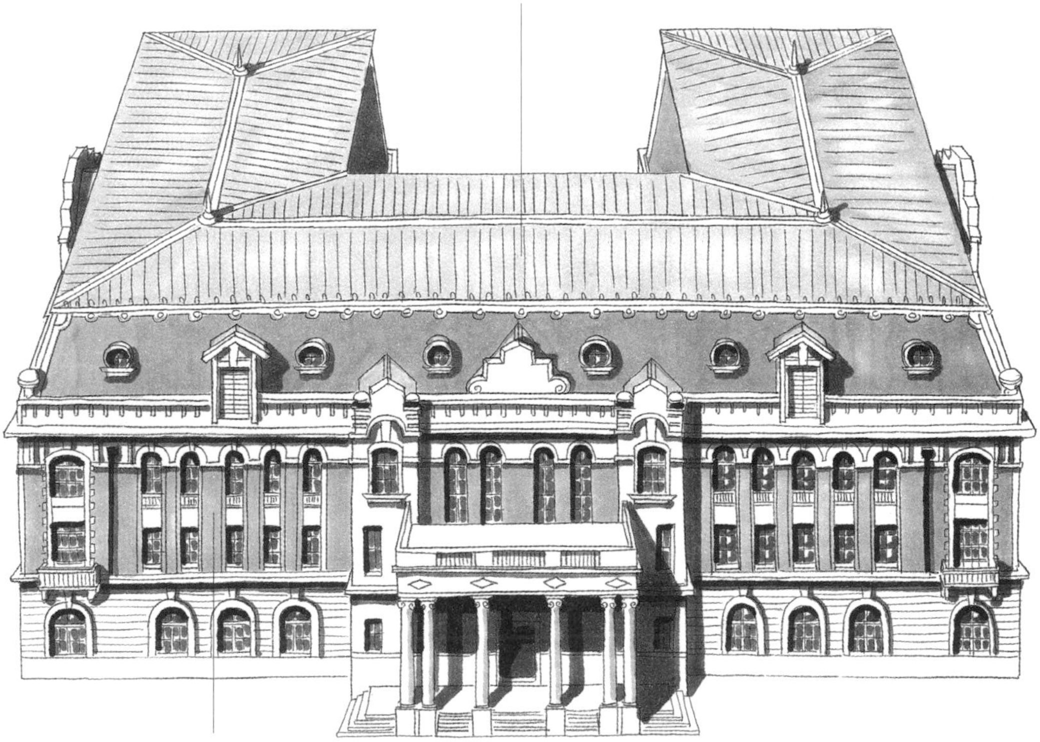
屋頂用馬薩頂，並以牛眼窗裝飾。
外觀為華麗的辰野式樣。

台北州廳

1913-1917 年建，森山松之助設計。
辰野式樣。

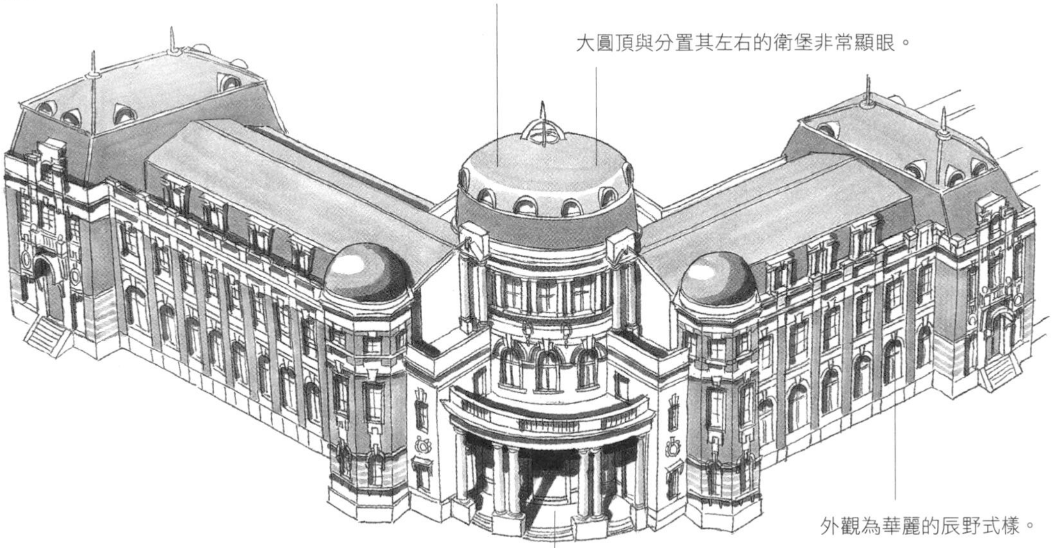
轉角作為入口和大廳，辦公室分
置左右兩側。
大圓頂與分置其左右的衛堡非常顯眼。
外觀為華麗的辰野式樣。
入口設計成大型弧面，非常罕見。

總督府

1912-1919 年建，長野宇平治及
森山松之助設計。台灣辰野式樣
代表作。

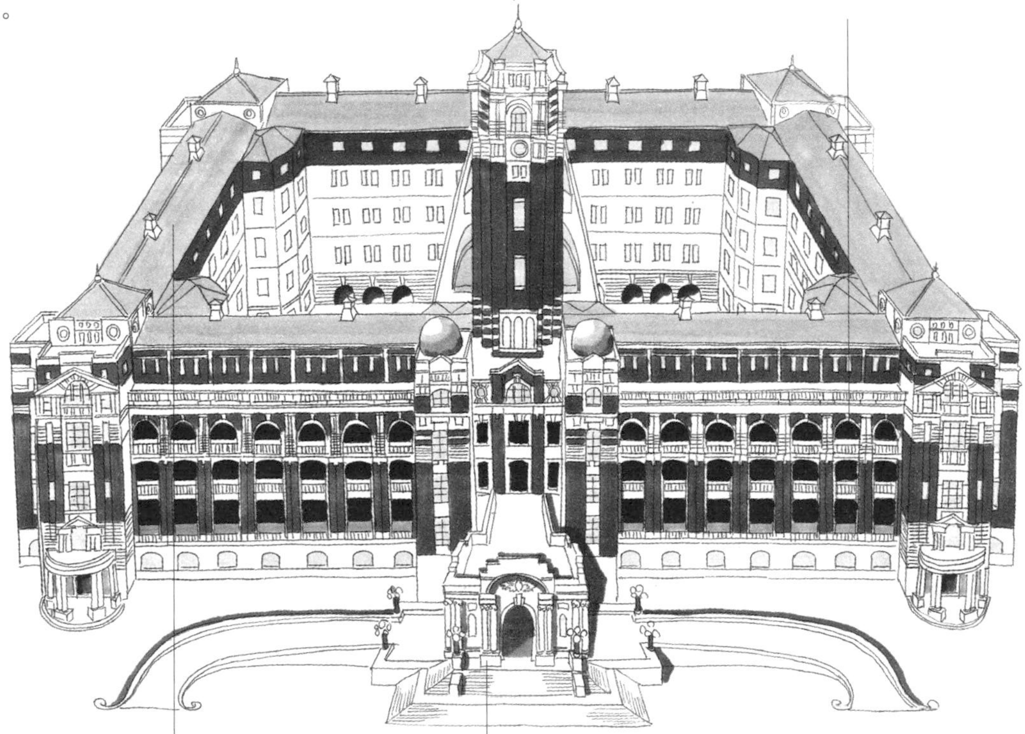
中央尖塔是台北第一高樓，非常雄偉。
建築四周有柱列及迴廊。
建築呈日字型，大型官方
辦公廳常採用這種平面。
入口有大型的車道與車廳。

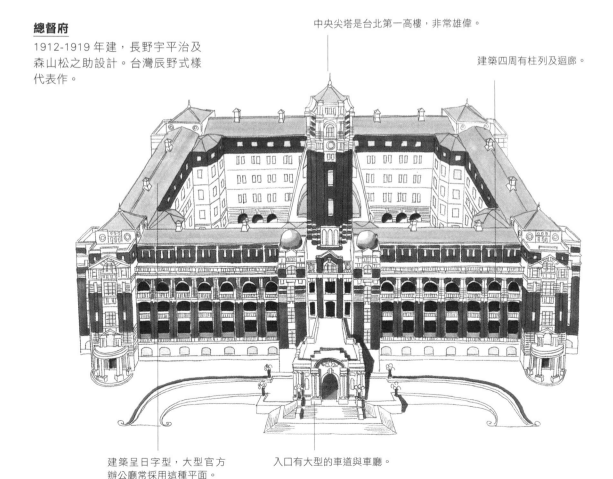

專賣局

1912-1922 年建，森山松之助設計。
辰野式樣。

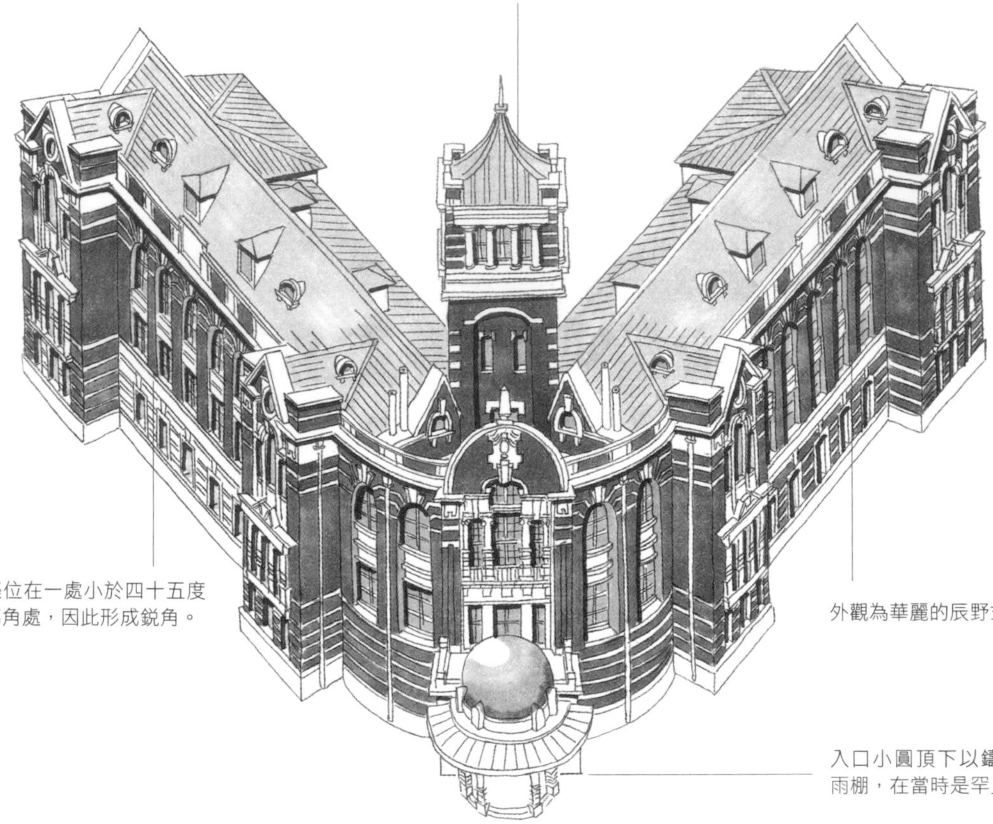
轉角設計成圓弧形，上方有一座尖塔，非常秀麗。
建築位在一處小於四十五度的轉角處，因此形成銳角。
外觀為華麗的辰野式樣。
入口小圓頂下以鑄鐵打造出遮雨棚，在當時是罕見的設計。

遞信部

1921-1924 年建，森山松之助設計。
日治中期的折衷風格。

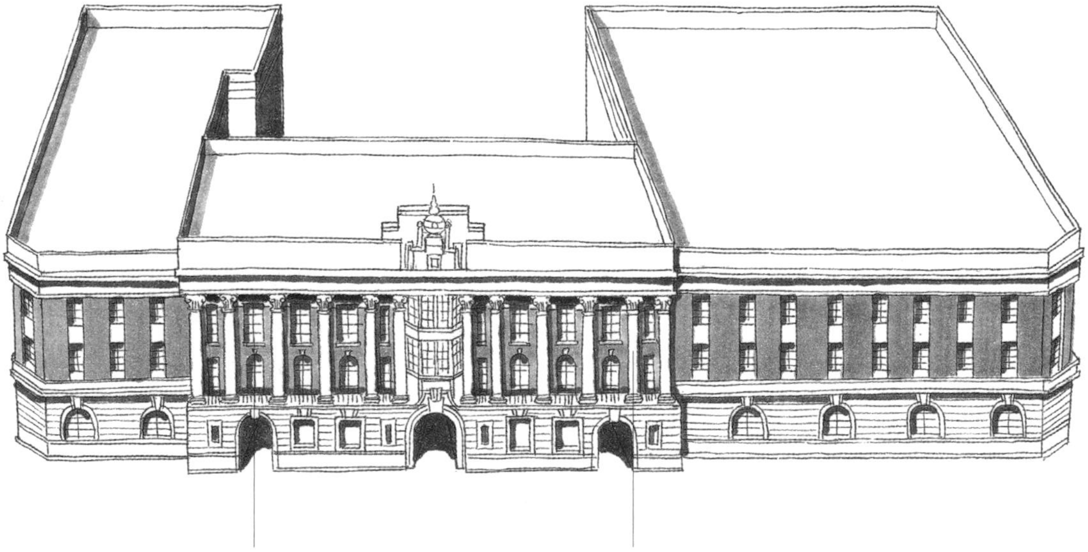
立面裝飾較少，窗戶也不多作雕飾。
正面使用高達兩層樓的西洋柱式，為整個造型的重點。

高等法院

1934 年建。日治後期面磚建築代表作。

中央尖塔上的大屋頂，為日本對外侵略態勢下所產生的帝國冠帽式樣。

立面出現連續的半圓拱，此為仿羅馬建築的特徵，經常被用於折衷風格的建築中。

立面以貼面磚為主要裝飾手法。

前方車廳採用西方古典柱式與半圓拱，顯見此時沒有完全放棄古典式樣。

台北市政府

1937-1940 年建。日治後期台北最後一座大型公共建築。

平面格局和正面量體之組合與古典式樣的總督府非常類似，但外觀採用了簡潔的現代主義，這是日治後期流行的作法。

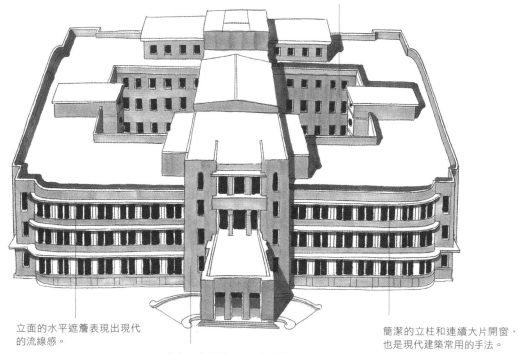

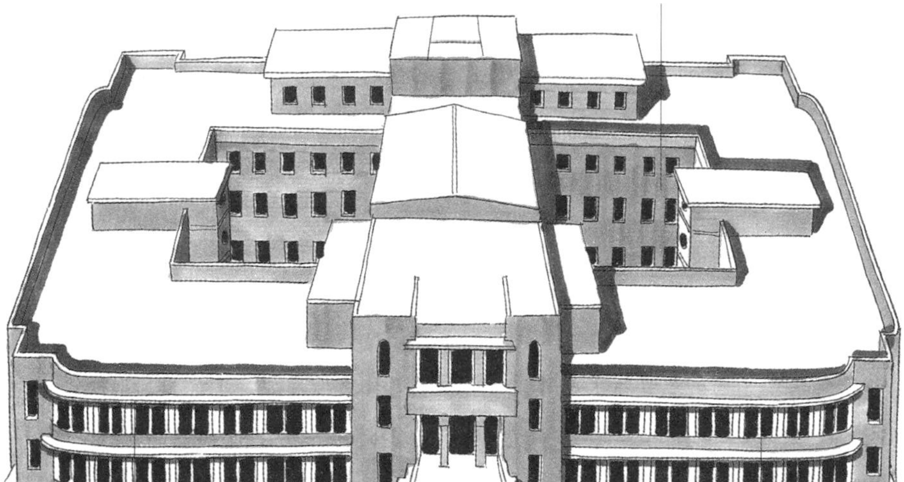

立面的水平遮簷表現出現代的流線感。

中央不作高塔，可見此時的建築設計以實用為主。

簡潔的立柱和連續大片開窗，也是現代建築常用的手法。

近代建築的室內空間

日治時期的近代建築，不但在建築外觀的造型和細節展現高超設計水準，建築內部的空間如大廳，也有可觀之處。位在台北的重要政府機構，對於中央大廳的設計尤其講究。隨著新建築材料如鋼筋混凝土、鋼骨構造的開發，建築師更容易設計出大尺度的挑高大廳空間。

大廳一般都設在建築中央的核心位置，是連接大門入口與左右兩翼，以及通往二樓的重要環節。因此大廳經常與氣派的T形樓梯結合，並於樓梯旁設置大開窗，以獲得良好的室內採光。總督府博物館大廳就是早期極具代表性的例子。其他如台北專賣局、台北州廳、鐵道部、總督府等早期建築，以及後期建築如台北帝大文政學部的中央大廳，都是採用這種設計。

另外一種大廳則單純表現出超大尺度，與樓梯分開設置。比如第二代台北醫院的中央大廳，兩層樓的挑高加上四周迴廊環繞，就創造出了舒適的大型室內空間，亦可緩解醫院內大量人潮帶來的壓迫感。

這種重視政府機構中央大廳的設計，特別伴隨著早期的文藝復興、辰野風格而流行，到了日治中後期的面磚時代，大廳的設計轉而愈來愈講究實用，對於完整大廳空間的塑造漸漸不再受到重視。此時的代表建築如台北教育會館、高等法院等。

不過，日治後期出現了一種新型態的大型室內空間，也就是營業廳，可以台北郵局和第二代台灣銀行為代表。兩者同樣建於一九三〇年代，在需要紓解龐大人潮流量的情況下，設計出前所未見的超大型室內空間。

另外，有些建築如電影院、演講廳這類供眾人聚會的空間，也需要大尺度、大挑高的室內空間，如台北高等學校講堂、台北高等商業學校講堂、公會堂等。

台北州廳大廳剖面透視圖

這些聚會空間除了提供舒適的室內環境，讓使用者不會感到壓迫，在採光方面也有很好的效果，可說是建築技術進步的表現。

入口左右兩側各有一座衛塔，增加中央大圓頂的氣勢。

帶有拜占庭風格的中央大圓頂非常醒目，也是台北州廳的標誌。整個圓頂以鐵桁架支撐，並在鐵桁架上以木料塑造出圓頂的形狀，表面再貼上銅皮。

圓頂下方另有一座圓形天花穹窿頂，中央有彩繪玻璃窗，這個大圓頂從一樓就可以清楚看到。整個圓頂由上方的一組粗壯木結構拉緊，這種做法廣見於日治時期近代建築的室內天花板。

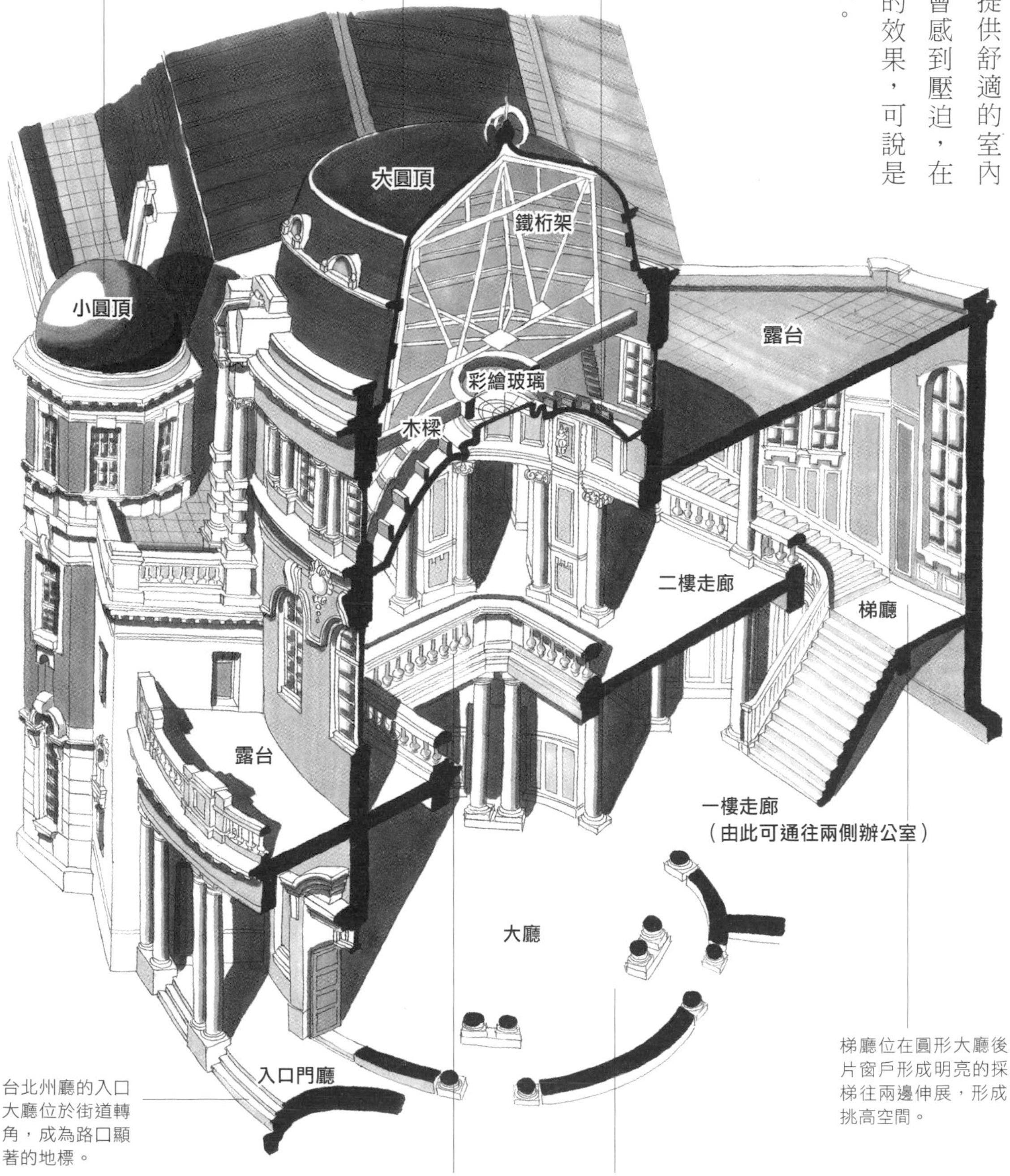

大圓頂
鐵桁架
小圓頂
露台
彩繪玻璃
木樑
二樓走廊
梯廳
露台
一樓走廊
（由此可通往兩側辦公室）
大廳
入口門廳

台北州廳的入口大廳位於街道轉角，成為路口顯著的地標。

梯廳位在圓形大廳後方，大片窗戶形成明亮的採光，樓梯往兩邊伸展，形成開闊的挑高空間。

二樓挑空部分是方形的，和整個大廳的圓形主題不同。

圓形的室內大廳非常罕見，抬頭即可見到上方的大圓頂。

建築技師

台北城的近代化建設，得力於一群訓練有素的建築設計師。當時全台灣許多重要的公共建築設計，都出自總督府建築技師之手，有些較大單位如鐵道部、軍方等，也有自己的建築技師，台北作為首善之區，可說是這些技師最重要的舞台。

日本在明治維新的時候開始引入近代建築教育，師法歐洲，特別聘請英籍建築師到東京大學任教，使得早期教育出來的本土建築師，都善於設計西洋風格建築。因此在日治前期，典雅的文藝復興樣式和華麗的辰野樣式成為台灣公共建築的主流，中後期則逐漸流行前衛的裝飾藝術風格和簡潔的現代主義。日本當局對於新領地台灣的大力開發建設，從都市計畫、建設上下水道、到官廳建築、市街建築、產業建築等，讓台灣建築界始終保持著充沛活力，對於鋼筋混凝土的利用甚至領先日本本土，可見當時總督府技師勇於創新的能力。

日治前半段重要的建築技師有野村一郎、近藤十郎和森山松之助。這幾位技師都待在台灣十餘年，設計作品眾多，主要表現風格為強調紅磚的辰野樣式，也設計過一些比較典雅的文藝復興建築。野村曾主導一九一〇年代台北城內街屋的改建活動，代表作包括總督府中學校、總督府博物館、第二代台北醫院等。近藤則設計了許多學校和市場。

森山松之助可說是當時建築界最具代表性的人物。他早期設計的台北水道唧筒室是非常優美的巴洛克建築，之後改造總督官邸時，則將穩重的文藝復興風格改成巴洛克風格，接著又設計了許多華麗的辰野風格建築，如總督府、台北州廳、台北專賣局，在在顯示出他設計裝飾細節的優異能力。由他設計的台北電話交換局則是全台灣最早的整棟鋼筋混凝土建築。他還設計過半磚半木的鐵道部、北投公共浴場，甚至設計了屬於神道建築的新竹神社。森山在台灣設計的最後一件作品遞信部則表現出簡潔的折衷樣式，外牆貼褐色面磚。從紅磚、鋼筋混凝土、木結構到貼面磚建築。森山松之助的設計履歷，彷彿就是台灣建築史的縮影。

日治後半段重要的技師則有任職總督府長達三十年的井手薰。他的作品表現出當時重要的建築流風，也就是裝飾藝術與面磚建築，代表作有台北公會堂和台北教育會館。建功神社作為台灣建築史上一個重要的建築作品，表現了井手薰對於建築樣式的獨到觀點。將西洋圓頂加上台灣建築風格，融合成為傳統的日本神道空間，不畏當時保守人士的議論，井手薰可說是具有理想又勇於實踐的人物，一九四四年他病逝台北，將一生都獻給了台灣。

這些在台灣任職的建築技師工作之餘，也很熱中研討建築學。他們在一九二八年成立了「臺灣建築會」，與日本建築協會、滿州建築協會、朝鮮建築會等，並列日本四大建築會。而建築會最重要的一項運作成果，就是發行了「臺灣建築會誌」，從一九二八年創刊，維持到一九四五年。這本刊物報導了日本本土以至於世界建築的要聞與趨勢潮流，也介紹當時台灣最新建築作品，還有許多文章討論材料性質、設備、構造與建築設計等，以及針對台灣本島漢人、原住民建築的調查報告，內容豐富多樣，是日治時期台灣最重要的建築刊物，也是現在研究台灣近代建築的重要史料。

森山松之助
1908-1921 年在台灣。

近藤十郎
1904-1922 年在台灣。

井手薰
1911-1944 年在台灣。

日式住宅

日本人到台灣後，引入了日式生活文化，表現在建築上最具代表性的就是日式住宅。

台北作為治理台灣的中心，許多官方機構如總督府、鐵道部、專賣局、各級學校以至於軍隊，都建造起大規模的住宅區，這些日式住宅大多以整區開發的方式建造，社區內整齊畫一、尺度親切的巷道空間與完善的庭園綠化，創造出良好的生活環境。當時，日式住宅群和西洋風格的公共建築可說是打造台北優美都市景觀的兩大要素。

日式住宅的設計概念和台灣人居住的合院建築完全不同，平面不講究對稱，而是以榻榻米為單位自由發展，並形成豐富多變的外觀。層疊錯落的屋頂更增添造型變化。外牆以木造層疊的雨淋板為主，僅有少數牆面塗上白灰泥，屋頂則鋪上日式黑瓦。沉穩的黑色搭配木頭色系，表現出

自然的親切感。

由於日式住宅的建設量非常大，官方制訂有官社標準，共有八種等級，從獨棟到四連棟不等，規定了每種等級的室內面積與庭園大小。民間的住宅設計則相當自由，可以按照屋主的喜好設計不同的平面與造型。有些住宅還設計出兩層的閣樓，別有風情。

昭和町大學住宅區（今青田街）

日式住宅講究建築四周的庭園配置，無論是獨戶或雙併，都要有獨立的庭院，種植草木或建造水池，充滿自然生活情趣。這裡住了許多台北帝國大學的教授，如「台灣語言學之父」小川尚義、帝大農學院教授足立仁、帝大著名植物專家山本由松、「台灣蓬萊米之父」磯永吉，以及生物化學專家三宅捷，他是帝大農學部第一任部長。

小型日式住宅平面圖

小型住宅的玄關位居核心地位，從這裡可以通往客廳、餐廳、會客室等主要空間。

凸窗（出窗）是由室內往外凸出的窗戶，可擴大室內使用空間。

廚房和浴室一般位在建築側面轉角處，並附有獨立的出入口。

室內帶有中央走廊的住宅，是近代發展出來的形式，在中廊兩側的房間都至少可有一面採光。

大正時期對於西洋流風的喜好，很大程度影響了當時的住宅形式。在純日式住宅中出現了西洋風格的「會客室」（應接室），木地板、天花板搭配桌椅、沙發的設計相當普及，形成日式住宅的特殊文化。

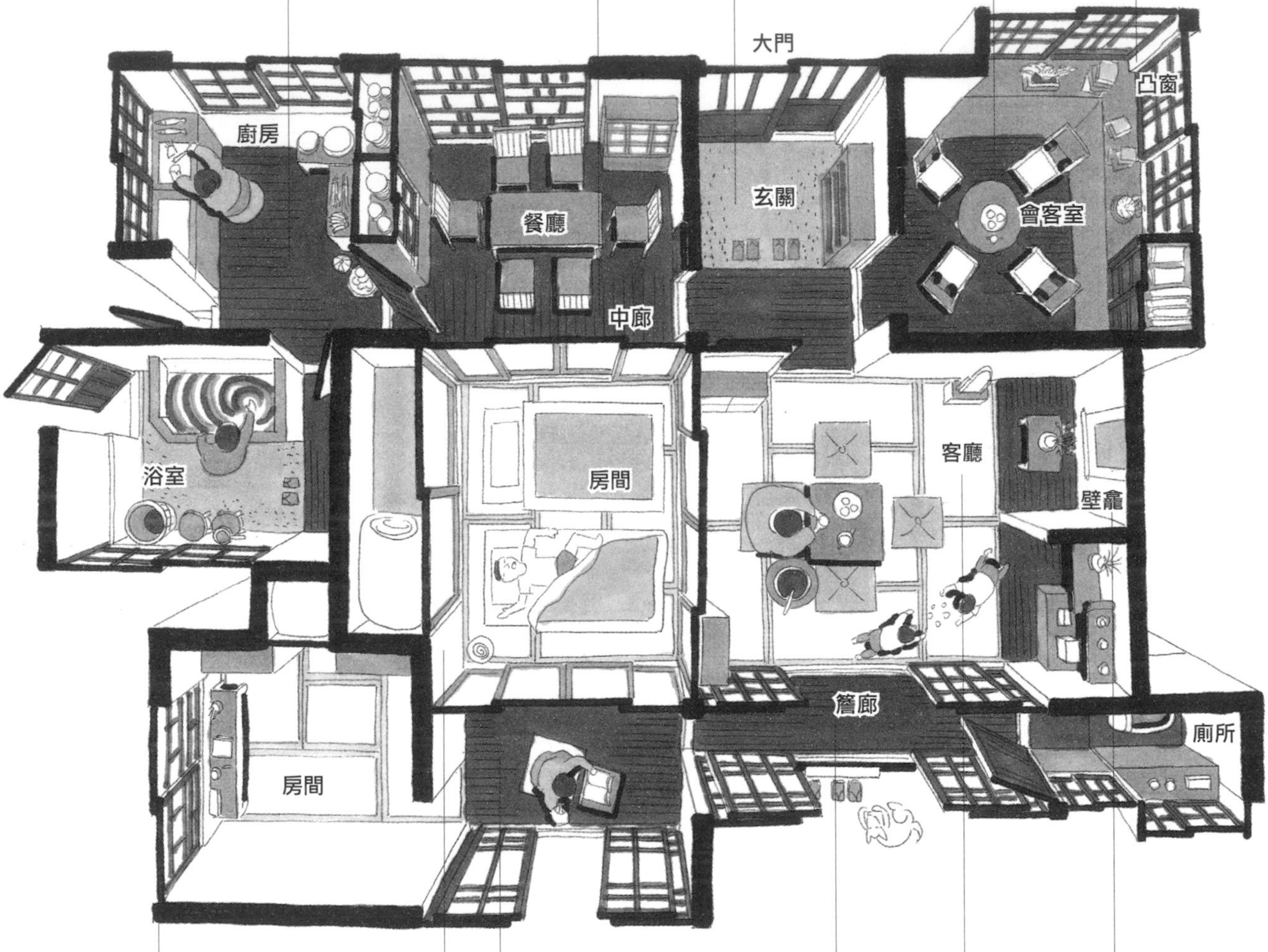

以細小的柱子密集圍繞出平面，以 25 坪大小的住宅來說，所用到的柱子就多達 50 根，這些柱子一般作成 10 到 11 公分見方，立在磚造基礎上，一直往上直到撐住屋頂。柱與柱之間以上下三道橫樑連繫起來，非常穩固。

樑柱、地板、門窗到牆壁、屋架，幾乎全都以木料建造，給人一種親切樸實的感覺。

面對庭園的簷廊（緣側），搭配落地拉窗形成半戶外空間，是炎炎夏日乘涼的好地方。

壁龕（床之間）是日式客廳特有的裝置，龕內放置花藝、工藝品或字畫，展現主人的品味。

室內空間以榻榻米（約 180X90cm）為基本單位，一個榻榻米稱為「一疊」。以此為基準，每個房間都設計成完整的方形，房間邊緣附有儲藏間，是很實用的設計。

客廳（座敷）是住宅內最重要的起居空間，打開與隔鄰房間相隔的拉門後，便可擴大空間。

屋頂用日式黑瓦，相對於台灣瓦而言，非常厚重。
日式屋架不具裝飾性，完全是一種功能性的設計，作法簡單，經常可見表面未經處理的原木，以釘子、鐵件及簡單的榫頭組合而成。屋架的功能除了承載屋面沉重的瓦頂，還要支撐懸吊在下方的天花板。簡單的屋架形式能輕易做出搭接、轉折、高低落差等變化，使得日式建築容易做出複雜的屋頂造型。
室內全用天花板將屋架遮掩起來。
底部以紅磚基座抬高，以利通風防潮。
建材以木料為主，只有在出入口、浴室、廚房等處部分採用紅磚、瓷磚、洗石子、磨石子等材料。
格局稍大的住宅，平面呈 L 形，包圍著庭院。

日式住宅內部與庭園

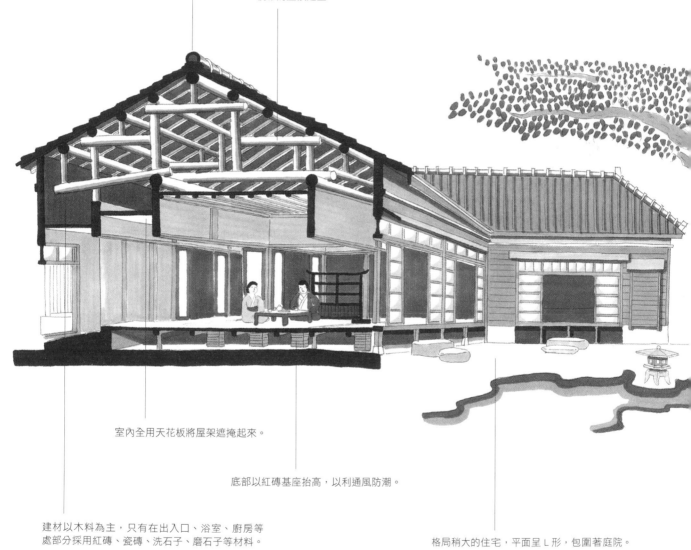

日本佛寺

　　日本的宗教信仰以神道與佛教為主，表現在建築上則有神社與寺院之別。在明治時代，神道是尊崇日本皇室的一種手段，因此以國家的力量大力扶持。佛教則以民間組織為主，有許多不同宗派，隨著日本統治台灣，眾多佛教宗派紛紛派出佈教師來台發展。

　　這些佛教團體來到台灣後，一方面設法在各地建立佈教所（簡單的臨時據點）及寺院，另一方面也和台灣本土的佛教寺院及一般民間信仰的寺廟建立從屬關係，如台北艋舺龍山寺和艋舺祖師廟，都加入了日本曹洞宗，成為其派下寺院。日本佛教還創設學校以培養佈教師，如曹洞宗創立的台北中學校（今泰北中學）。

　　由於語言的隔閡，日本佛教各派在台灣的佈教幾乎以日本信徒為主。據一九三二年的紀

台北東本願寺大殿

1936 年建。位於西門町，大殿建築為罕見的印度式樣，與伊東忠太設計的東京築地本願寺有異曲同工之妙。

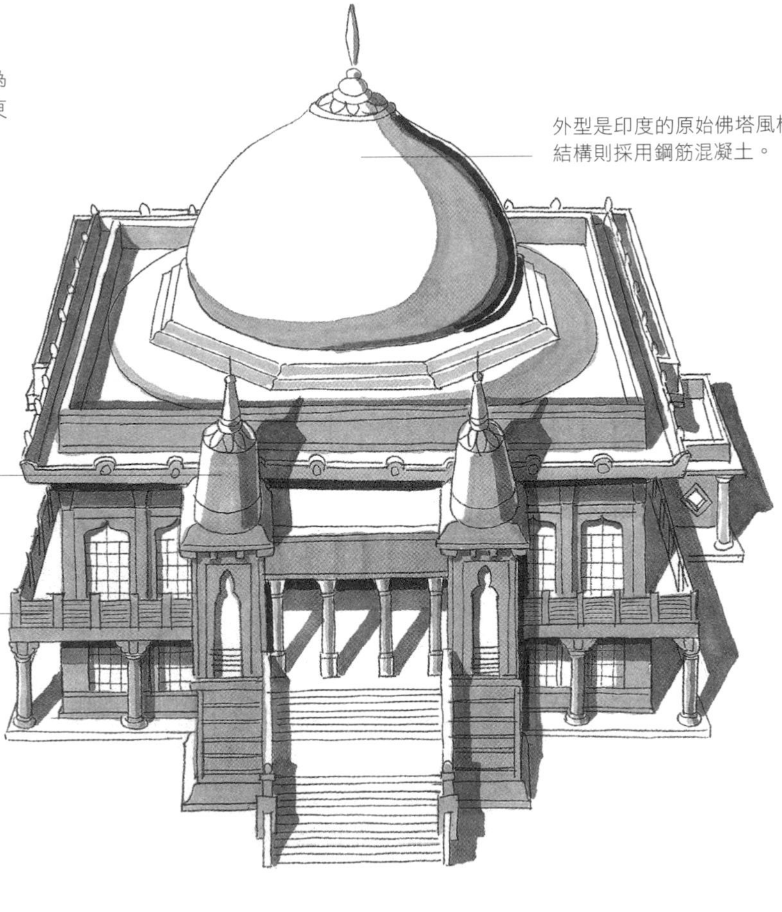
外型是印度的原始佛塔風格，結構則採用鋼筋混凝土。
右側塔內掛鐘，塔頂亦為印度佛塔式樣。
內部分兩層，上層為寺院核心的大殿空間，下層有貴賓室、會議室、餐廳、辦公室、納骨堂等，將多種空間功能合而為一，是非常先進的設計。

錄，信徒最多的是淨土真宗本派本願寺（西本願寺），達兩萬餘人，他們在台北西門外的大本山規模相當大。信徒數目位居第二的淨土真宗大谷派本願寺（東本願寺），同樣以日本信徒為主。

曹洞宗、臨濟宗兩者屬於禪宗，在台發展的規模也都不小，而且台灣信徒的人數都超過了日本信徒。曹洞宗台北別院甚至建有一座觀音禪堂，形式為台灣傳統三合院建築，以此吸引了不少台灣信徒。

台北既作為日人統治台灣的首都，各日本佛教宗派自然紛紛在台北設立大本山，如臨濟宗、曹洞宗、淨土宗、淨土真宗、日蓮宗等，台北儼然成為佛教重鎮。這些在台北設立的本山建築，不但在風格上表現出日本佛教傳統建築的精華，也有創新的印度樣式，並隨著時代演進而進行新材料的嘗試，將現代建築要求的耐用、防火與各式現代功能，巧妙地融入佛教建築中，展現出畫時代的建築特色。

台北東本願寺大殿內部

東本願寺外觀雖為印度風格，內部依然採用日式裝修。按照日本傳統佛寺大殿格局，將殿內空間分為神龕、內陣、外陣等空間。

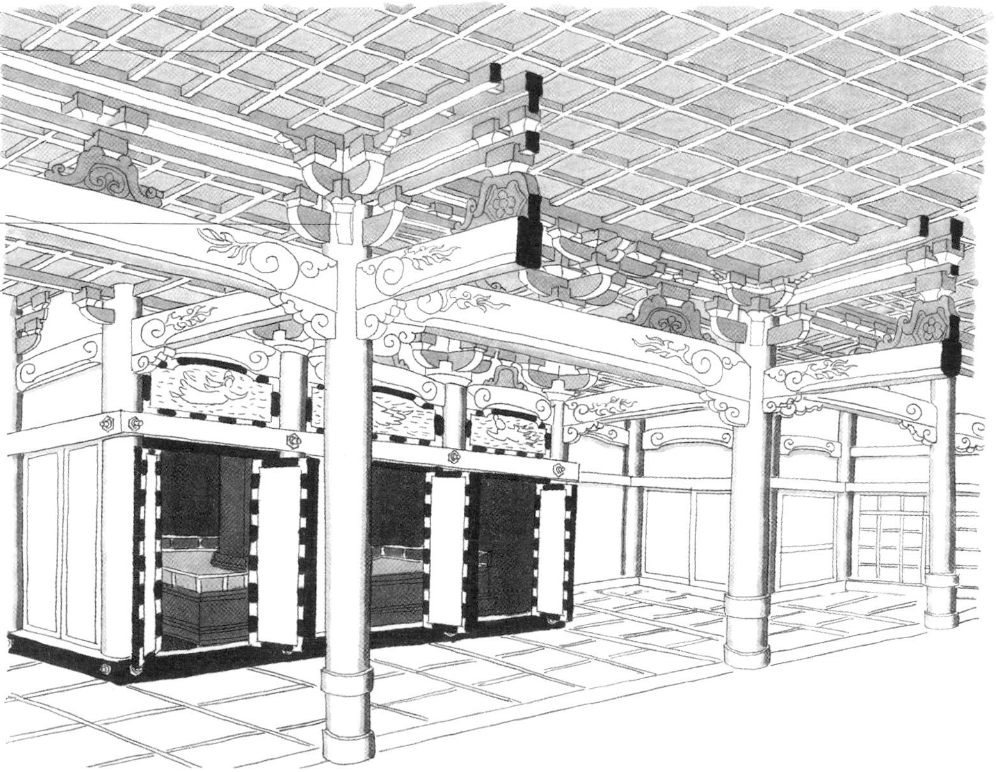
頂端為格子天花板，傳統日式作法。
柱頂與樑上安裝碩大的斗栱組，十足傳統木構美學。

大殿為木造，立在一座石砌台基上。屋頂為歇山重簷頂，兩層屋簷之間有碩大的木斗栱，長長下彎的木昂很有特色。屋頂上的鬼瓦非常精美。建築內部實際使用空間為一層。左側走廊掛鐘、右側走廊掛鼓，也是罕見的設計。

大殿始建於 1910 年，為木構建築，1914 年毀於颱風，1923 年改以堅固的鋼筋混凝土材料重建，並設計成傳統仿木結構，這種作法被稱為「近代和風式樣」。

庫裡周圍還有眾寮、方丈等生活空間，皆採用日式住宅形式，中庭還有水池花園，表現出生活的雅趣。

大殿後方直接與納骨堂連接。

觀音禪堂建於 1914-1915 年，提供台灣人禮拜觀音、舉辦活動的場所，為一座台灣傳統合院建築，與中軸線上的日式建築迥然不同。

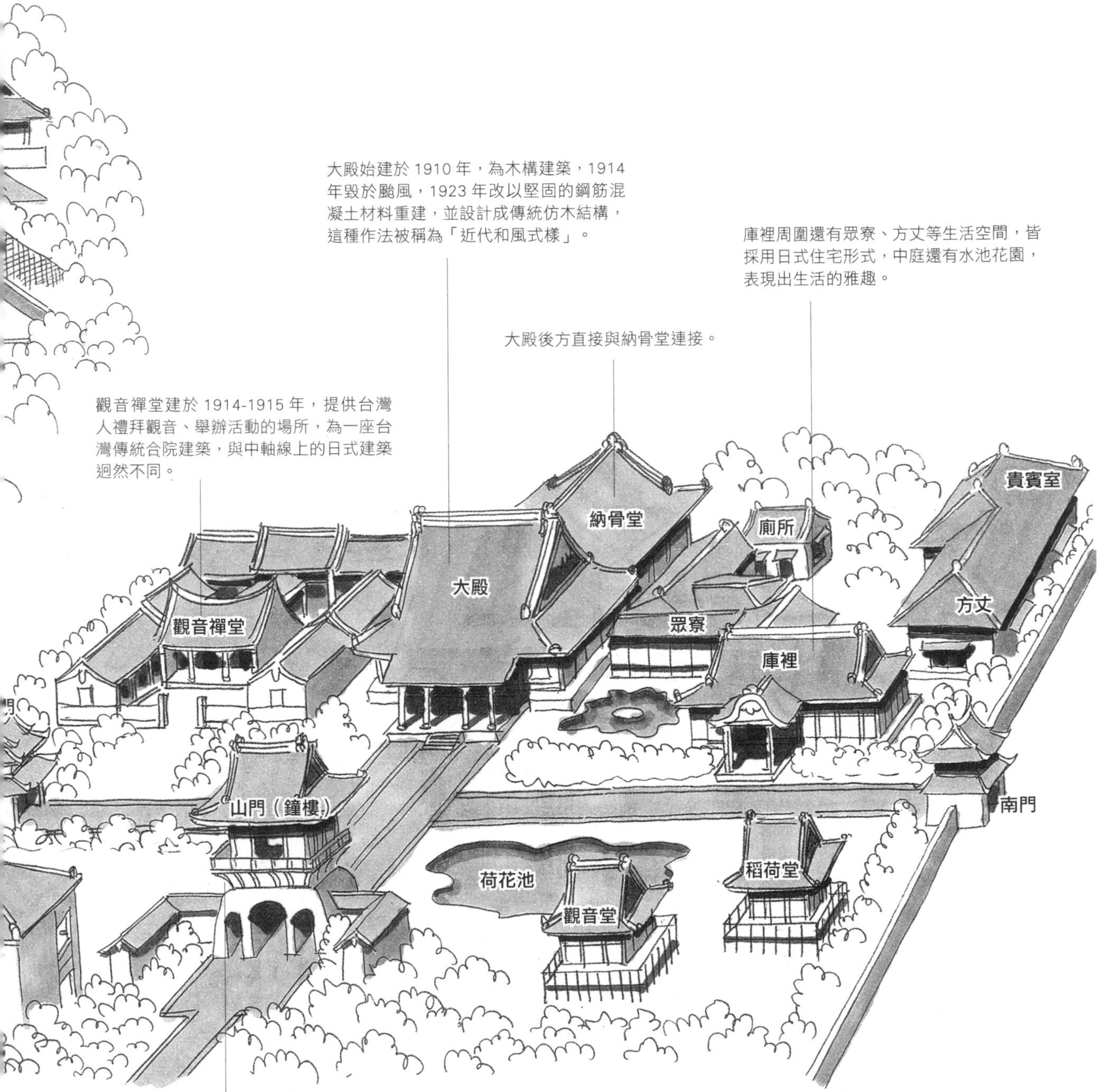
貴賓室
納骨堂
廁所
大殿
方丈
觀音禪堂
眾寮
庫裡
南門
山門（鐘樓）
稻荷堂
荷花池
觀音堂
N

山門建於 1930 年，亦為鋼筋混凝土仿木結構，底層為石材，二樓懸掛一口大鐘，因此兼具鐘樓功能。

庫裡作為辦公、接待、用餐空間，是日本寺廟中僅次於大殿的重要建築。這座庫裡的入口在山面，宏大的山牆上以帶優美弧線的木結構裝飾。側面設置室內走廊和大殿相連。

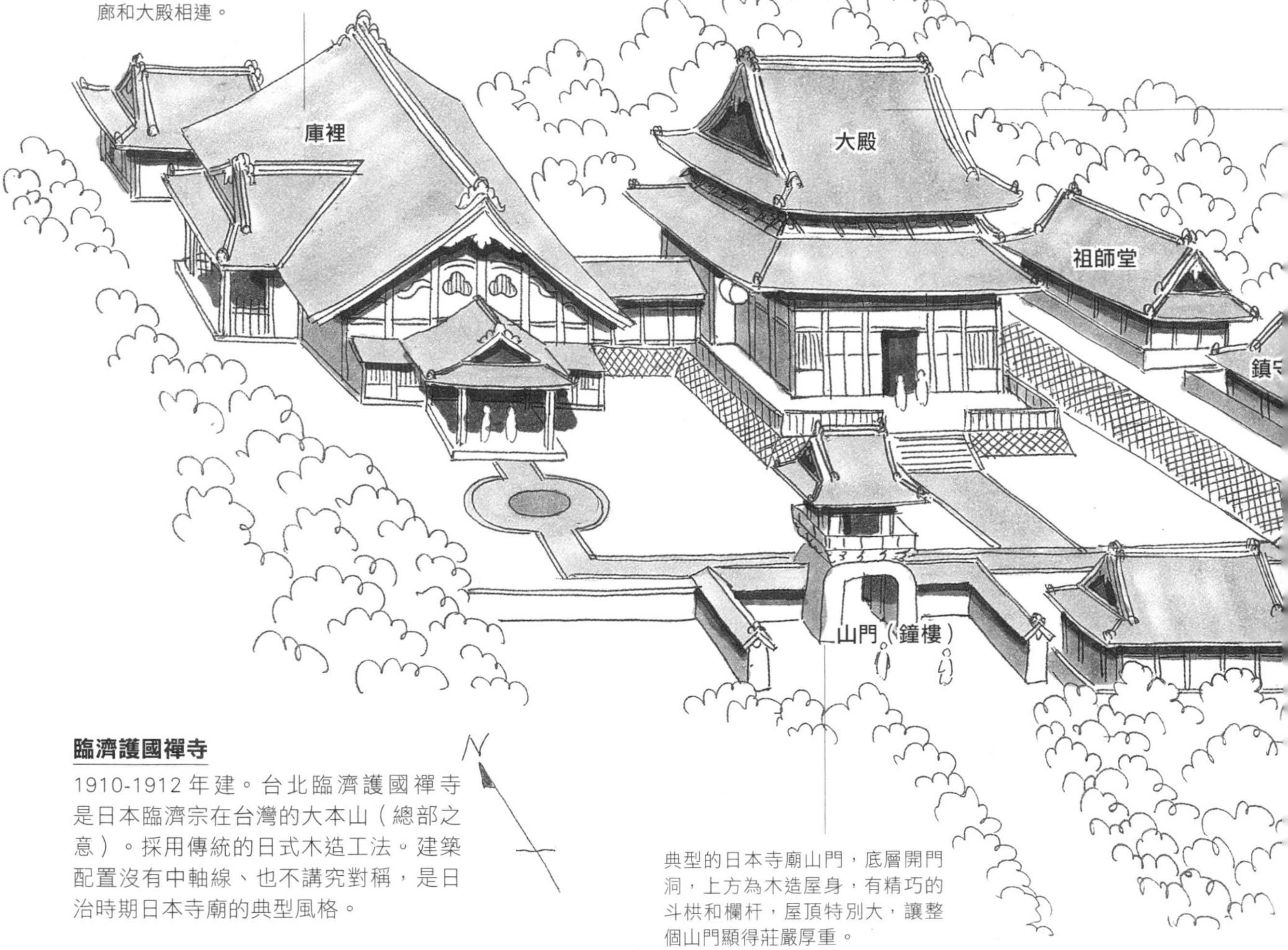

臨濟護國禪寺

1910-1912 年建。台北臨濟護國禪寺是日本臨濟宗在台灣的大本山（總部之意）。採用傳統的日式木造工法。建築配置沒有中軸線、也不講究對稱，是日治時期日本寺廟的典型風格。

典型的日本寺廟山門，底層開門洞，上方為木造屋身，有精巧的斗栱和欄杆，屋頂特別大，讓整個山門顯得莊嚴厚重。

南門與北門原本是台北城內武廟的左右轅門，1910 年遷至台北別院繼續使用，並保存了台灣傳統建築的燕尾翹脊。

曹洞宗大本山台北別院（1910 年設立）

台北別院是曹洞宗在台灣的大本山。整體布局以一條中軸線前後連貫山門、大殿與納骨堂，在日本寺廟中較為少見。寺院規模龐大，並融合了台灣傳統合院、西式紅磚建築等不同風貌，表現出日治時期建築風格的多樣性。

台北中學校於 1917 年設立，原名台灣佛教中學林，校舍初設於觀音禪堂內，後增建一棟西式紅磚校舍。

北投溫泉

泡溫泉是一種兼具療效與休閒性質的活動，在日本和西洋都有泡湯文化，日本人更是鍾愛泡湯。日本領有台灣後，積極開發台灣的溫泉資源，僅在台北的大屯山區就有金山、草山、北投等著名的溫泉區。

其中，位在台北北邊的北投，地處大屯山脈山腳，向來以擁有豐富的溫泉資源聞名，再加上距離台北市區最近，因此溫泉的開發也最興盛，有溫泉旅館、公共浴場、俱樂部、私人宅邸等，官方和私人皆有，洋洋大觀，可說是台灣溫泉文化最有代表性的地方。

開發北投溫泉最力的當屬民間人士，在整個日治時期，僅溫泉旅館就多達七十多家。在日治第二年（一八九六年），就有日本人在北投開設了「天狗庵」，是北投第一間溫泉旅館。「天狗庵」除了溫泉浴之外，還提供住宿和飲食料理，成為民眾休閒渡假的好去處。

官方對於溫泉的利用，主要有軍方、警方設置的溫泉療養所，以及由陸軍、海軍與各官方單位如台灣銀行、專賣局、鐵道部在北投設置的俱樂部，提供單位員工良好的休閒環境。以專賣局開設的「養氣俱樂部北投別館」來說，除了溫泉浴池，還設有休息室、娛樂室等，可以用餐或下圍棋、打橋牌。

另一方面，有鑑於台灣的衛生環境普遍不佳，台灣人對身體清潔僅有擦澡和洗腳習慣，因此當局也將建設公共浴場列入社會事業，宣導民眾入浴洗澡、普及衛生觀念。一九一三年落成的北投溫泉公共浴場便是其中的代表建築。這座建築坐落於新北投公園內，周圍群山圍繞，環境清幽，館內設有男女浴池、餐廳、大集會室等，集泡湯、休閒、飲食等功能於一身，落成後也經常作為官方招待貴賓、舉辦餐會之處。

一九一六年，自淡水線的北投站設了一條支線通到新北投，火車站的設置大大增加了民眾到新北投泡湯的便利性。隨後還有出租車公司的設立，專門載運乘客從火車站到各溫泉旅館，北投溫泉鄉之熱鬧，可見一斑。

專賣局養氣俱樂部北投別館（外觀）

1929-1930 年建，尾辻國吉設計。北投別館是一棟非常優美的歐風建築，於 1930 年落成。設計簡單俐落，門窗的細節則非常考究。

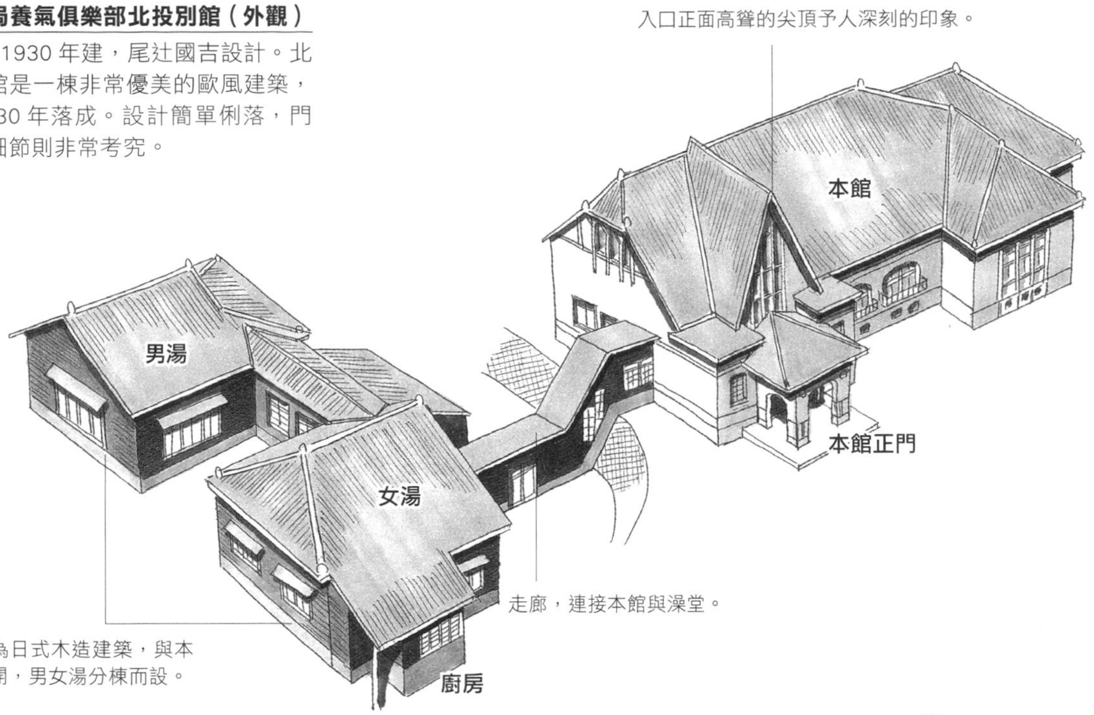
入口正面高聳的尖頂予人深刻的印象。
本館
男湯
女湯
本館正門
走廊，連接本館與澡堂。
澡堂為日式木造建築，與本館分開，男女湯分棟而設。
廚房

專賣局養氣俱樂部北投別館（內部）

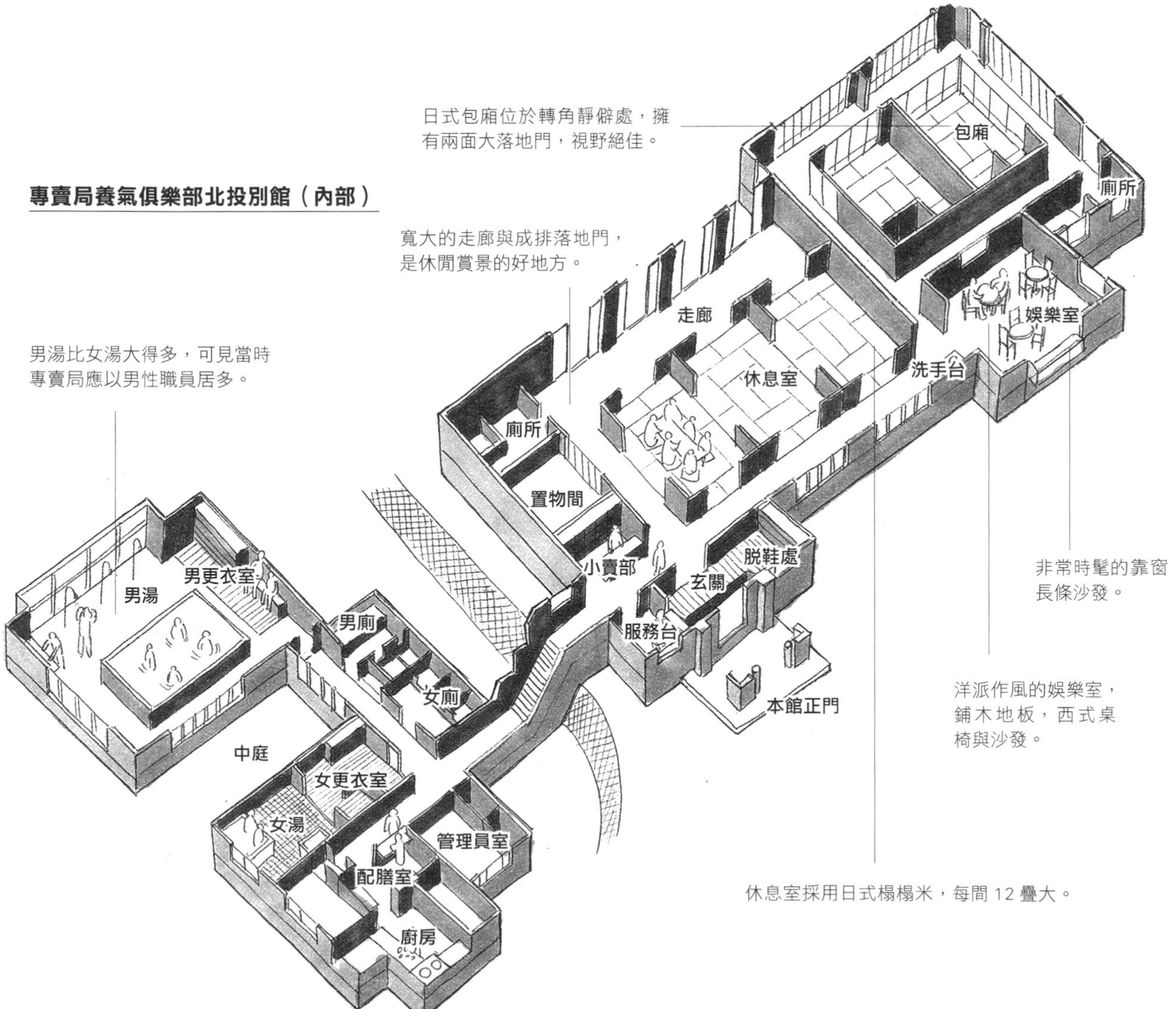
日式包廂位於轉角靜僻處，擁有兩面大落地門，視野絕佳。
包廂
廁所
寬大的走廊與成排落地門，是休閒賞景的好地方。
走廊
娛樂室
休息室
洗手台
男湯比女湯大得多，可見當時專賣局應以男性職員居多。
廁所
置物間
小賣部
脫鞋處
玄關
服務台
男更衣室
男湯
男廁
女廁
本館正門
非常時髦的靠窗長條沙發。
洋派作風的娛樂室，鋪木地板，西式桌椅與沙發。
中庭
女更衣室
女湯
管理員室
配膳室
廚房
休息室採用日式榻榻米，每間 12 疊大。

北投溫泉館

1912-1913 年建，森山松之助設計。

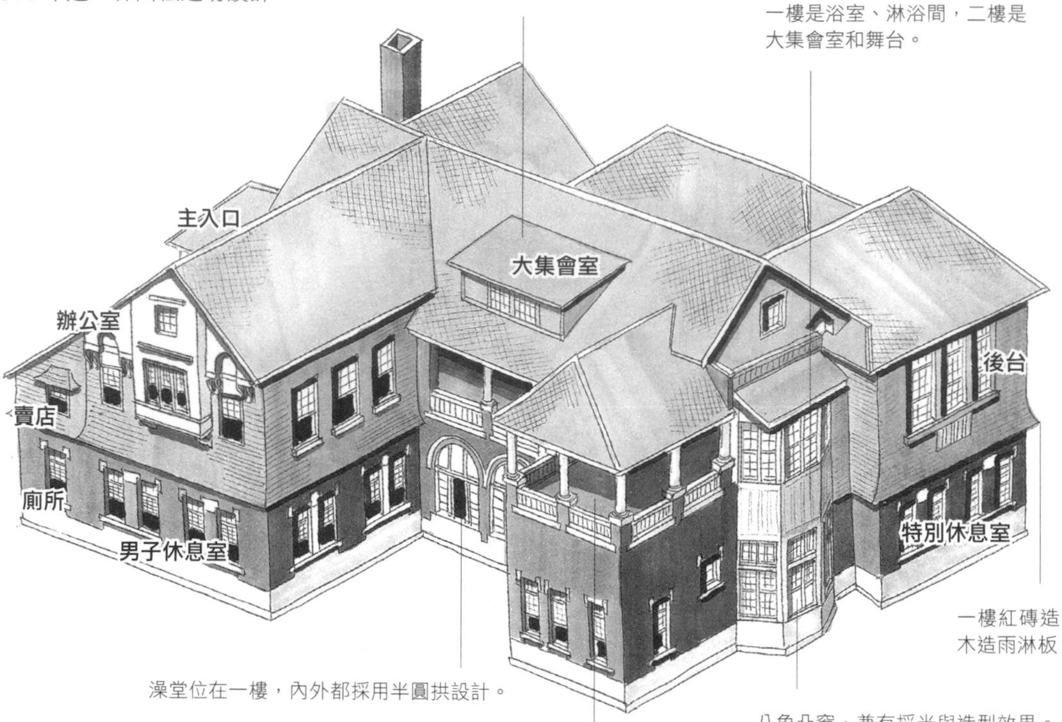
大集會室位於建築中央。
一樓是浴室、淋浴間，二樓是
大集會室和舞台。
主入口
大集會室
辦公室
後台
賣店
廁所
特別休息室
男子休息室
一樓紅磚造，二樓為
木造雨淋板。
澡堂位在一樓，內外都採用半圓拱設計。
八角凸窗，兼有採光與造型效果。
寬大涼亭，十足休閒風情。

草山眾樂園

1929-1930 年建，台北州土木課營繕係設計。1930 年為了紀念昭和天皇登基，在草山（今陽明山）上蓋了大型的公共浴場「眾樂園」，設施完善，成為台灣溫泉建築的里程碑。

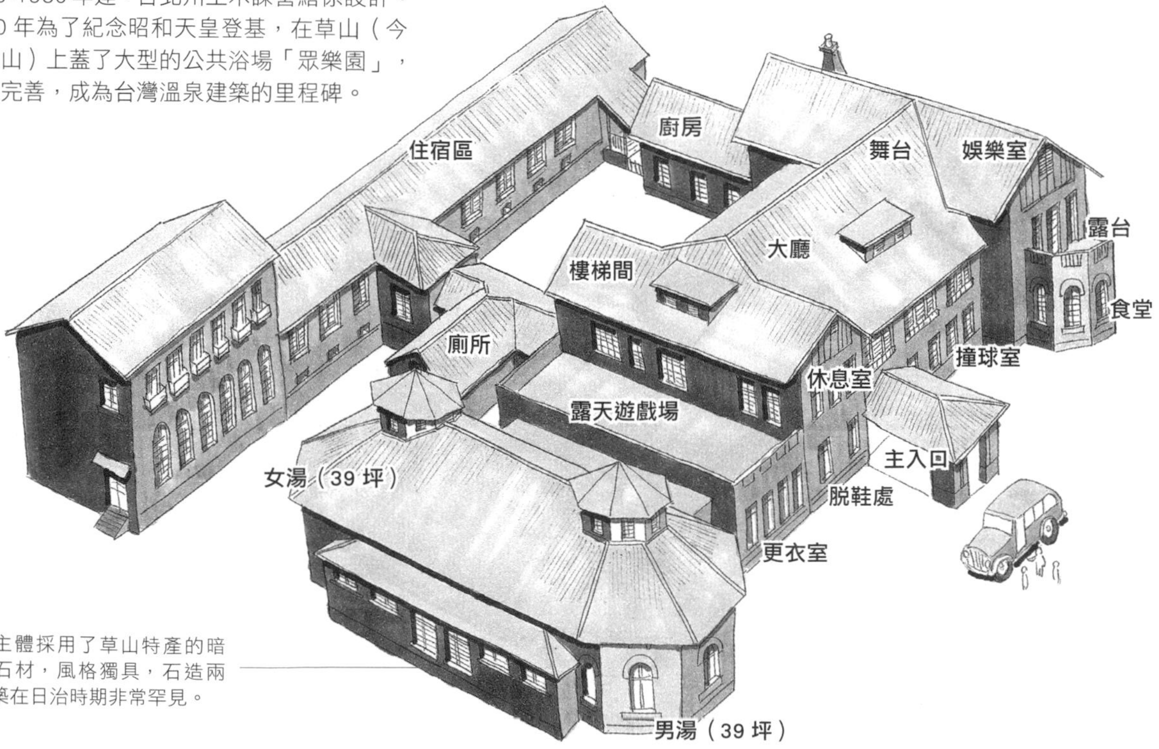
住宿區
廚房
舞台
娛樂室
露台
大廳
樓梯間
食堂
廁所
撞球室
休息室
露天遊戲場
主入口
女湯（39 坪）
脫鞋處
更衣室
建物主體採用了草山特產的暗
黑色石材，風格獨具，石造兩
層建築在日治時期非常罕見。
男湯（39 坪）

北投溫泉館內部

二樓有一間大集會室，鋪設榻榻米，並附有小舞台，三面有成排拉門，上方有日式格子天花板，是一個典型的日式集會空間。

集會室旁有寬廣的走廊，可以俯瞰北投公園美景。

一樓中央為大浴池。浴池採用站式而非常見的坐式，如此可以容納更多人。

浴池盡頭為淋浴間。

浴池四周環繞一圈並排的柱列與半圓拱，形成非常迷人的空間。半圓拱是羅馬建築的特色，此處似乎有意塑造出羅馬浴池的感覺。

旅館建築

一九〇八年，基隆到高雄的縱貫鐵路通車，是為日本治台交通建設的一大里程碑。同年，一棟與這件大事關係密切的建築也完工並開幕了，就是位於台北車站正對面的鐵道飯店。

鐵道飯店帶有濃厚官方色彩，由鐵道部開設經營，設計者是官方的總督府技師。建築本體採用當時最風行的辰野式樣，高聳的屋頂上開設許多老虎窗，建築四周帶有庭園及許多附屬房舍，非常豪華。內部則有三層樓，除了客房外，還有大型餐廳、會議室、酒吧等，並罕見地設置了電梯。

鐵道飯店不但是當時全台灣最高級的旅館，其建築採用的西式風格更代表了當時官方與上流社會所追求的時尚。啟用之後，成為台北重要的聚會、演講場地，並舉辦畫展等藝文活動。日本皇族來到台北時，也經常下榻在此。

另一方面，台北也有很多民間私人開設的旅館，並有和式和洋式之分。和式旅館可說是日本本土旅館的直接移植，採用木造建築，四周有日式圍牆，內有庭園，環境優雅。稍有規模者，主建築會蓋成兩層樓，不但能增加客房數目，也可以得到較好的景觀。有些旅館除了住宿房間之外，還附有大型集會空間，並提供餐飲服務，以接待團體客人。

在寸土寸金的商業街區中，旅館多藏身於現代化街屋之中。一九一五年，台北城完成大規模的街屋改建，當時在表町就開設了三間旅館，都位在街道轉角的醒目位置。其中吾妻旅館就位在鐵道飯店正對面，旅館正面是西式風格的街屋，後方則建造和式的木造樓閣，提供和、洋等不同風情的住宿環境。

另外，庭園也是旅館吸引顧客的一大賣點。城外的旅館比較有條件設置大型庭園，如位在北門圓環東北角的高義閣旅館，擁有寬闊庭園，兩座獨立的和館與洋館，隱身在僻靜的庭園之中，環境特別優雅。

台北鐵道飯店

1907-1908 年建，福島克己、松崎萬長、小林義雄設計。

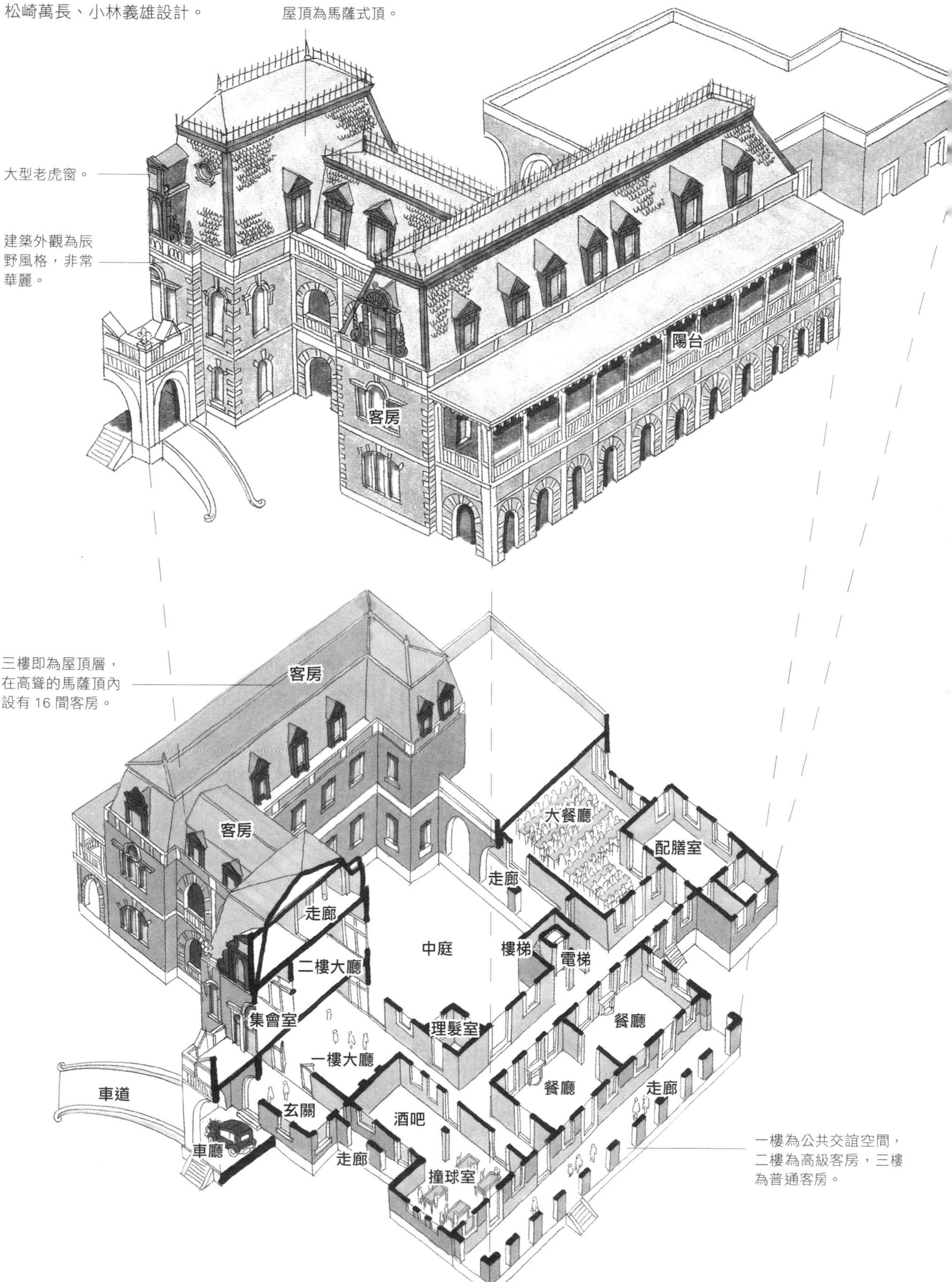
屋頂為馬薩式頂。
大型老虎窗。
建築外觀為辰野風格，非常華麗。
陽台
客房
三樓即為屋頂層，在高聳的馬薩頂內設有 16 間客房。
客房
客房
大餐廳
配膳室
走廊
走廊
中庭
樓梯
電梯
二樓大廳
集會室
理髮室
餐廳
一樓大廳
車道
餐廳
走廊
玄關
酒吧
車廳
走廊
撞球室
一樓為公共交誼空間，二樓為高級客房，三樓為普通客房。

台北高義閣的和式客房

榻榻米、矮桌、紙拉門與壁龕（床之間），典型日式風情。

台北高義閣的洋式客房

採用高腳桌椅、床鋪、木地板與長方形推拉窗，十足西洋風格。

台北高義閣旅館

藏身於高雅庭園間的和館和洋館，為客人提供了不同的文化品味，兩棟建築間還有兩層高的廊道相通，相當講究。

電影院

戲劇是日治時期一般民眾的休閒主流，種類也相當多元。

台灣人愛看的傳統戲曲如布袋戲、南北管等，以往都在臨時搭建的戲台或寺廟、私人戲台表演，日治時期出現專門的戲院建築後，傳統戲曲逐漸搬上室內舞台，稱為內台戲。其中尤以日治時期發展出來的歌仔戲最盛行，上海的京劇團也經常受邀來台灣演出。

日本人也有自己的傳統戲劇。早期台北城內外有幾處劇場專演日本劇，這類型的戲院大多為木造建築，並有一定的舞台形式，講究的舞台中間甚至還能旋轉，方便變換場景，座席則是日式的榻榻米。不過後來電影出現以後，這類日式劇院很快就改裝為西洋式座椅，以配合播放電影。

說到電影，和傳統戲曲相比，電影五花八門

榮座

建於 1902 年，台北早期著名的大型戲院，位在西門町的遊廓（風化區）內。以日式舞台劇演出為主。1930 年代改建為大型電影院「台灣劇場」。

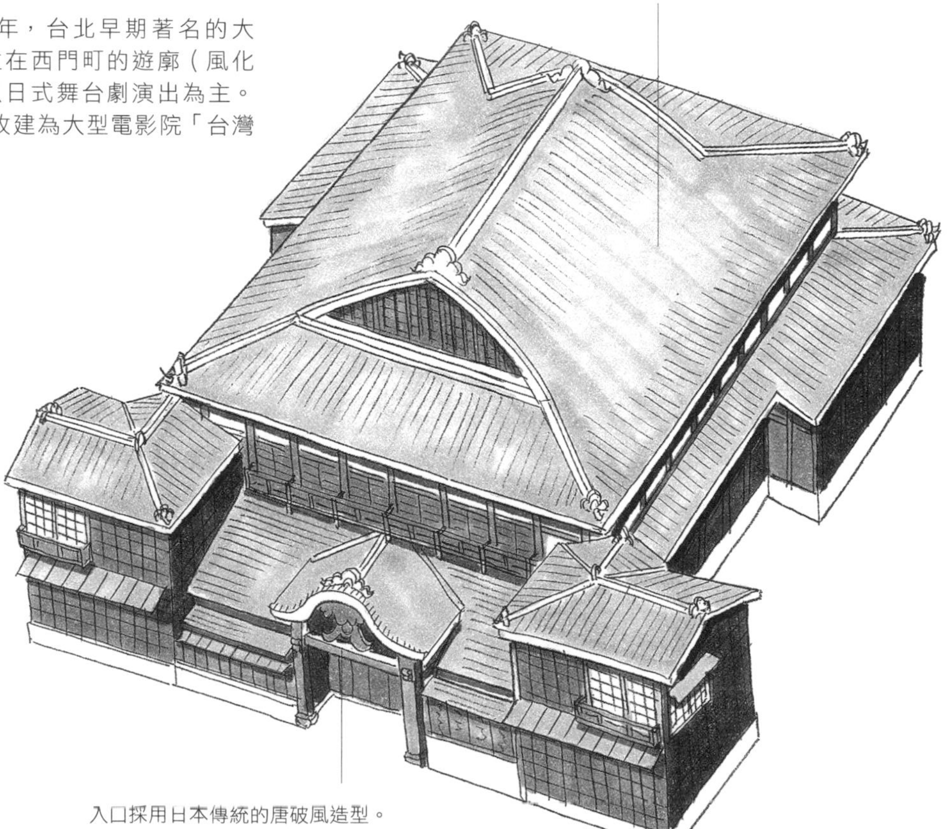
日本傳統式樣的大屋頂。
入口採用日本傳統的唐破風造型。

的主題確實極具吸引力。電影自一九〇一年開始引進台灣，自此逐漸發展成為劇場主流。因應這樣的潮流，戲院不斷朝大型化發展，播放包括日本、美國、中國所拍攝的電影。另一方面，舞台表演直到日治後期仍占有一定市場，因此戲院多半是舞台和大型螢幕兼備，以劇場演出和電影播放的混合型態經營。

日治時期台北的戲院主要集中在西門町和大稻埕兩處，大稻埕著名的戲院有淡水戲館、永樂町（迪化街）的永樂座、太平町通（延平北路）上的第一劇場等。西門町則是日本人有意打造的休閒娛樂區，劇院林立，著名的有榮座、芳乃館、新世界館、大世界館等。

劇院建築多以寬廣的門面與華麗裝飾等設計來吸引觀眾。早期常見日本傳統式樣與歐式風格，中期則流行裝飾藝術風格，以圓弧形元素組合出趣味性，另外還有講究直線條與量體組合的極簡現代主義風格。劇場建築的設計，可說是走在時代流行的尖端。

芳乃館

1924年落成，是當時最具代表性的劇院建築。開幕時有藝伎歌舞表演、喜劇、魔術表演等，也播放電影，可見當時戲院的混合經營方式。

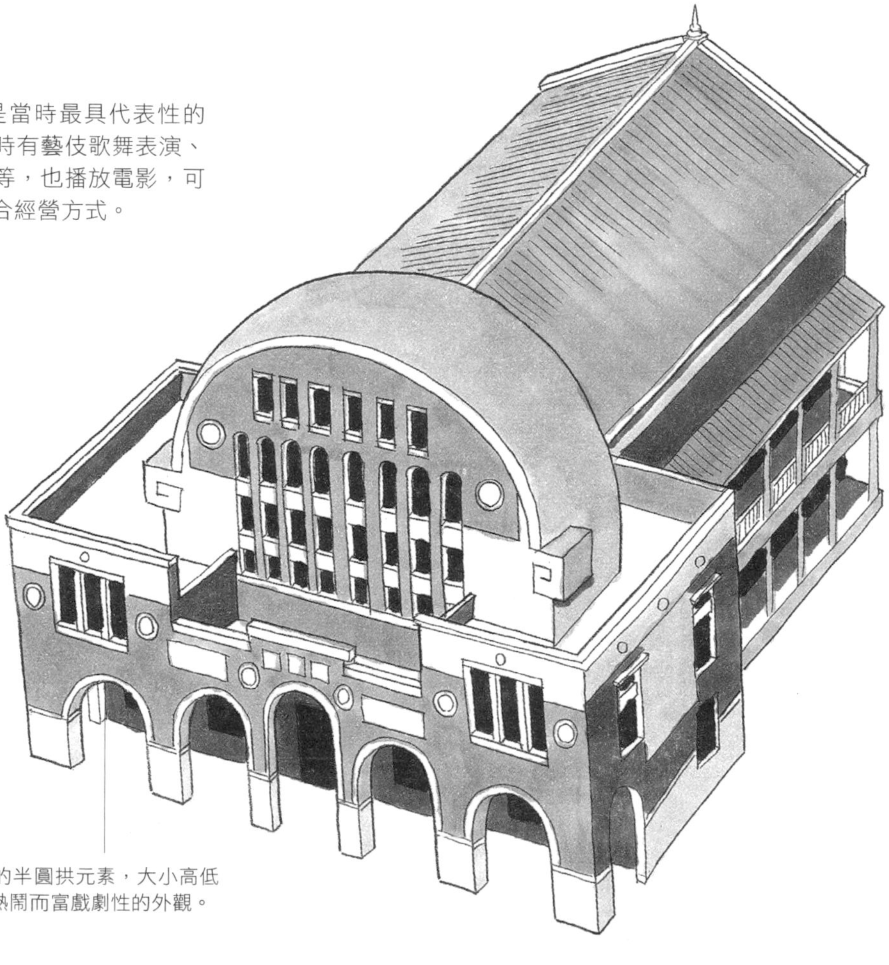

採用當時劇院常見的半圓拱元素，大小高低不等的半圓拱形成熱鬧而富戲劇性的外觀。

內部採用凹字形的近代化鏡框式舞台，與傳統凸字形的戲台設計不同。
外觀為台灣罕見的江南建築風格，結合大型封火山牆與三層樓閣，目不暇給的翹脊裝飾給人深刻的印象。

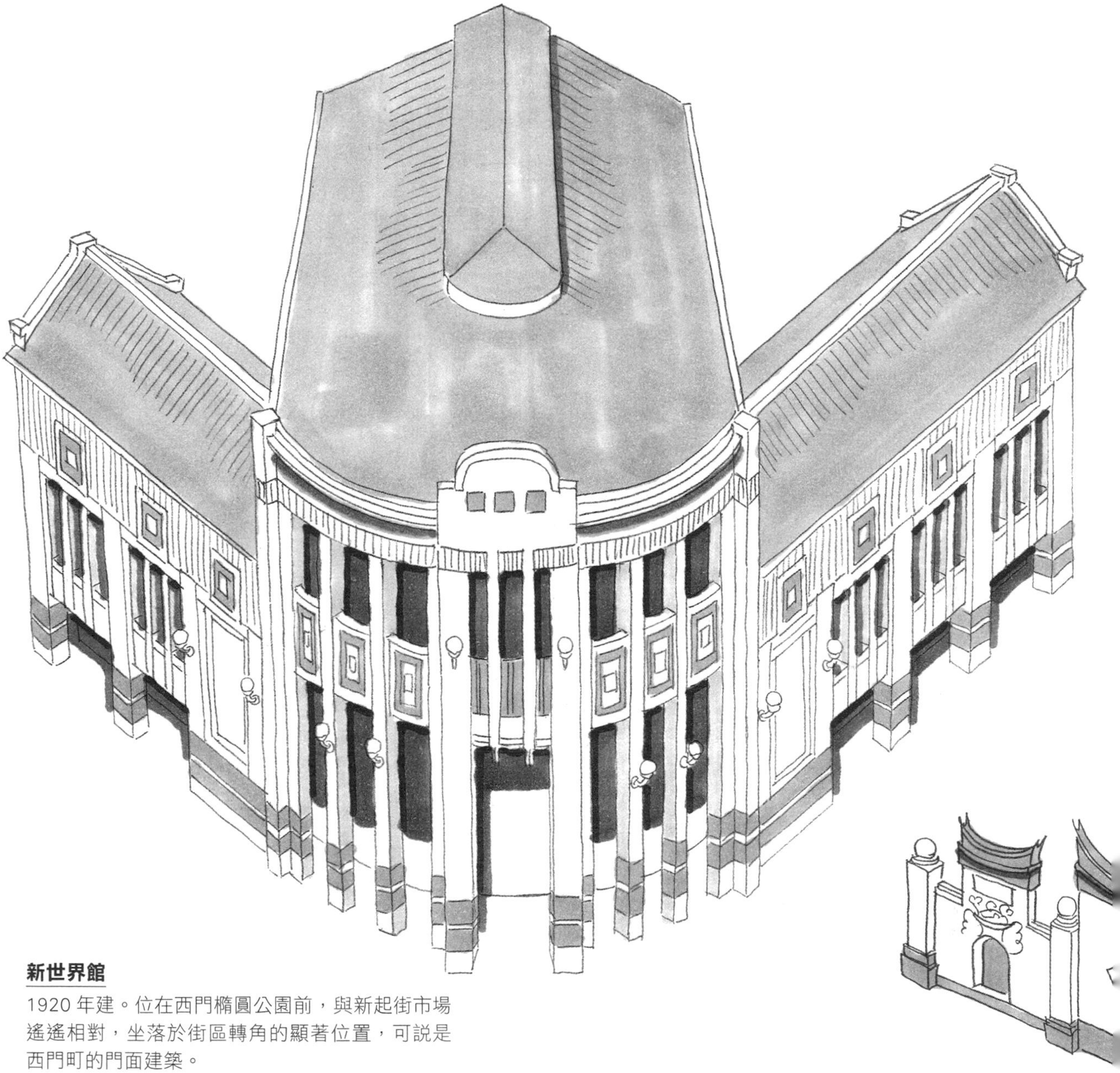

新世界館

1920 年建。位在西門橢圓公園前，與新起街市場遙遙相對，坐落於街區轉角的顯著位置，可說是西門町的門面建築。

淡水戲館

日治初期的戲院大多位在台北城內，上演日本劇，台灣人愛看的中國戲曲則無專門戲院可上演。1909 年，大稻埕的淡水戲館開幕，由日本人投資興建，以上演中國戲曲為主。1915 年，淡水戲館被台灣富商辜顯榮買下，改稱「台灣新舞台」。

台北帝國大學

一九二八年，台北帝國大學正式成立，是台灣第一所大學。

此時，日本已統治台灣三十餘年，台灣的近代教育終於進入新的階段。儘管這所大學的學生幾乎都是日本人，入學的台灣人僅占十分之一，但至少台灣人不用再遠渡重洋，到日本本土或其他國家讀大學了。

台北帝大經過七年的籌備才正式成立開課，可說相當慎重。校址選在台北城區東南方的田野之間，此處原本設有「總督府高等農林學校」，轉而作為台北帝大的校區，新校舍自一九二八到一九三一年間迅速建設完成。

台北帝大的設立目標在於配合日本的南進政策，著重人文和自然領域的研究。一九二八年建校時，設立文政學部（設文學、史學、哲學、政學等四科）與理農學部（設生物、化學、農學與農藝化學等四科）。

一九三六年收編台北醫學專門學校和台北醫院，成立醫學部。一九四二年將理農學部分為理學部與農學部，並於一九四三年增設工學部。學校的規模擴充相當迅速。

好幾位任職於台北帝大的學者都對台灣本土的研究著力很深。人類學者移川子之藏開設土俗學、人種學講座，和助手宮本延人、學生馬淵東一共同研究台灣原住民系譜，畫分出台灣原住民九族。語言學者小川尚義曾編著《臺日大辭典》，在帝大開設言語學講座，並配合土俗人種學講座進行台灣原住民語言、歌謠的調查。

然而，台北帝大最重要的研究活動，仍然是配合總督府的南方調查事業，針對華南和南洋地區的氣候、物產、地質、衛生等進行調查，撰寫報告。即便在二次大戰時期，也未停止調查的腳步，在戰況不利的一九四三年，仍然成立「南方文化研究所」、「南方資源科學研究所」，進行南洋各地文化調查與資源利用的研究工作，直至日本戰敗為止。

1943 年台北帝國大學校園規畫圖

校園的主要建築沿著大軸線一字排開，如此每棟建築都可以取得良好的南北向採光。此外，主要建築都位在道路或廣場的端點，以此形成富層次的校園景觀。

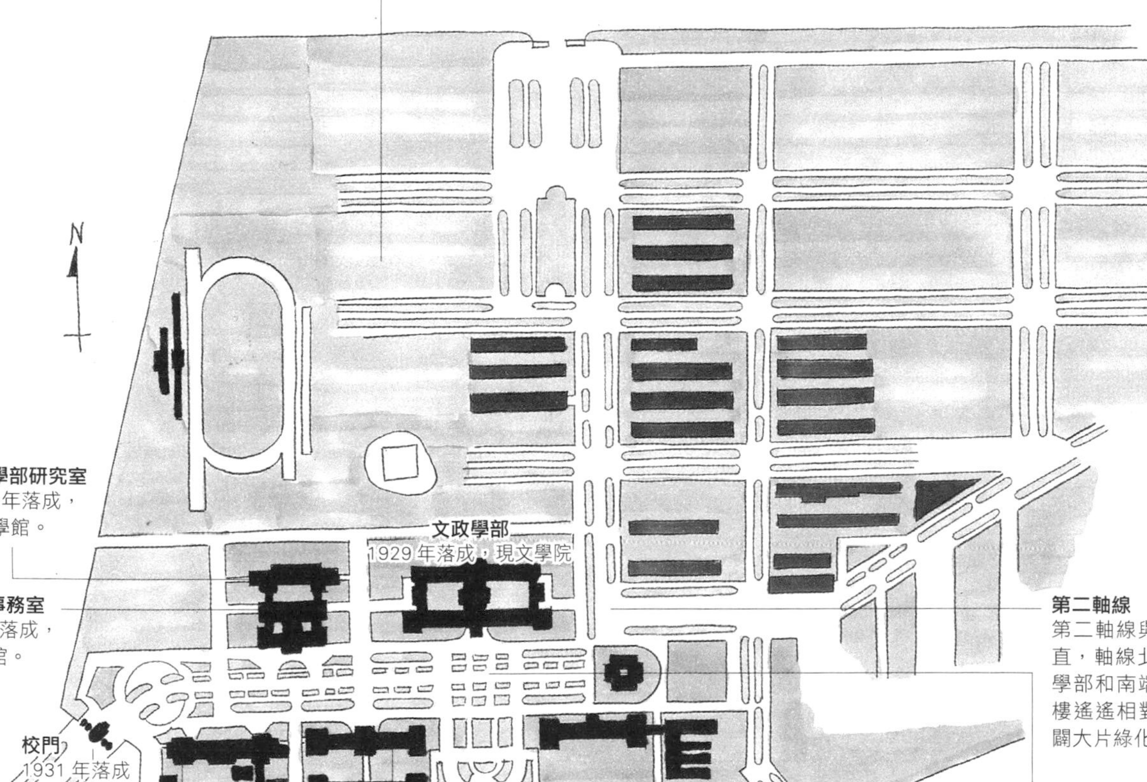

新校區
在既有校區的北側，計畫開發大片的格狀道路與成排校舍，並在北方另闢校門。由此可知，台北帝大起初的規畫就考慮到未來擴充的可能性。只不過這個擴充計畫尚未實現，日本就戰敗投降了。
N
文政學部研究室
1928 年落成，現樂學館。
文政學部
1929 年落成，現文學院
圖書館事務室
1929 年落成，現校史館。
第二軸線
第二軸線與大軸線垂直，軸線北端的文政學部和南端的行政大樓遙遙相對，中央開闢大片綠化帶。
校門
1931 年落成
行政大樓
大軸線
台北帝國大學的校園就從這條軸線開始。這條東西向的林蔭道路，寬度在 60 到 70 公尺之間，和台北著名的三線道路相比毫不遜色，路兩旁種植成排高聳的椰子樹以及許多樹木，形成開闊的綠化帶，也塑造了寧靜宜人的校園氣氛。
生物學教室
1930 年落成，現戲劇系，一號館。
理化學教室
1931 年落成，現物理系，二號館。
化學校舍
1931 年落成，現物理系，二號館。
校門並不正對大軸線，而是轉了一個彎，這或許是為了方便銜接當時通往台北城內的大道（今羅斯福路）而作的設計。

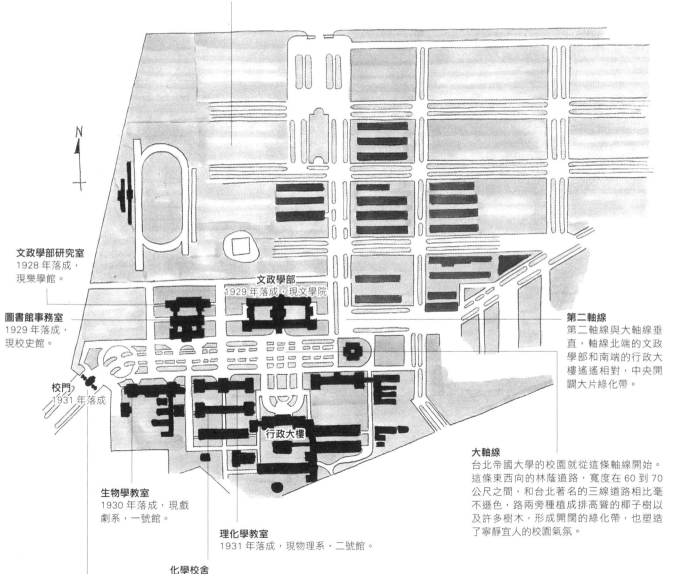

行政大樓

台北帝國大學最早期的校舍建築，是帝大前身「高等農林學校」的行政大樓。典型日治初期的紅磚式樣。

屋頂採用日式黑瓦，屋簷則伸出建築外牆，這是日式建築的手法，而非西洋式。形成了「西方身體，戴上日式帽子」的奇異組合。

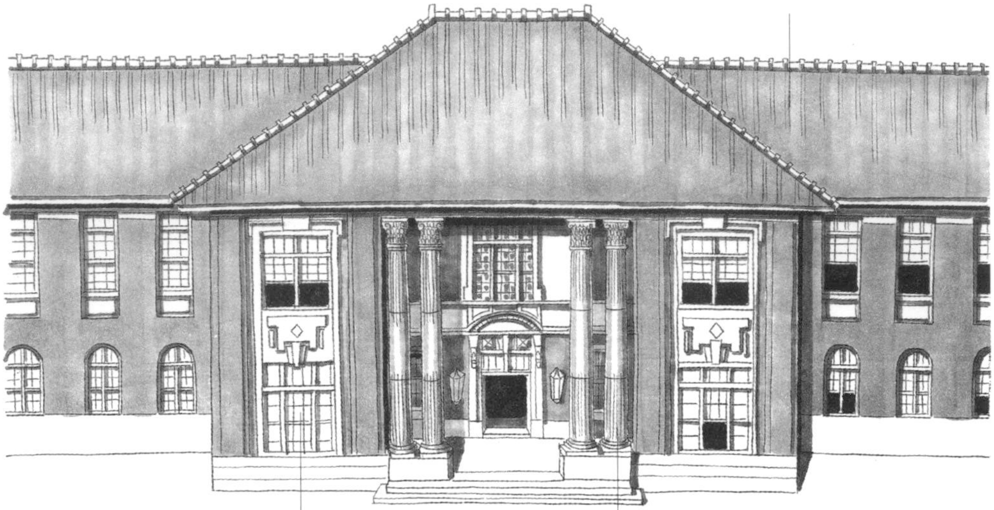

門、窗細節都很考究，並運用了弧拱、平拱與半圓拱，使立面表現更為活潑。紅磚搭配灰白色洗石子裝修，非常高雅。

中央入口處，四根造型複雜的混合柱式相當引人注目。日治時期台灣的近代建築中，少有在建築外觀作如此巨大的柱列，而且製作工藝精巧，實在是不可多得的精品。

圖書館事務室

1928 年建，與行政大樓的風格迥然不同，捨棄了大正時期流行的古典紅磚式樣，改採仿羅馬建築風格。古羅馬以半圓拱建築技術著稱，後世的仿羅馬風格便大量採用半圓拱作為建築造型的主元素。

建築表面採用了褐色的「十三溝面磚」。這種磚的表面有13道溝紋，可以分散光線，讓建築物表面看起來暗度較低。磚表面不上釉，比較不會反光，是以防空為考量設計出來的面磚，也稱為國防色面磚。台北帝國大學自 1928 年到 1931 年間建造的幾座主要建築，都採用這樣的面磚，僅管每棟建築的細節有所不同，整體的風格色調是一致的。

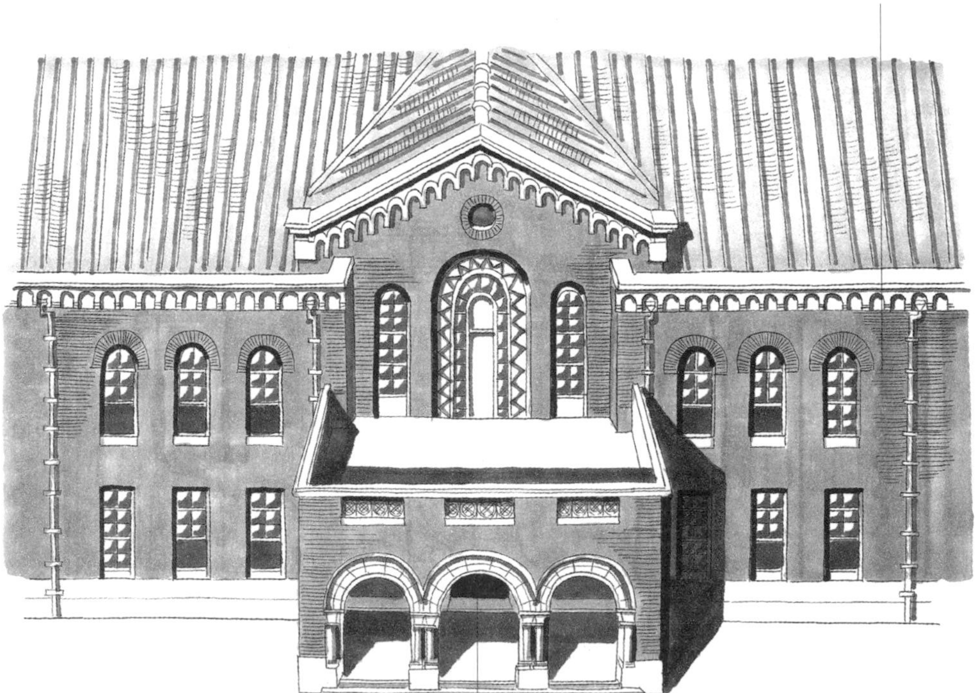

仿羅馬風格的半圓拱。

文政學部

1928-1929 年建。

樓梯用暗褐色磨石子製作，搭配橢圓形鑄鐵構件，塑造出學術殿堂的莊重氛圍。

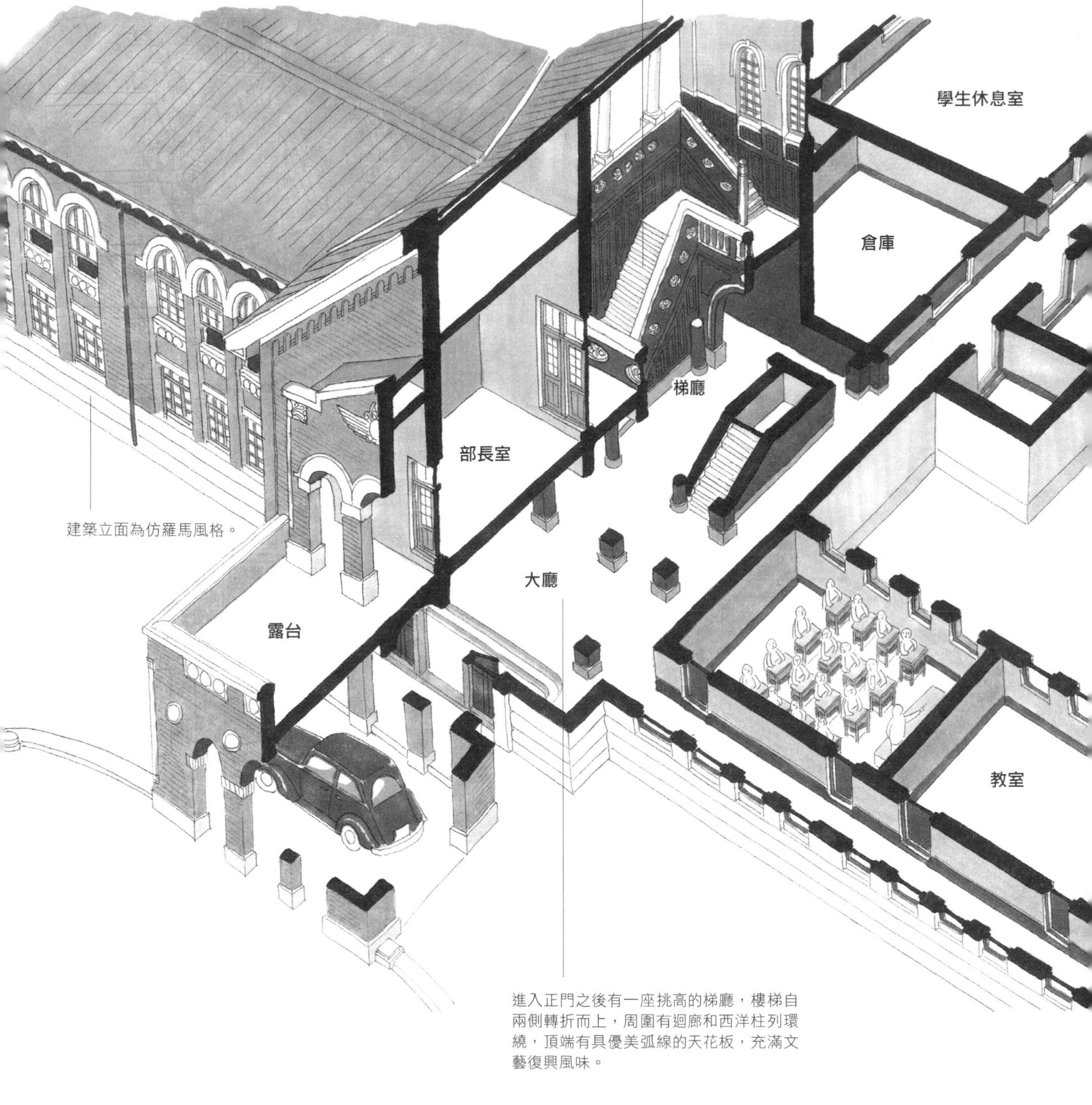

建築立面為仿羅馬風格。

進入正門之後有一座挑高的梯廳，樓梯自兩側轉折而上，周圍有迴廊和西洋柱列環繞，頂端有具優美弧線的天花板，充滿文藝復興風味。

銀行建築

現代工商社會的產業發展、建設投資，和現代金融的關係非常密切，銀行則是提供現代金融服務的重要角色。日本政府在一八九九年成立了台灣銀行，作為台灣總督府的政策機構。台灣銀行的功能包括了改革幣制、發行台幣，為台灣工商業與公營事業提供資金，扶持日本企業在台灣發展，並配合政策為華南、南洋地區的開發提供資金。台灣銀行一方面扶持日本企業、一方面驅逐清代在台灣的既有外國資本，且併吞或控制台灣企業，可說是一隻經濟怪獸，並造就了日本企業如三井、三菱、鈴木等商會在台的壟斷。台灣銀行在殖民統治上的重要性，從其總行坐落於總督府旁就可以看出來。

一九一九年成立的華南銀行，股東有板橋林家林熊徵、爪哇台僑郭春秧、台灣銀行等，以「中日合資」名義成立，也可視為台灣銀行的分公司，以華南、南洋地區的金融業務為主。

重要的大型銀行還有日本勸業銀行。日本勸業銀行並不是一般的商業銀行，而是以不動產、工程貸款等長期融資為主要業務，並特別著重在台灣的水利事業。一九〇四年起就由台灣銀行代理在台灣展開業務，到了一九二三年，勸業銀行直接到台灣來經營，分別成立台北、台中與台南分行。

日治時期大型銀行的業務對象多是大型商社，或投資重大公共建設，一般中小企業或個人很難取得銀行借款，因此各地出現了許多民營資本的小型銀行，稱為「信用組合」。

台北作為台灣的政經中心，許多銀行就開設在台北城內，坐落在繁華的商業街道上，以街屋的型態出現。一般來說，銀行建築都頗有規模，顯見這是有雄厚財力才能經營的事業。街屋型的銀行往往正面寬廣，占有好幾個開間，經過一體設計之後，形成整齊畫一的街屋外觀，比如華南銀行、台灣商工銀行等。

更具財力的銀行則喜歡建造獨立的建築，不與周圍街屋相連。比如台灣銀行、勸業銀行、台北信用組合等。其中，台灣銀行第二代建築和勸業銀行都落成於一九三〇年代，建築造型簡潔，外觀採用巨大柱列，內部營業廳設計成無柱的挑高空間，非常氣派，是當時大型銀行建築的典範。

華南銀行

位於本町（今館前路），1919 年開始營業。

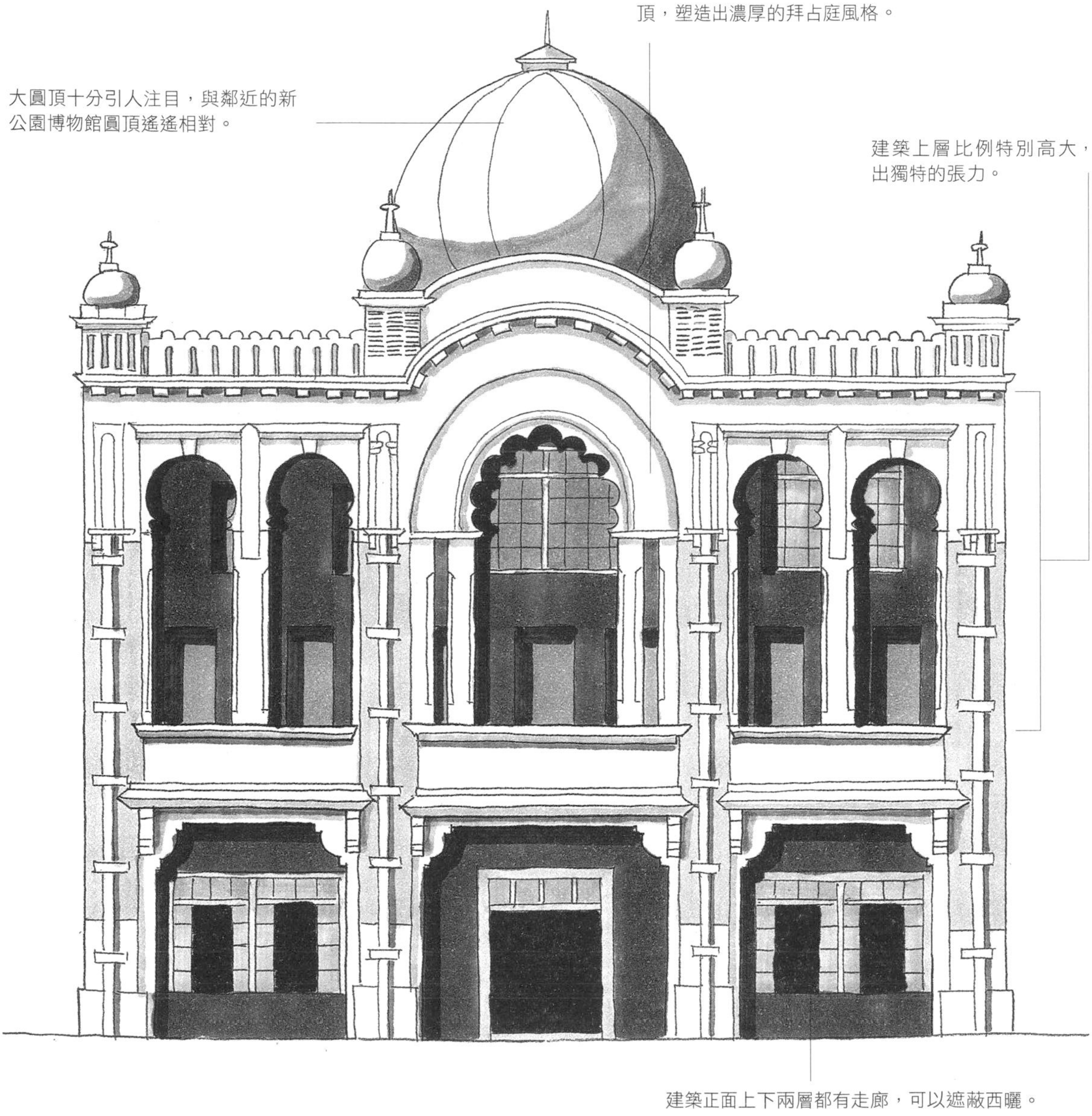
建築第二層的半圓拱與頂層的大圓頂，塑造出濃厚的拜占庭風格。
大圓頂十分引人注目，與鄰近的新公園博物館圓頂遙遙相對。
建築上層比例特別高大，表現出獨特的張力。
建築正面上下兩層都有走廊，可以遮蔽西曬。

台北信用組合

1932-1933 年建。

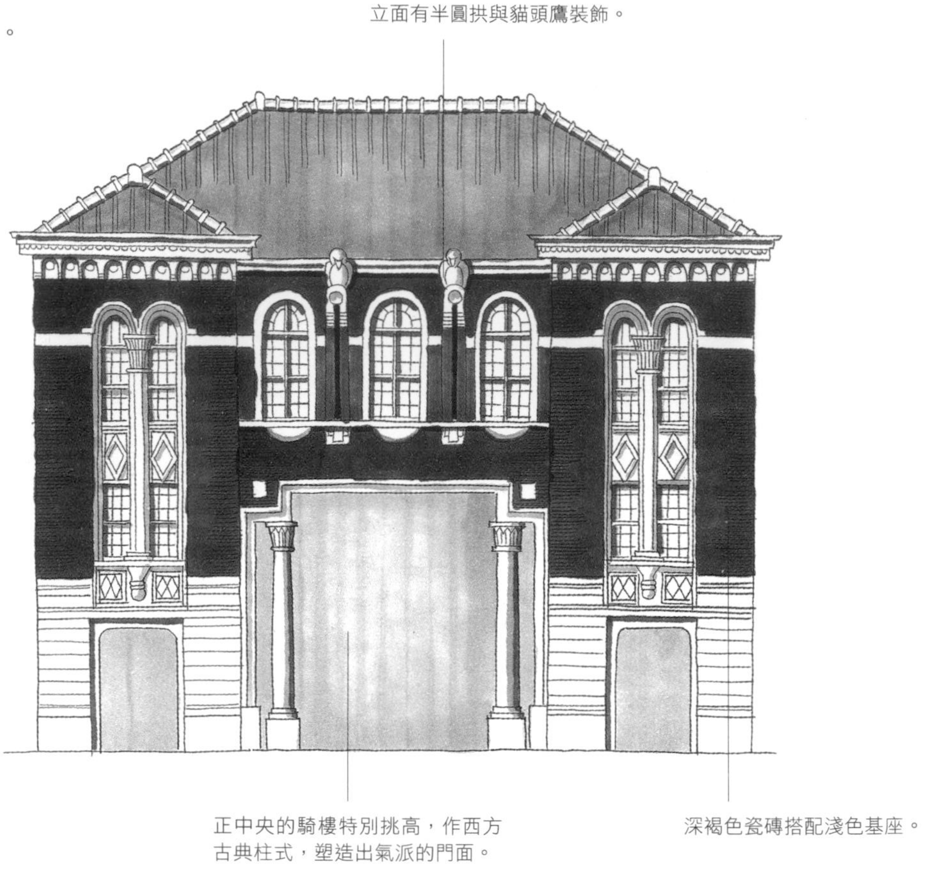

立面有半圓拱與貓頭鷹裝飾。
正中央的騎樓特別挑高，作西方古典柱式，塑造出氣派的門面。
深褐色瓷磚搭配淺色基座。

台北商工銀行

建築為街屋形式，規模龐大，立面強調垂直向上的線條，搭配高聳的台基與牌樓面，非常有氣勢。

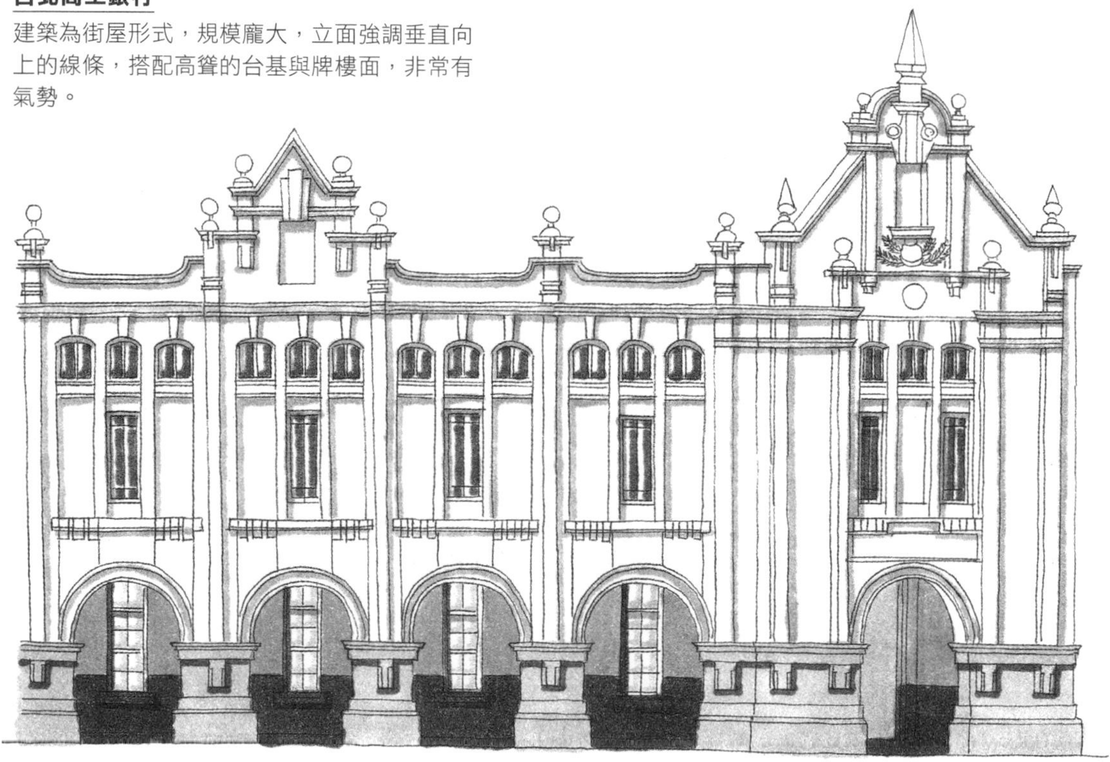

勸業銀行台北分行

1933 年建，日本勸業銀行建築課設計。

建築的鄰街面有成排巨柱與挑高的騎樓，柱高 9.3 公尺，非常壯觀。

建築表面有許多雕塑裝飾，如 S 形紋、獅頭、幾何紋，與以往常見的西洋古典風格不同，是一種創新形式。

巨柱式的設計源自希臘神廟，予人穩定的感覺，也正是銀行想要傳達給客戶的印象。

建築外觀採用深色仿石材色調與質感，塑造堅固的石造建築意象。

建築不作台基，直接將柱子立在地上，此為多立克柱式的手法，產生近乎雕塑的簡潔造型。

第三代台灣銀行

1937 年建，設計者為日本著名的銀行建築專家西村好時，長春滿州國銀行也是他的著名作品。

建築二、三樓作出大型巨柱與挑高空間，是外觀最大特色。

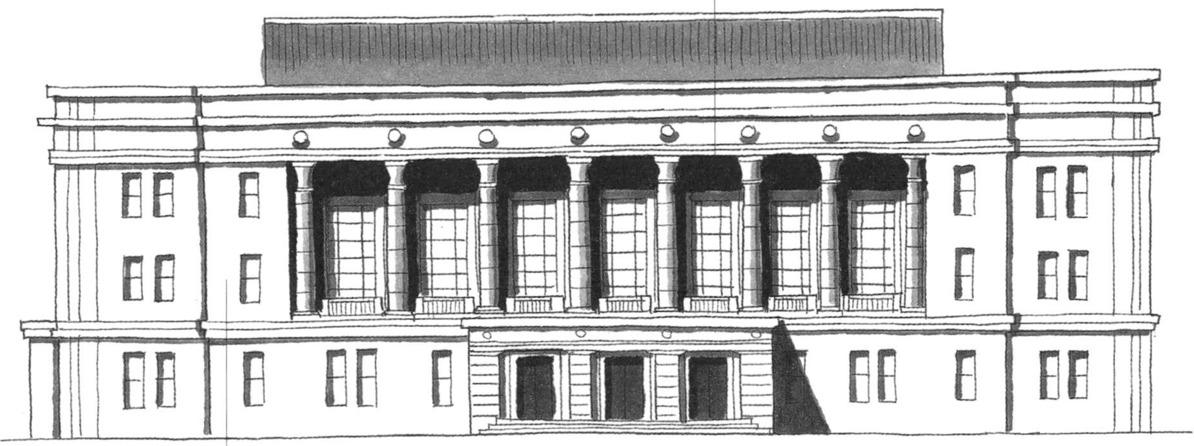

建築立面非常簡潔，但細節還是採用了簡化的西方古典建築元素。

屋頂採用鐵桁架結構，創造出大跨距的室內空間。
外牆上有獅頭雕塑。
騎樓
銀行內設有空調設備。
由巨柱撐起的超大尺度騎樓，
塑造出難得一見的都市空間。
窗台採用日本德山產花崗石。
巨柱高 9.3 公尺，表面作波浪狀溝
槽，並以洗石子裝修，非常典雅。

勸業銀行台北分行室內透視

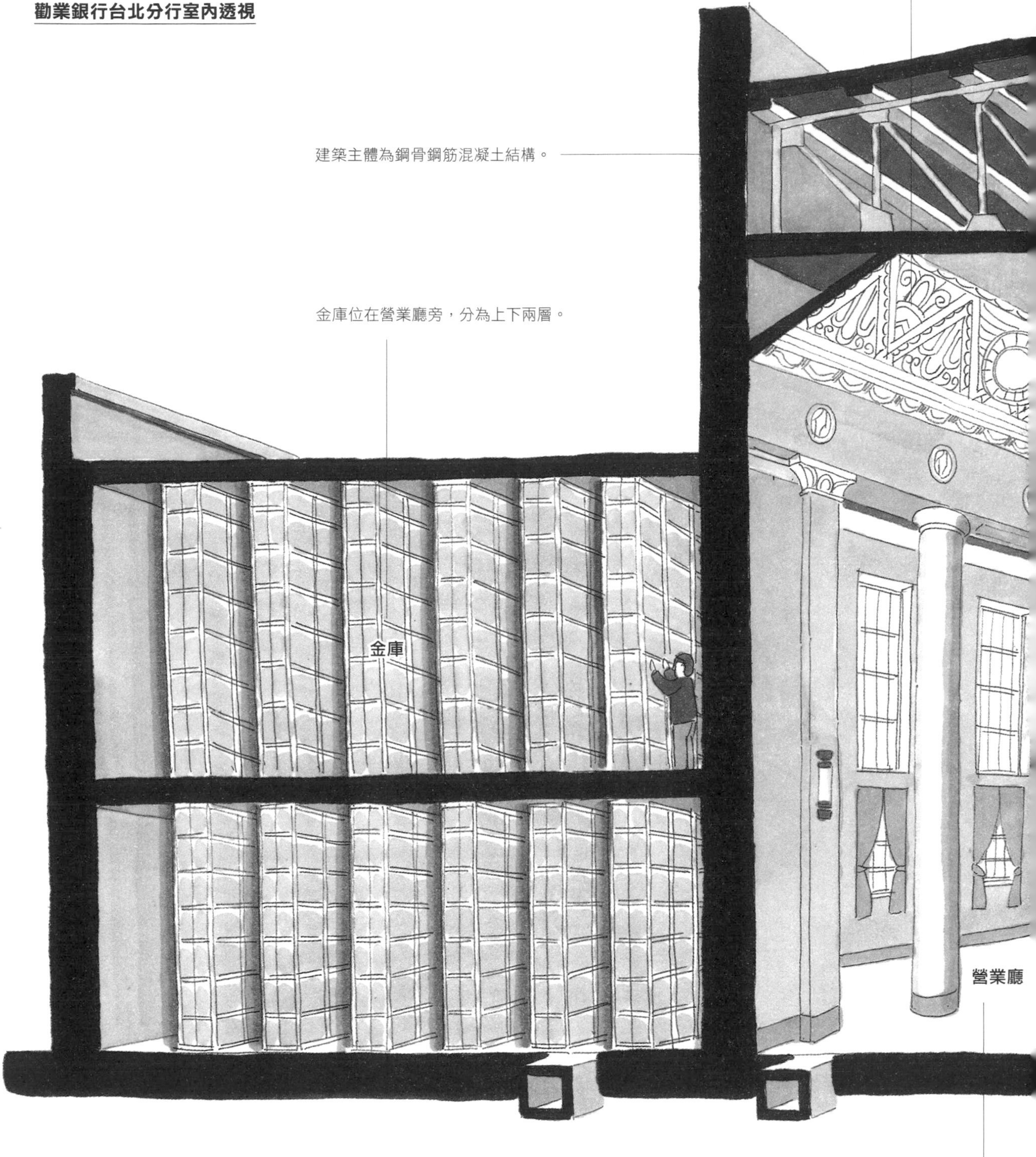
天花板採用石膏板裝飾，為複雜的幾何圖紋。
建築主體為鋼骨鋼筋混凝土結構。
金庫位在營業廳旁，分為上下兩層。
金庫
營業廳
室內營業廳為大挑空設計，簡潔開闊，令人印象深刻。

建功神社

日治時期，每年都會為因公殉職的將士或公務人員與其遺族舉辦招魂祭，為了這個祭典，每次都要搭建臨時建築，既不方便，場地又簡陋。此外，鑒於當時殉難的台灣人還不能入祀日本的靖國神社，因此希望在台灣建造一座台日共用的「招魂社」，此即建功神社。建功神社事實上就是靖國神社的台灣分社，和台灣神社同樣具有重要特殊地位。

建功神社落成於一九二八年，位於城南的台北苗圃內。這座神社不但身分特殊，連建築造型也很特殊。外觀由幾個方型量體組合而成，正中央的拜殿上方有一座高聳的西式大圓頂，為建功神社最醒目的標誌。拜殿前設置走廊與平台，走廊內部以台灣傳統的建築手法製作木屋架，前方還有一座長方形的神池，採用了西方常用的造景方式。再往外還有神橋、鳥居等建築，鳥居並建造成類似台灣傳統的牌樓門樣式。

這些設計與一般認知的神社建築，不論是樣式或材料皆不相同，因此在建造的時候就引來許多批評。設計者為總督府營繕課長井手薰。井手薰認為，使用堅固耐久的ＲＣ建材來對抗台灣的惡劣氣候，才能使神社長久保存，但他又反對以ＲＣ仿木構造，因此便作出融合了西洋與台灣風格的設計。井手薰覺得台灣傳統建築喜愛繁複裝飾，這一點和西洋建築有類似之處，因此將台灣、西洋建築風格加以混合，同時在本殿內部保留日本風味，成為一棟風格特殊的神社建築。

井手薰設計建功神社時，正當他到台灣任職的第十七年。這棟建築的大膽嘗試不但突破了既有的神社建築風格，也宣告著他對台灣建築的觀察與時代主張。建功神社也成為整個日治時期中，唯一一件由日本建築師提出來的，與台灣本土建築風格結合的作品。

建功神社拜殿

拜殿上方為西洋式圓頂，以鋼筋混凝土製作，表面包覆銅板瓦。

圓頂下有一圈窗戶，
將光線引進殿內。

樑柱為鋼筋混凝土，牆壁為磚構造。

外牆貼北投窯業株式會
社產的四丁掛磚，搭配
洗石子。

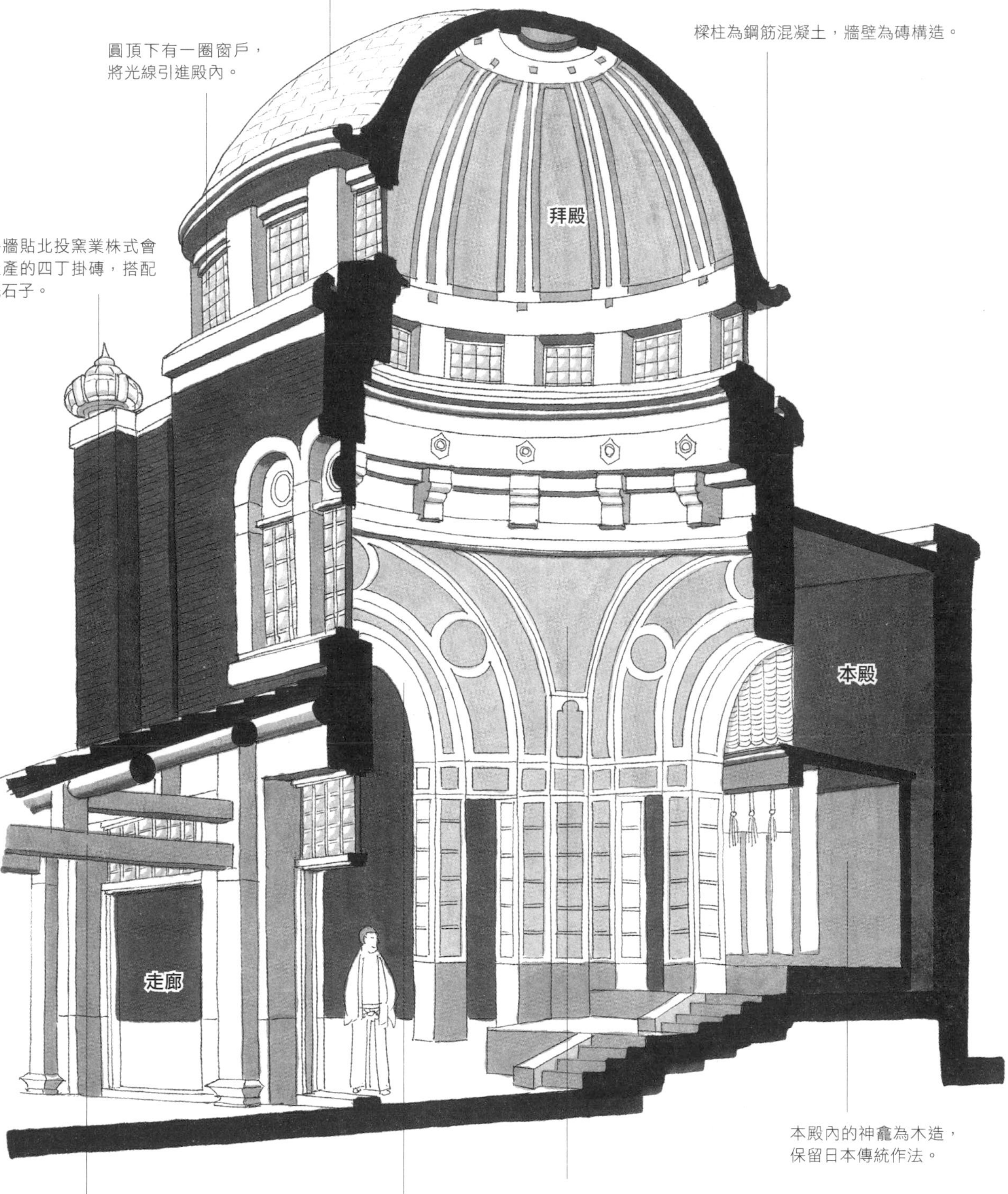

本殿內的神龕為木造，
保留日本傳統作法。

由底下的四方形平面往上轉成圓形平
面而產生的三角拱（弧三角）。

走廊的屋架設計成台灣傳統木結構樣
式，並以鋼筋混凝土（RC）製作。

圓頂下方還有四座半圓拱，組成極富張力的構圖。

拜殿
本殿
神饌所及倉庫
等待室
等待室
露台
社務所
走廊
洗手池
神池
左側廊
N

建功神社全區透視圖

1930 年建，井手薰設計。台灣的日式神社罕見水池設計，建功神社卻有兩座水池，一座是進入鳥居後的一座大神池，呈不規則狀，展現出日式風味。拜殿前方另有一座長方形神池。

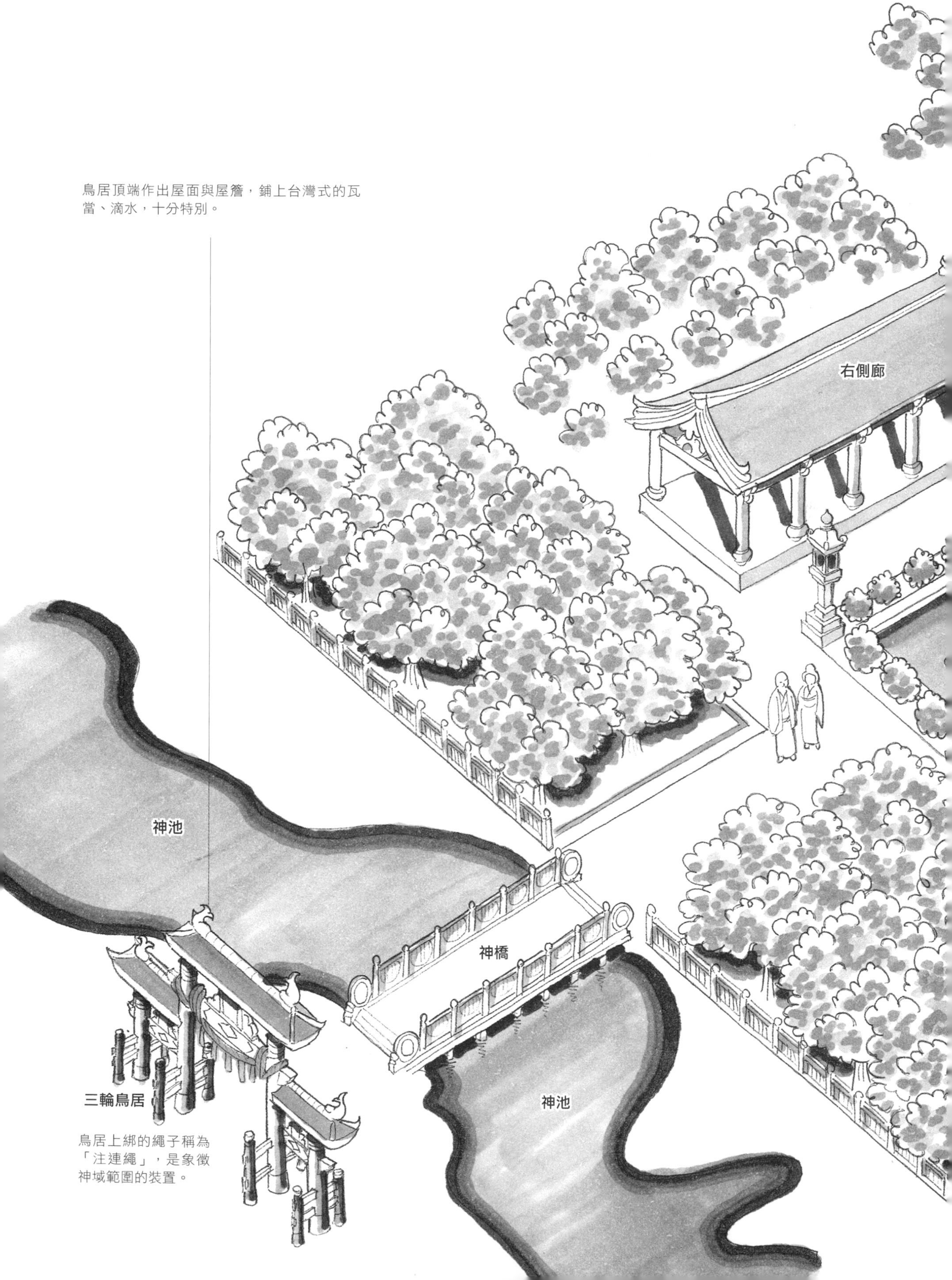
鳥居頂端作出屋面與屋簷，鋪上台灣式的瓦當、滴水，十分特別。
右側廊
神池
神橋
神池
三輪鳥居
鳥居上綁的繩子稱為「注連繩」，是象徵神域範圍的裝置。

史蹟保存

台北城內地區雖然在日本人的銳意經營下，成為街道筆直寬敞、建築嶄新壯麗的現代化都市，但相對來說，城內地區原有的清代官署、廟宇、街屋等舊建築，由於不在都市計畫的考量中，遂陸續被拆除殆盡。

儘管台灣人居住的艋舺、大稻埕一帶保存了較多的清代建築，但是為了拓寬或開闢道路，同樣拆除了不少重要建築，如艋舺的水仙宮、城隍廟、天后宮都因此而毀。原有的清代街屋也大多改頭換面，改為西洋式外觀。

為了適應現代化都市的改造需求，舊建築被拆除後若能易地重建，尚能保存其傳統風貌，如位於台北城內中央地帶的清代陳氏家廟與林氏家廟，為了建造總督府，被遷移到城外北邊的圓環地區加以改建，大稻埕媽祖廟也因為開路而遷建。但若是沒有能力遷建者，只有就此消失。

對於這種情況，總督府營繕課長井手薰認為，「作土木的人習慣把擋在眼前的一切都剷除，把用於田野的方法用在都市中，為了開路造成許多名勝史蹟的毀滅，這是與建築缺乏協調的結果」。

儘管大時代的氣氛如此，在拆除與建設的過程中仍發生了一些小插曲。自一九〇一年開始，台北城牆陸續被拆除，最後剩下東門、南門、小南門、北門等四個城門，當局原本想將這些城門拆光，由於總督府圖書館館長山中樵的極力反對，才得以保存下來，這是台北史蹟保存的一個重要里程碑。

另外，台北城內的清代「布政使司衙門」與「籌防局」自日治初始便作為台灣總督府辦公室，使用了二十五年之久，具有重要的歷史意義。因此在一九三〇年代當局欲拆除時，遭到有識人士的反對。最後採取折衷方案，將部分建築拆遷到台北城南的植物園與

台北城西門

唯一在日治時期被拆的城門，造型與北門類似，但中央升高一層，更有氣勢。南門亦採用此種形式。

台北城小南門

據說是為了方便通往板橋林家而開的城門，城門上有一座秀麗的樓閣。屋簷下有許多吊筒，台灣早期的城門樓都是採用樓閣造型，小南門顯然遵循了這樣的傳統。

台北城北門

採用特殊的碉樓形式，厚實牆體將木屋架完全包覆起來，較能抵擋現代化火砲攻擊。

城北的動物園內保存，成為清代台北城內唯一留存下來的清代官方建築。

自一九二二年開始，日本本土的「史蹟名勝天然紀念物保存法」開始適用於台灣。此時，由學者組成的民間學術團體「臺灣博物學會」隨即在各地展開調查，並上呈保存建議書給總督府。總督府則在一九三〇年成立「史蹟名勝天然紀念物調查委員會」，委任專業學者進行調查。

接下來的一九三三年到一九四一年間，陸續發布了五次指定名單，指定保存的史蹟涵蓋了史前時期、荷西時期、明清時期、日治時期、原住民等建築，另外還包含了動植物、礦物等天然紀念物，以及北白川宮能久親王在台灣走過的「御遺跡地」。其中位於台北的有：圓山貝塚、石器時代遺址、聖薩爾瓦多城（今淡水紅毛城）、台北四城門、芝山巖、南菜園、乃木館、乃木母堂之墓、三角湧戰跡、北投石、北投溫泉等。

在建築家與學者的努力之下，台灣的史蹟保存總算逐漸受到重視，並開始走向制度化。

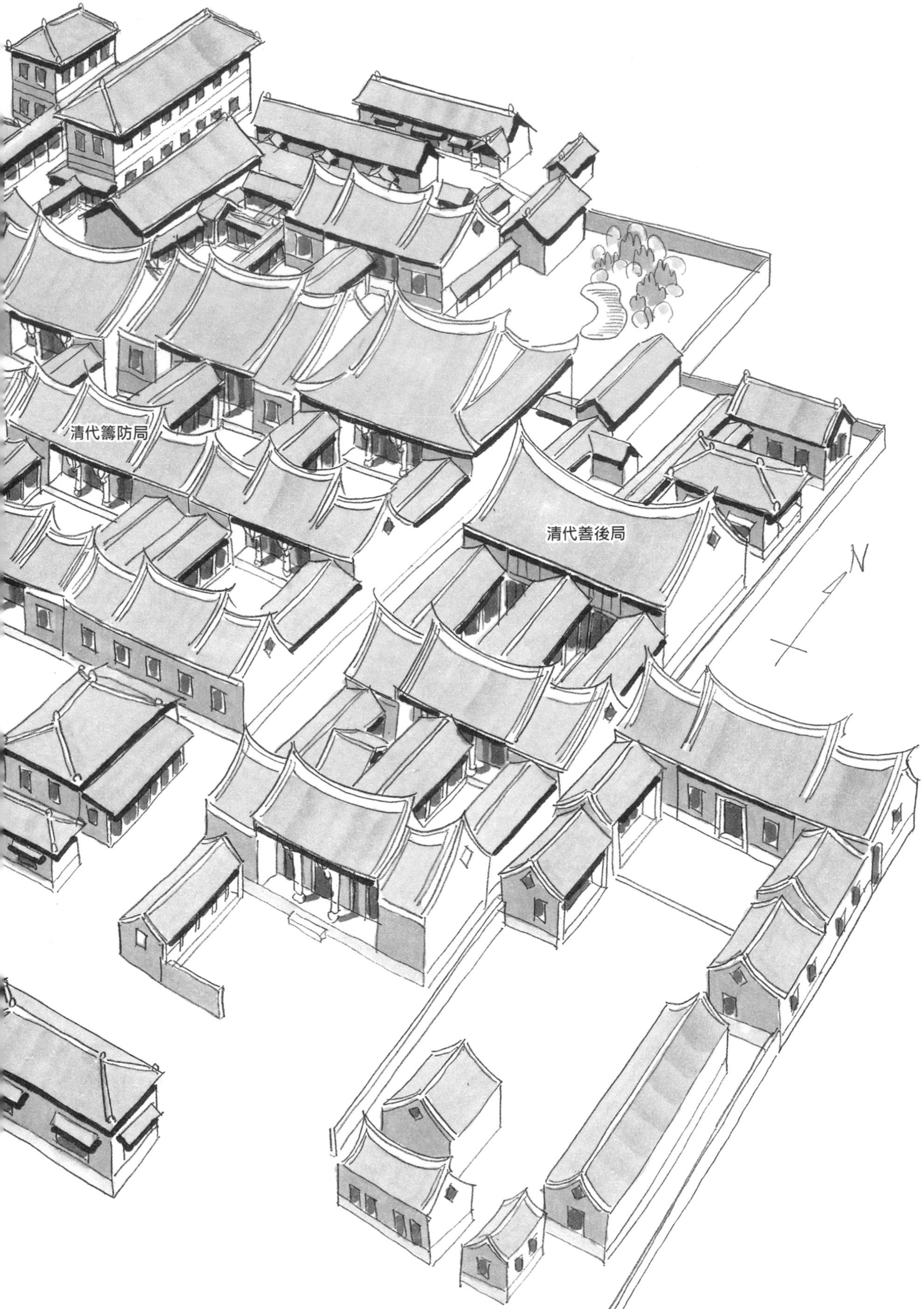
清代籌防局
清代善後局
N

日治時期舊台灣總督府推測復原

以中央的清代籌防局為主體，在周邊新增了許多木造建築。新建築分布得比較雜亂，顯然未經過統一規畫，可能是逐年增建而成。總督府即設在籌防局內，塑造綠化的入口景觀，是日治時期常見的手法。

台灣博覽會

一九三五年，正逢日本統治台灣四十年，總督府特別盛大舉辦了「始政四十年台灣博覽會」活動，這是日本統治台灣期間，規模最大的一次博覽會。

在此之前，當局曾經於一九一六年舉辦台灣勸業共進會，一九二五年舉辦始政三十年展覽會，以及其他各式展覽會。舉辦大型展覽會的目的除了展示日本統治台灣的成果，也有促進產業發展的用意。當然台灣博覽會也不例外，展館內容除了展示當時最新的產業發展，如專賣館、林業館、糖業館，也有各大公司設立的電器館、船舶館、三井館、日本製鐵，還有各地方特色的展示館，如奈良館、韓國館、泰國館、台灣館等，內容非常豐富。

博覽會的主要活動地點在台北，以台北城內地區作為主要的展覽場地。第一會場以新落成的台北公會堂為中心，沿著西三線道與西門一帶布置會場。第二會場在新公園內，以兒玉後藤紀念館為主體，並在整個公園內建滿了展示館。另外還在大稻埕設立南方館、板橋林家設立鄉土館、草山上也建有展示館，介紹草山風光。基隆則設置了海洋館。與此同時，在全台各大城市也分別設立了展示館。

台北展場內大多是臨時建築，在設計上頗有天馬行空的味道，讓人印象深刻。在風格上，引用當時最先進的現代主義、裝飾藝術（Art Deco）和現代藝術（Art Moderne），也出現了將實物直接放在建築物上的具象表現手法，如船舶館頂端放上一座顯眼的舵輪，想像力十足。當時的台北城在四十年的建設後，形成了以歐式風情為基調的都市景觀。因此在博覽會期間參觀台北城，可以同時看到已風行數十年的歐洲建築風格，以及最新穎的、彷彿未來式的建築樣貌，這場內容豐富的展覽，實際上也是一次盛大的建築博覽會。

1935 年台灣博覽會第二會場

主導展場建築設計的是總督府營繕課，當時的課長是井手薰。以井手薰先進的建築理念，確實將這次的會場建築經營得有聲有色。這些建築大都是在城區空地上建造的臨時建築，展覽會後就拆除，因此材料比較簡單，大多以木材作骨架、甘蔗板作外牆，表面塗上防水漆、油漆，或者貼上當時流行的面磚。

迎賓館
側門
兒童王國遊樂場
龍宮城
演藝館
電影館
音樂堂
海女館
特許館
特產館
水族館
側門（往榮町）
專賣館
服務中心
京都館
奈良館
電器館
日日新報休憩所
船舶館
東京館
消防站
第一文化設施館
愛知名古屋館
國防館
鐵道服務中心
大阪館
第二會場大門
台灣新聞報休憩所
北海道館
第二文化設施館
望樓
台灣原住民住家展示
表町
側門

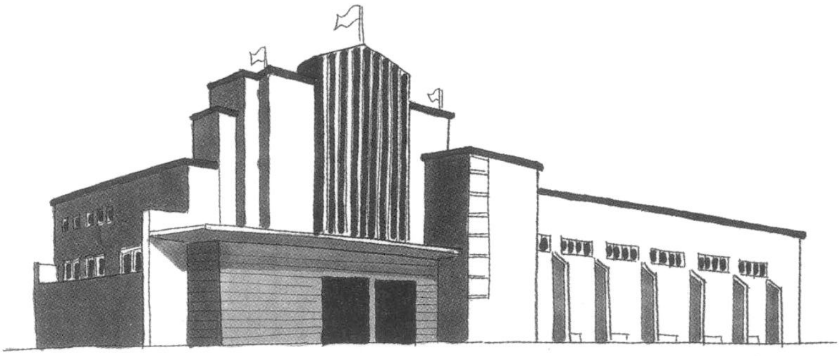

第二文化設施館

水平垂直線條與方形量體的組合，充滿了現代主義的簡潔精神。

專賣館

以水平層疊的圓弧線為主題，搭配垂直高塔，外觀奇特，裝飾性十足。只有在展場的臨時建築中，才能放手設計出如此創意十足的建築。

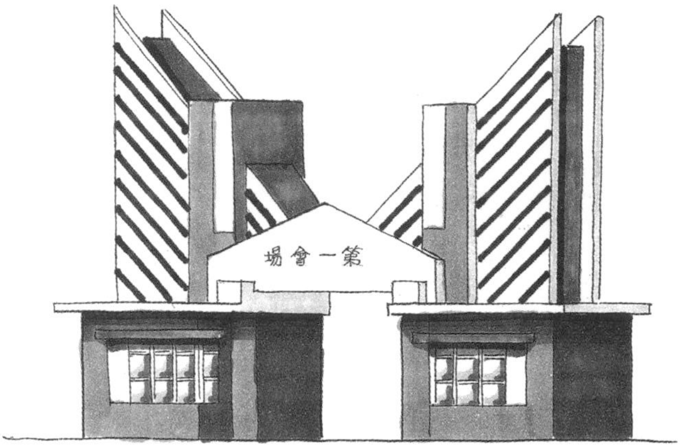

第一會場大門

採用「裝飾藝術」式樣，也點明了這次展覽會的主題風格，這種風格自 1925 年巴黎現代工業裝飾藝術博覽會後開始盛行，並於 1930 年代流行於台灣建築界。捨棄古典裝飾元素，強調幾何圖形的創新組合，並強調直線的裝飾性，予人強而有力的印象。

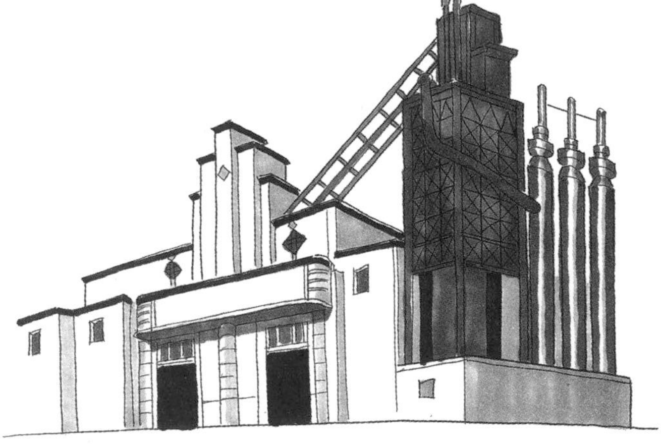

煉鐵館

將煉鐵高爐打造出來，成為建築最吸引人之處。

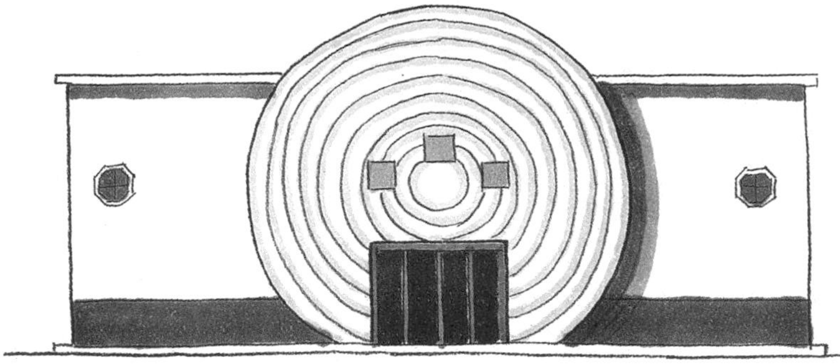

林業館

以巨大樹幹切面作為入口，非常簡潔的方圓組合設計。

映畫館

不規則的量體組合形成了誇張的效果。牆面上垂直凸出屋頂的裝飾板是裝飾藝術的典型手法。

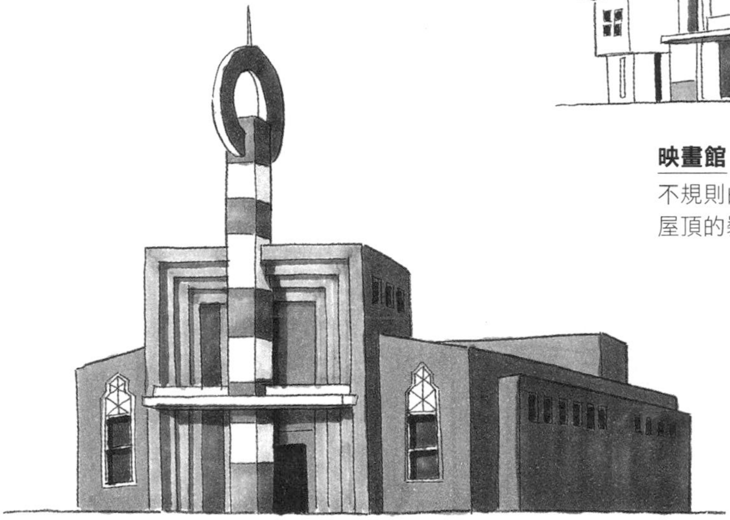

交通特設館（鐵道館）

方圓的組合並強調線條個性，形成強烈的視覺效果。

船舶館

將舵輪和排氣管放在正門入口處，具象地表現出館內主題。

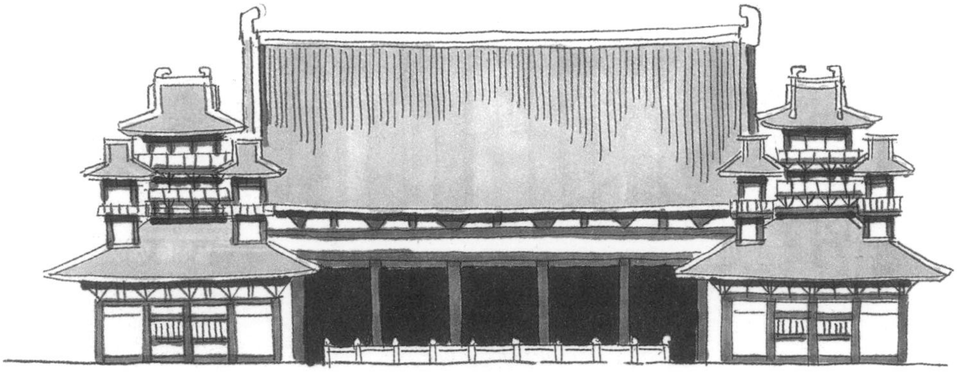

京都館

以京都著名的平安神宮為建築藍本。

泰國館

地方館大多採用地方特色建築為藍本，
泰國館即採用了泰國寺廟建築風格。

愛知名古屋館

以名古屋城天守閣為主題，位在第二會場入
口處，頗有代表日本古典建築出場的意味。

草山觀光館

風格為日治時期常見的木造和風，屋頂覆蓋黑瓦。

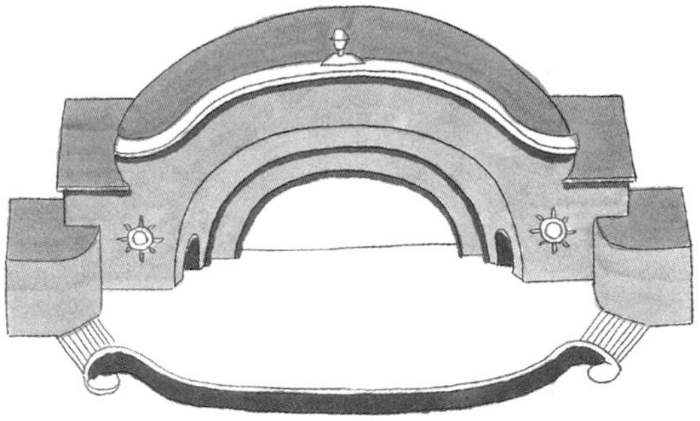

新公園音樂台

歷史悠久的新公園音樂台為了這次博覽會而重建，舞台規模擴大許多，採用簡潔的塊體組合與流線造型，非常前衛。

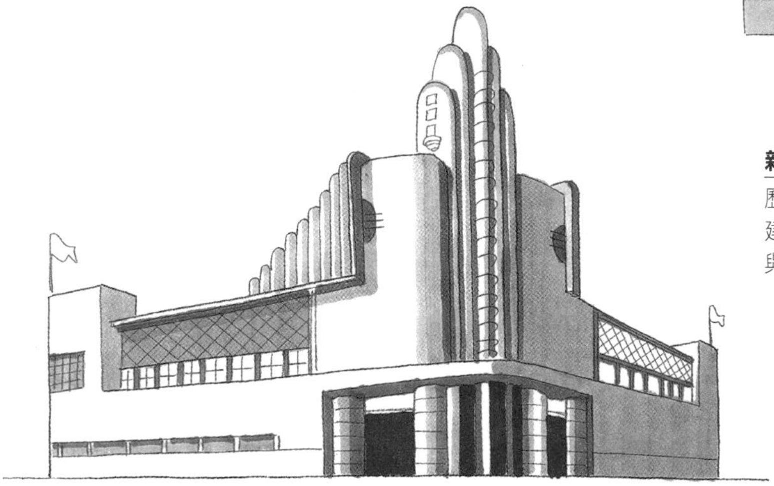

糖業館

博覽會中少數的「現代藝術」（Art Moderne）風格建築。強而有力的垂直線形成中央高塔、退縮式入口、簡潔牆面與點綴式的細節處理，是充滿流線感與裝飾趣味的前衛設計。

馬產館

簡潔的方形量體搭配入口處的半圓弧，加上牆面上巨大的飛馬，簡潔而讓人印象深刻。

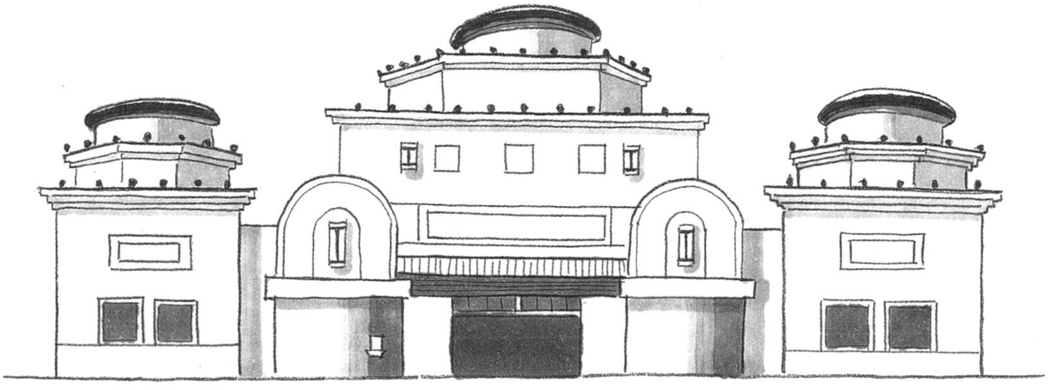

基隆水族館

在古典的對稱構圖中，運用方圓等幾何元素變化出趣味性，整體充滿了雕塑感。

台北公會堂

一九三六年，在總督府西北方落成了一棟巨廈，即台北公會堂，這是總督府為了紀念裕仁天皇登基而建造的。

公會堂是在日本的「大正民主運動」下，因應現代公民社會所產生的建築，是一個提供官方與市民集會、展覽、舉辦文化活動的正式場地。日治時期除了台北之外，許多城市如彰化、鹿港、北港、台南等地，也設有公會堂。

台北公會堂由井手薰設計，一九三二年開工，經過四年時間建成。內部主要空間是一個能容納兩千人的大型集會廳，以及一個可容納一千一百人用餐的大型宴會廳，規模非常大，還有平時對一般民眾開放的娛樂室、餐廳、集會室等。整體而言，台北公會堂是一棟兼具娛樂休閒、會議、宴會的多功能建築。

台北公會堂外觀

1932-1936 年建，井手薰設計。公會堂外觀明顯表現出以方形量體組成的趣味性，據井手薰的說法，這是屬於自由的現代式樣。但若和當時真正接近現代主義風格的建築，如總督府電話交換局相比，公會堂的外觀其實採用了不少西方古典建築元素，譬如正面屋頂作成尖頂狀，類似希臘三角楣的形式，成列的半圓拱窗表現出仿羅馬風格，建築一樓的仿石砌台基則明顯屬於古典建築作風。也有研究稱此樣式為「折衷風格」。二樓以上的建築外牆主要是貼淺綠色面磚，表面有溝紋，表現出一種樸實的美感，淺綠色也是 1930 年代流行的國防色。此外還採用了許多不同尺寸與顏色的瓷磚拼組、收邊，表現出嚴謹設計與一絲不苟的工藝精神。公會堂可說是 1930 流行瓷磚裝飾風潮的代表作品。

台北公會堂落成的時候，建築規模僅次於東京、大阪、名古屋等地的公會堂，名列日本四大公會堂之一，且造價僅九十八萬日圓。比起規模相近卻花費了二百二十萬建造的名古屋公會堂，省了一半以上的經費。這是因為當初台北公會堂的建造預算相當低，卻要求蓋出和名古屋公會堂幾乎相同規模的建築。設計者井手薰和助手們為此苦心設想，終於在預算內完成了公會堂的設計。了解此一背景後，今天再看台北公會堂，並不會有「廉價」的感覺，反而在空間、造型與細節的表現都很成功，顯示出高水準的設計與施工品質。

一九三五年總督府舉辦台灣博覽會時，公會堂的硬體建設大部分皆已完成，因此不但被選定為開幕式場地，還是整個博覽會的兩個主要會場之一，未完工的公會堂趕上了這場台灣的重大歷史盛會。

完工落成後，公會堂經常作為放映電影、演講與美術展覽的場地，為台北重要的集會中心。

「水牛群像」

當年公會堂即將完工時，台灣著名雕塑家黃土水先生的遺孀廖秋桂女士，將黃土水生前最後的大作「南國」捐贈給公會堂，這也就是著名的「水牛群像」。作品尺寸為 555 x 250 公分，是黃土水生前最大的一件作品，懸掛在集會廳與宴會廳之間的中央樓梯上。

宴會廳可容納1100人用餐。若是辦雞尾酒會，可容納2000人。1945 年日本戰敗後，何應欽將軍來台參加日本官方舉行的受降典禮，就在這個大廳裡舉行，因此日後改名為「光復廳」。

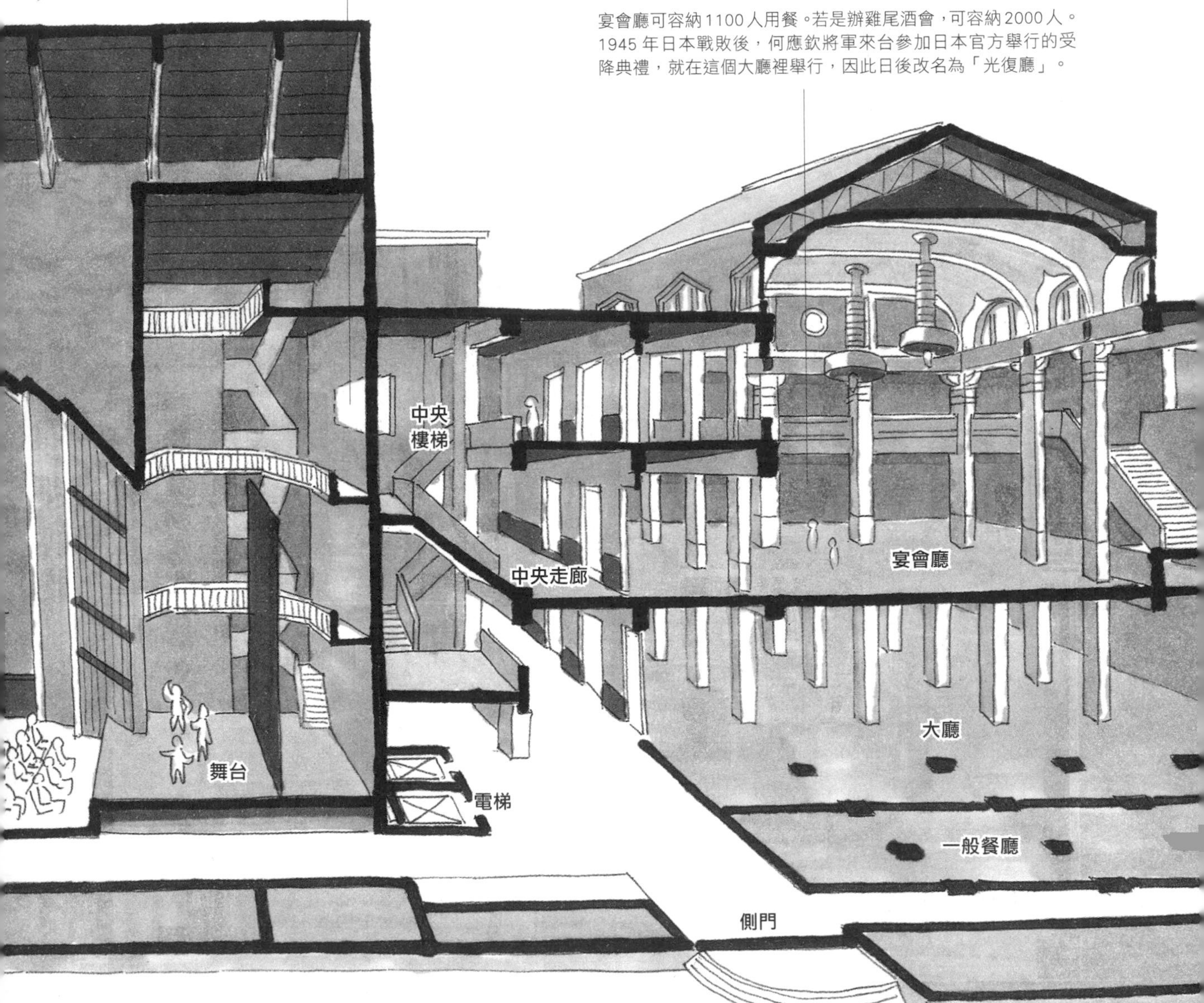

公會堂大廳柱頭

柱子的比例粗壯，搭配奇異的柱頭造型，此為日治後期常見的折衷風格。

集會廳有兩層座位，可容納 2000 人。1935 年台灣博覽會的開幕典禮就在此舉辦。廳內有大舞台可供戲劇、舞蹈、音樂表演用。

公會堂透視圖

公會堂的構造採用鋼骨鋼筋混凝土，具有良好的耐震、防火性能，內部採用了電梯、冷氣、防火栓、電話、瓦斯等現代設備。

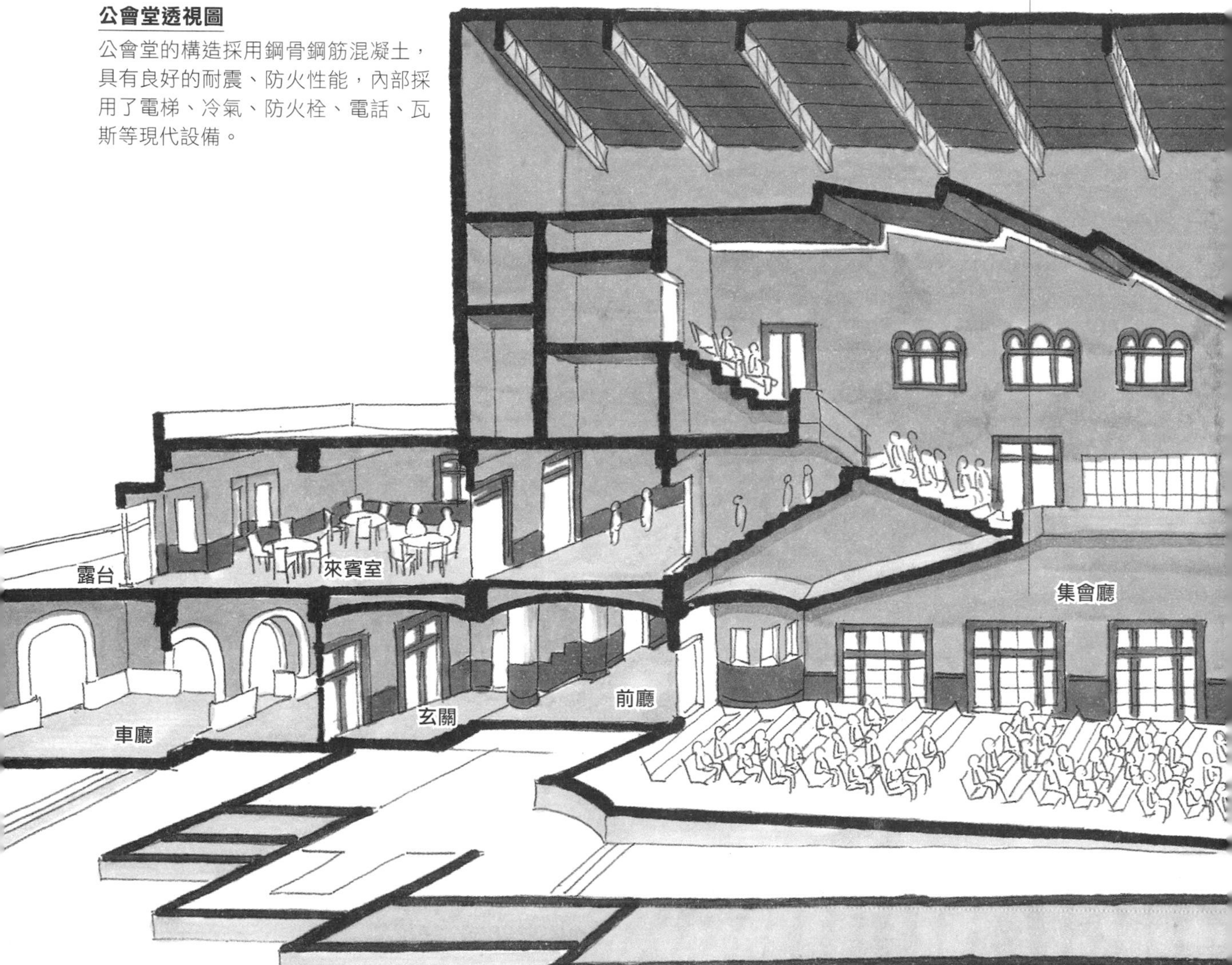

松山菸草工廠

台灣人自清代就有吸菸的習慣，各地也生產菸草，但品質不甚佳，好的菸草有賴自福建進口。進入日治時期，日本人調查適合栽種菸草的地區，並選擇菸草品種，有計畫地扶植菸草產業。一九〇五年更將菸草納入專賣事業，生產雪茄與香菸，並開發出著名的「茉莉花」系列香菸。

菸草由屏東、花蓮、美濃等地的菸農種植採收後，由專賣局收購，運至台北加工。全台僅有的兩座菸草工廠都在台北，第一座設立於一九一一年，位於台北車站北側，稱為「台北菸草工廠」，外觀採用當時流行的辰野風格，就工廠建築而言相當華麗。一九三七年起，為了擴充產能，選定台北城外西郊的松山地區建造新廠房，即松山菸草工廠。

松山菸廠是一座大型的現代化工廠，占地六萬坪，由菸草工廠、鍋爐房、行政大樓、原料倉庫、製品倉庫等組成，工廠周圍還有占地廣大的宿舍區。廠區北側緊鄰縱貫鐵路，並延伸出一條鐵路支線進入廠區，以利運送原料及成品。

此時由於中日戰爭爆發，軍隊對於香菸的需求量很大，因此生產香菸提供給戰場上的軍隊，就成為松山菸廠的重要工作。

松山菸廠的主體自然是規模龐大的菸草工廠，建築平面甚至比總督府還要大，方形平面內有三座中庭，使廠房內部得到良好的採光，也提供廠區人員休息活動的空間。工廠樓高兩層，主結構為鋼筋混凝土，內有香料室、調配室、理葉場、切葉場、捲菸場、乾燥室、包裝場、裝罐場等工作空間，另有可容納一千兩百人的大餐廳、廚房、娛樂室、男女員工浴室、實驗室和附手術室的醫院，配備齊全。

行政大樓位在工廠西側，以走廊相連，這裡也是整座工廠的主入口。建築外觀簡潔有力，強調垂直開窗與水平橫帶的對比效果，轉角處作抹圓處理，這些都是典型的裝飾藝術（Art Deco）風格，相同風格一直延伸到整個菸草工廠。

松山菸廠在造型、構造、機能與空間等表現都非常先進，是日治後期台灣產業建築中極具代表性的重要作品。

松山菸廠行政大樓

1939-1940 年建。以簡潔俐落的垂直、水平線條為主旨，強調量體組合與實用機能，是現代主義追求的精神。古典建築的花俏柱式、半圓拱、三角楣等，此時已遭摒棄。

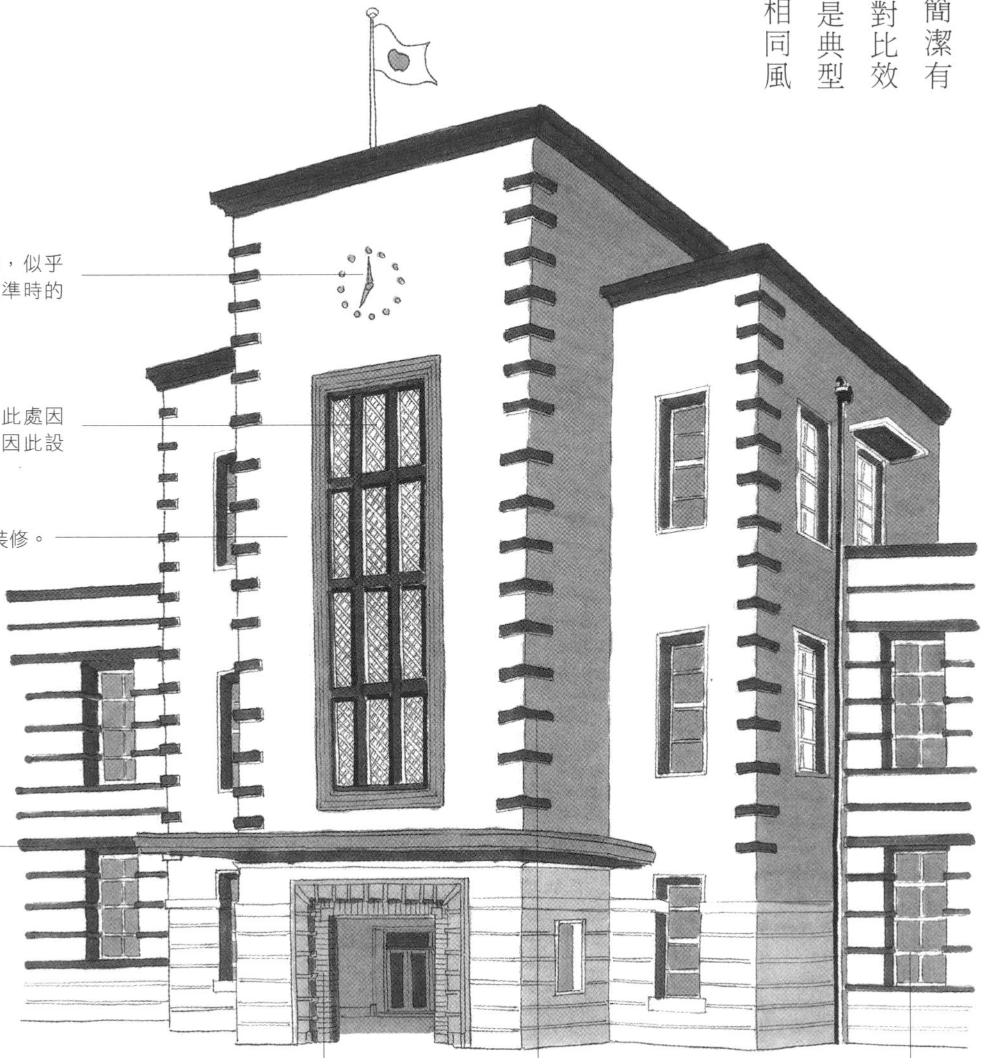

正面最顯眼處設置時鐘，似乎是要提醒菸廠員工養成準時的好習慣。
正面中央做木製窗櫺，此處因為是朝西，日曬強烈，因此設計成樓梯間。
建築表面以灰色洗石子裝修。
水平橫帶裝飾運用在整個菸廠主體建築上，簡單有力地塑造出整體感。
入口門框有精美的瓷磚與人造石貼面。
角落橫帶頗有裝飾藝術風味，以面磚貼成。
窗戶沒有窗楣、邊框、花草雕刻等古典語彙，表現出現代主義簡單實用的精神。

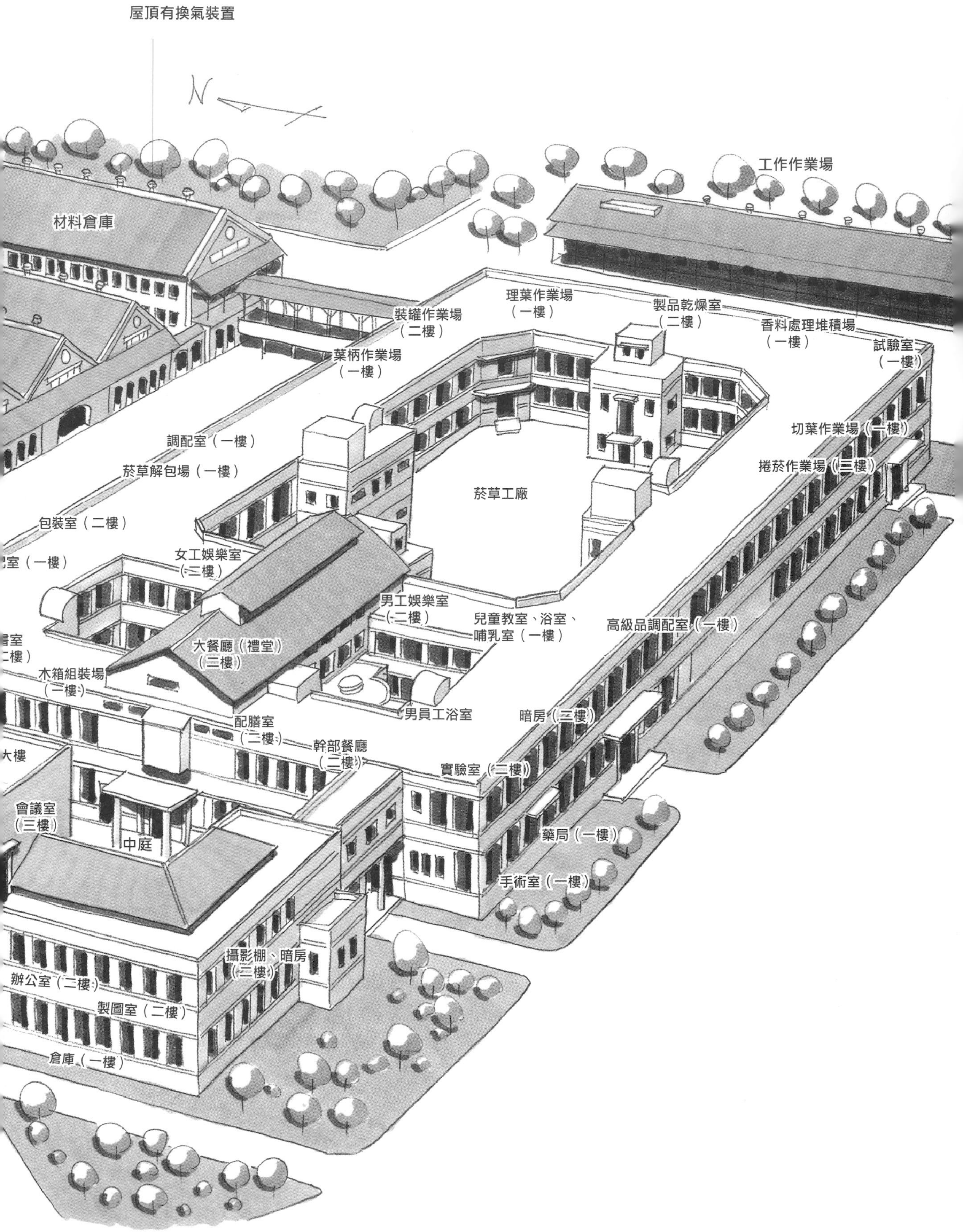
屋頂有換氣裝置
材料倉庫
工作作業場
理葉作業場（一樓）
製品乾燥室（二樓）
裝罐作業場（二樓）
香料處理堆積場（一樓）
葉柄作業場（一樓）
試驗室（一樓）
調配室（一樓）
切葉作業場（一樓）
菸草解包場（一樓）
捲菸作業場（二樓）
菸草工廠
包裝室（二樓）
室（一樓）
女工娛樂室（二樓）
男工娛樂室（二樓）
兒童教室、浴室、哺乳室（一樓）
高級品調配室（一樓）
大餐廳（禮堂）（二樓）
木箱組裝場（二樓）
男員工浴室
配膳室（二樓）
暗房（二樓）
幹部餐廳（二樓）
實驗室（二樓）
會議室（三樓）
中庭
藥局（一樓）
手術室（一樓）
攝影棚、暗房（二樓）
辦公室（二樓）
製圖室（二樓）
倉庫（一樓）

松山菸廠全區鳥瞰

最早完成的是菸草工廠（1937-1939）。工廠辦公室與倉庫接著在 1939-1940 年完成。工廠緊鄰縱貫鐵路。廠內布局井然有序，自倉庫到工廠休息區、辦公室，環環相扣，和早期的專賣局樟腦工廠相比，松山菸廠的規畫確實進步許多。

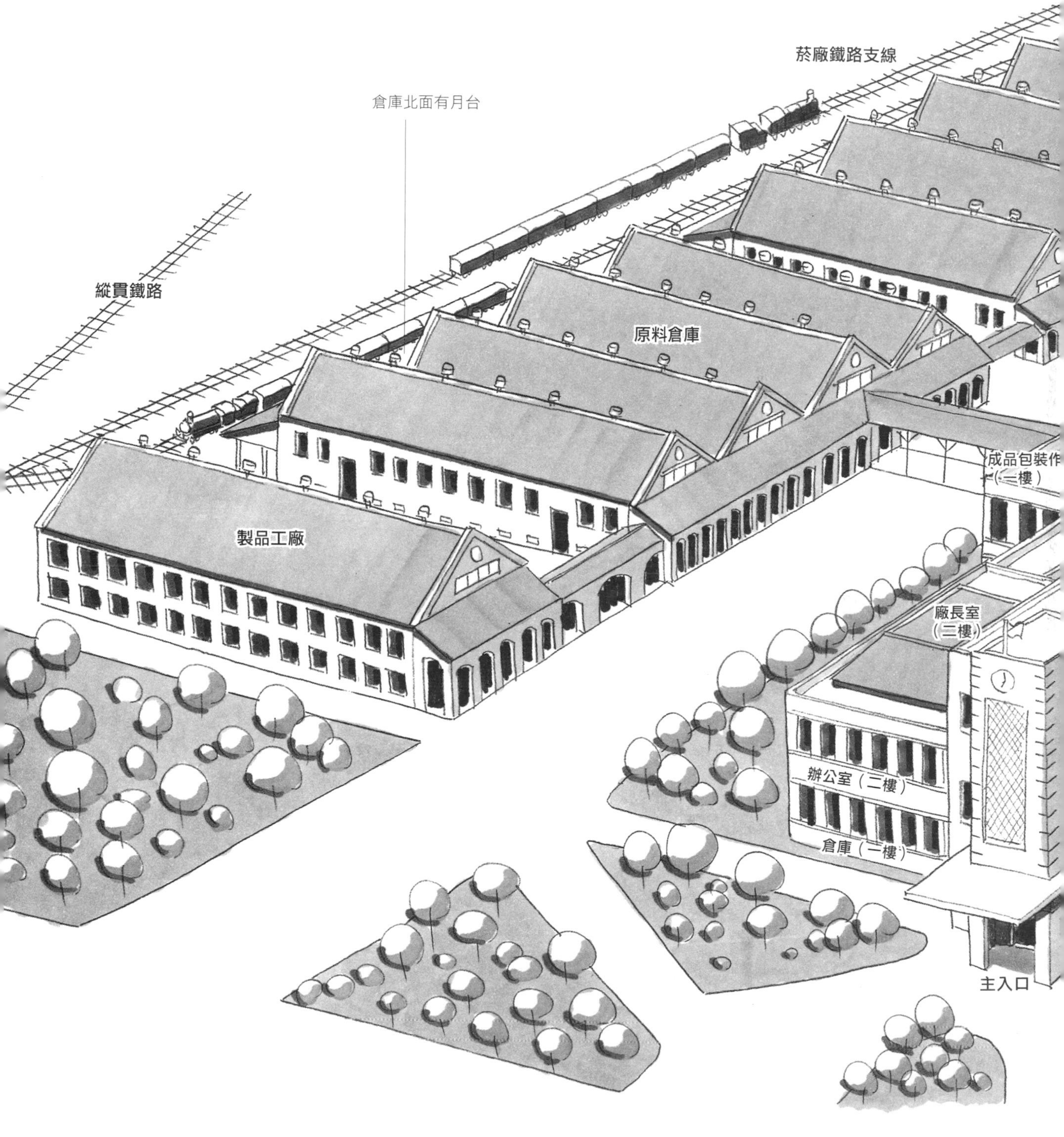
菸廠鐵路支線
倉庫北面有月台
縱貫鐵路
原料倉庫
製品工廠
成品包裝作
（一樓）
廠長室
（二樓）
辦公室（二樓）
倉庫（一樓）
主入口

紅磚與面磚的生產

日治時期的建築特色除表現在建築風格上，從材料上看也有許多特點。紅磚、日式黑瓦、洗石子和磨石子、鋼筋混凝土、面磚等，各展現出不同風貌。

日治初期自一八九九年開始建設縱貫鐵路，鐵路橋樑和隧道的建造需要用到大量紅磚，各地土木工程也都有需求，形成了紅磚業的興起。和木材、土埆相比，紅磚因堅固、耐火的特性而被視為優良建材。

日治初期就有日本商社「鮫島商行」投資紅磚業，首設紅磚廠於台北圓山下埤頭，這裡和另一處松山工廠一樣，都位於基隆河畔，紅磚燒製好後可以用船運到大稻埕接上火車。一九〇三年又引進了「霍夫曼式改良輪環窯」，是當時世界上最新式的窯。據統計，到了一九一二年，基隆河沿岸已有四十家磚廠，其中以台北圓山下埤頭工廠採用新式窯和電力運作，為全台最先進的窯廠。一九一三年「鮫島商行」改組為「台灣煉瓦株式會社」，社長後宮信太郎經營有成，在全台各地廣設磚廠，被稱為「煉瓦王」（煉瓦即紅磚之意）。

一九一九年，後宮信太郎出資成立了「北投窯業株式會社」，以生產碗盤、建築瓷磚、耐火磚為主，也是台灣第一個生產建築瓷磚的公司。同年落成的台灣總督府外觀為紅磚式樣，實際上採用的是仿紅磚的貼面材，並不是真正的紅磚，又稱「化妝煉瓦」。

一九二四年關東大地震後，紅磚構造耐震性能不足的缺點隨之暴露出來，耐震性佳的鋼筋混凝土自此漸受重視，紅磚的市場需求減低，反而是作為鋼筋混凝土表面裝修材的面磚需求大增，北投窯業株式會社的產品因而出名，台北公會堂、高等法院、第二代台北車站等一九三〇年代著名建築，外牆都是採用北投窯業生產的面磚。

常見的瓷磚尺寸有三寸六（11公分見方）、二丁掛（22×6×1公分）、小口磚（11×6×1公分）、最小的是馬賽克磚，尺寸二、三公分到四公分見方不等。

一九三七年中日戰爭爆發，日本逐漸進入戰時體制，鋼筋作為重要物資受到管制，使得紅磚建築又再度風行起來。

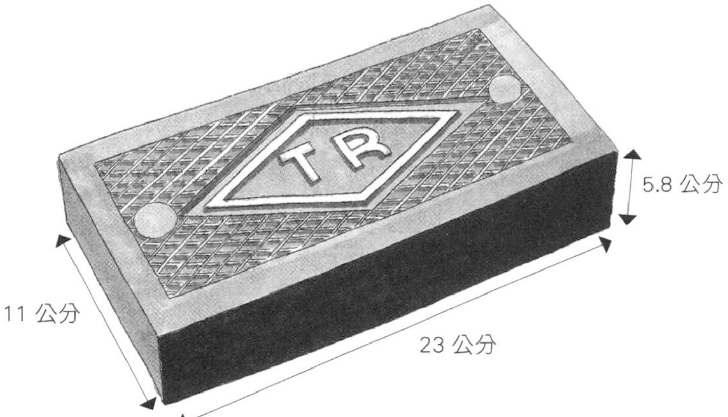

TR
5.8 公分
11 公分
23 公分

TR 紅磚

TR 即台灣煉瓦株式會社（Taiwan Renga）的英文縮寫，此磚重約 3 公斤，表面為菱形網狀，可增加水泥的固結力。1924 年規定日本煉瓦標準規格為 20 X 10 X 6 公分，此磚規格稍大。

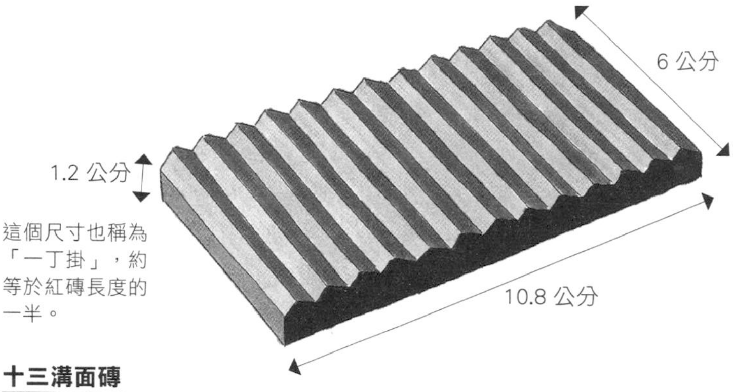

6 公分
1.2 公分
10.8 公分
這個尺寸也稱為「一丁掛」，約等於紅磚長度的一半。

十三溝面磚

北投窯業株式會社生產的特殊面磚，因表面有 13 道溝紋（中央 12 道溝加上兩邊各半道溝）而被稱為「十三溝面磚」。這種面磚表面不上釉、不反光，表面的溝紋可將光線往兩個方向折射，降低建築表面的亮度，是為了因應戰爭所做的特殊設計。1920 年代末設計完工的台北帝國大學文政學部、圖書館事務室等建築，就採用了這種磚材。

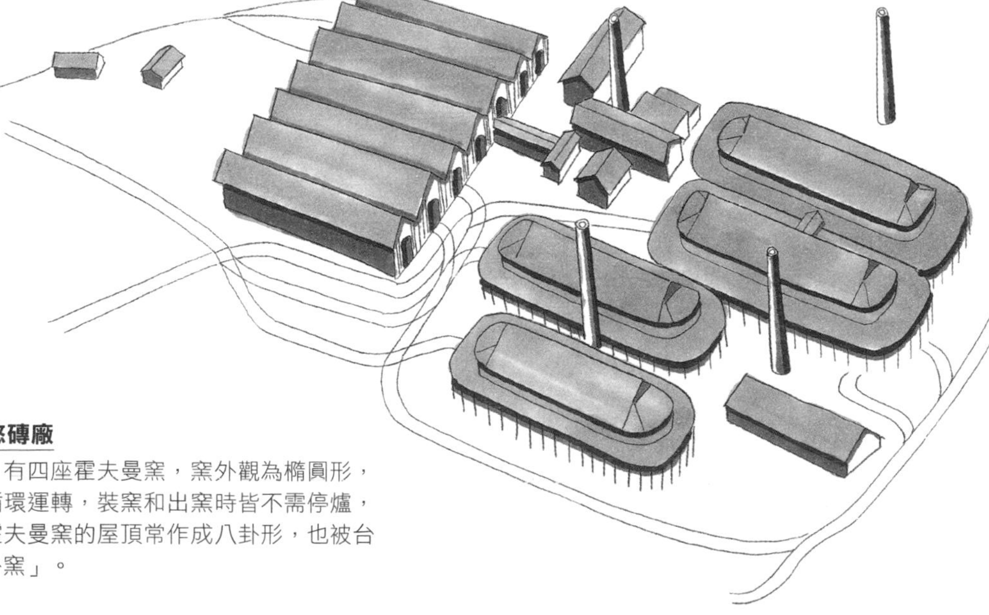

台北松山上塔悠磚廠

位於基隆河畔，有四座霍夫曼窯，窯外觀為橢圓形，內部生產線採循環運轉，裝窯和出窯時皆不需停爐，生產效率高。霍夫曼窯的屋頂常作成八卦形，也被台灣人稱為「八卦窯」。

台北公會堂外牆瓷磚

北投窯業株式會社在日治後期生產許多淺色面磚，也稱為「國防色面磚」。1936 年完工的台北公會堂主體以鋼筋混凝土建造，建築表面就使用了這種面磚。除了在建築表面貼上淺綠色面磚，並使用多種尺寸、多色彩的瓷磚、紅色陶磚等材料，形成典雅的拼組裝飾。

台北公會堂外牆瓷磚

黑色半圓形瓷磚
淺藍色方形瓷磚
方形淺綠色瓷磚
淺褐色瓷磚
黑色三角形瓷磚
深褐色星形瓷磚
土黃色瓷磚
紅色收邊陶磚
淺褐色瓷磚

基隆港

位在台北盆地東北方的基隆是一處天然良港，早在一六二六年（明代末期），西班牙人就在此建築堡壘、設立貿易據點，清代則逐漸形成漢人聚落。作為台北東北方的戰略門戶，清廷在基隆港周邊建造了許多砲台，這些砲台曾在一八八四年中法戰爭的慘烈戰鬥中，抵擋法軍進攻台北。

日治之後，基隆作為台北乃至於台灣的進出門戶，有計畫地進行了大規模的改造，成為一座現代化的港口城市。整個港口有內港、外港、碼頭、倉庫、機械化的裝卸貨設施，船塢、造船廠、漁港，甚至還有海水浴場。港邊的基隆車站是全台縱貫鐵路的起點，將源源不絕的人員、貨物送往全台各地。

與港口緊密相連的基隆市街也隨著建港而進行大規模改造，在市區改正（都市計畫）下，墊高市街用地並規畫洩水坡度，以預防淹水。接著打造現代化的棋盤式街道，街廓都和港口呈平行方向，展現出新市區的秩序。交通系統方面有道路和運河，愈接近港口的道路愈寬大，兩條運河則連通港口東側和南側街區，如此一來，基隆港大部分街區都有水道相連，成為名副其實的港都。

基隆港既為台灣的主要門戶，成為許多人來到台灣的第一印象，因此日本人對於都市景觀相當重視，

建港前的基隆，港邊有許多漢人聚落

1934 年的基隆港

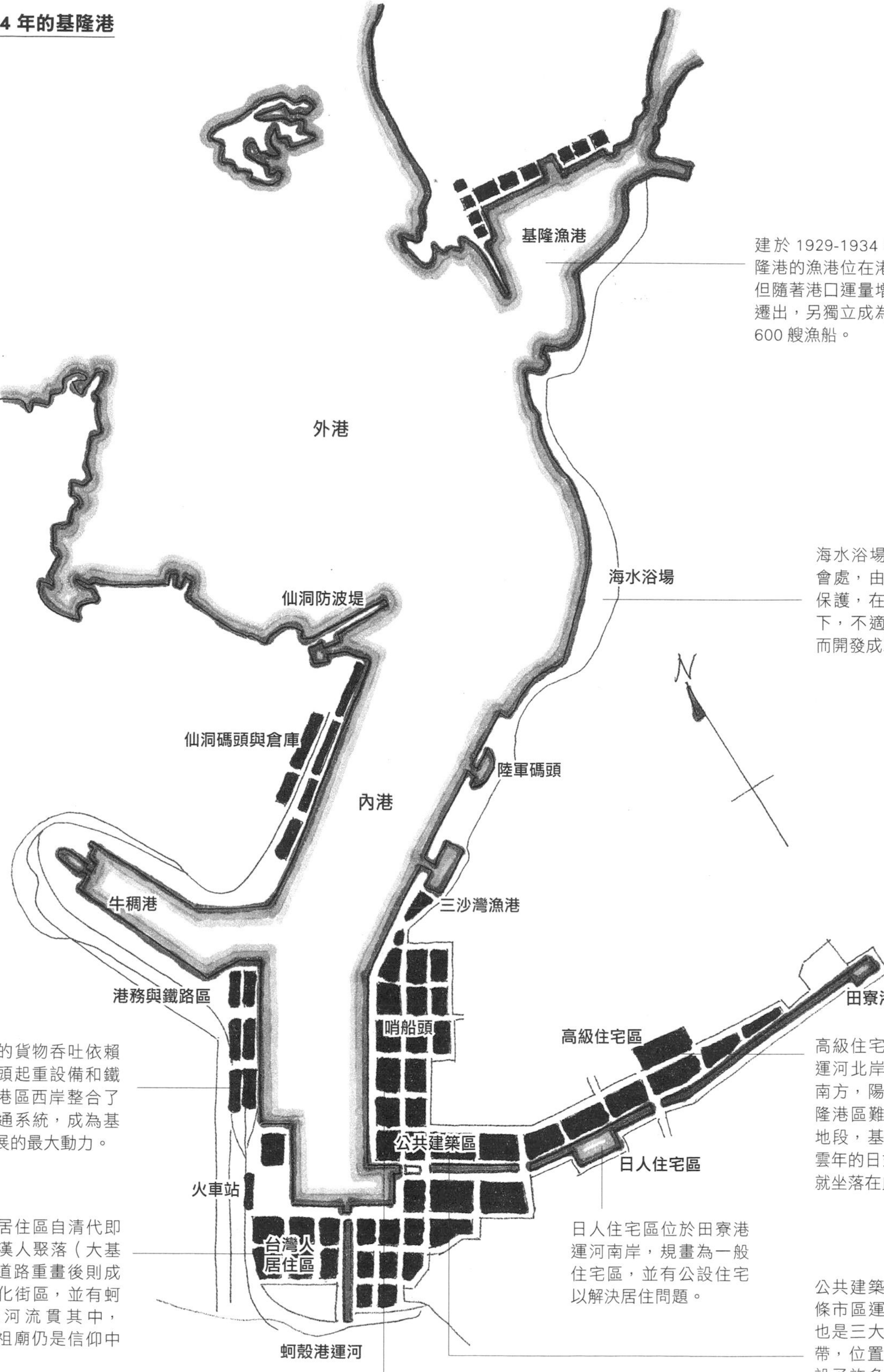
基隆漁港
外港
海水浴場
仙洞防波堤
仙洞碼頭與倉庫
陸軍碼頭
內港
三沙灣漁港
牛稠港
田寮港運河
港務與鐵路區
哨船頭
高級住宅區
公共建築區
日人住宅區
火車站
台灣人
居住區
蚵殼港運河
N

建於 1929-1934 年間。原本基隆港的漁港位在港內的三沙灣，但隨著港口運量增大，遂將漁港遷出，另獨立成為一區，可停泊 600 艘漁船。

海水浴場位於內外港交會處，由於缺乏防波堤保護，在海浪直接沖擊下，不適合設置碼頭，而開發成為海水浴場。

基隆港的貨物吞吐依賴深水碼頭起重設備和鐵路線，港區西岸整合了兩大交通系統，成為基隆港發展的最大動力。

高級住宅區位於田寮港運河北岸，背山而面朝南方，陽光充足，是基隆港區難得的優良居住地段，基隆煤業大王顏雲年的日式豪宅「陋園」就坐落在此。

台灣人居住區自清代即為台灣漢人聚落（大基隆），道路重畫後則成為現代化街區，並有蚵殼港運河流貫其中，漢人媽祖廟仍是信仰中心。

日人住宅區位於田寮港運河南岸，規畫為一般住宅區，並有公設住宅以解決居住問題。

公共建築區為港口與兩條市區運河的交會口，也是三大街區的樞紐地帶，位置絕佳，因此建設了許多新穎的歐風公共建築，塑造出優美的港口風光。

哨船頭位於港口東岸，有綿長的碼頭，並發展出義重町、日新町兩大商業街區，繁華的義重町還有「基隆銀座」 美稱。

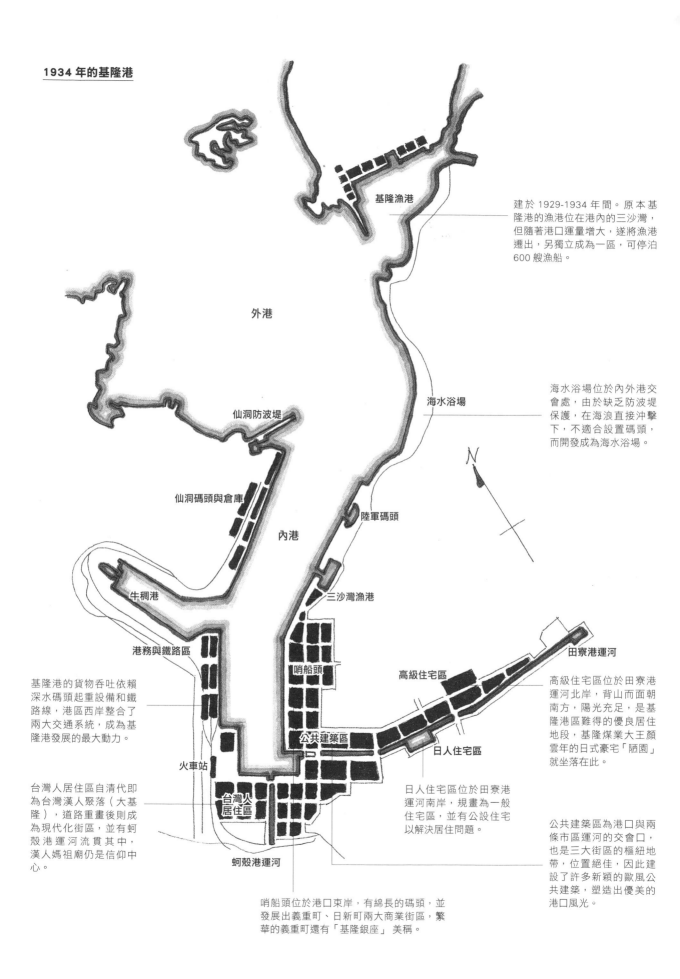

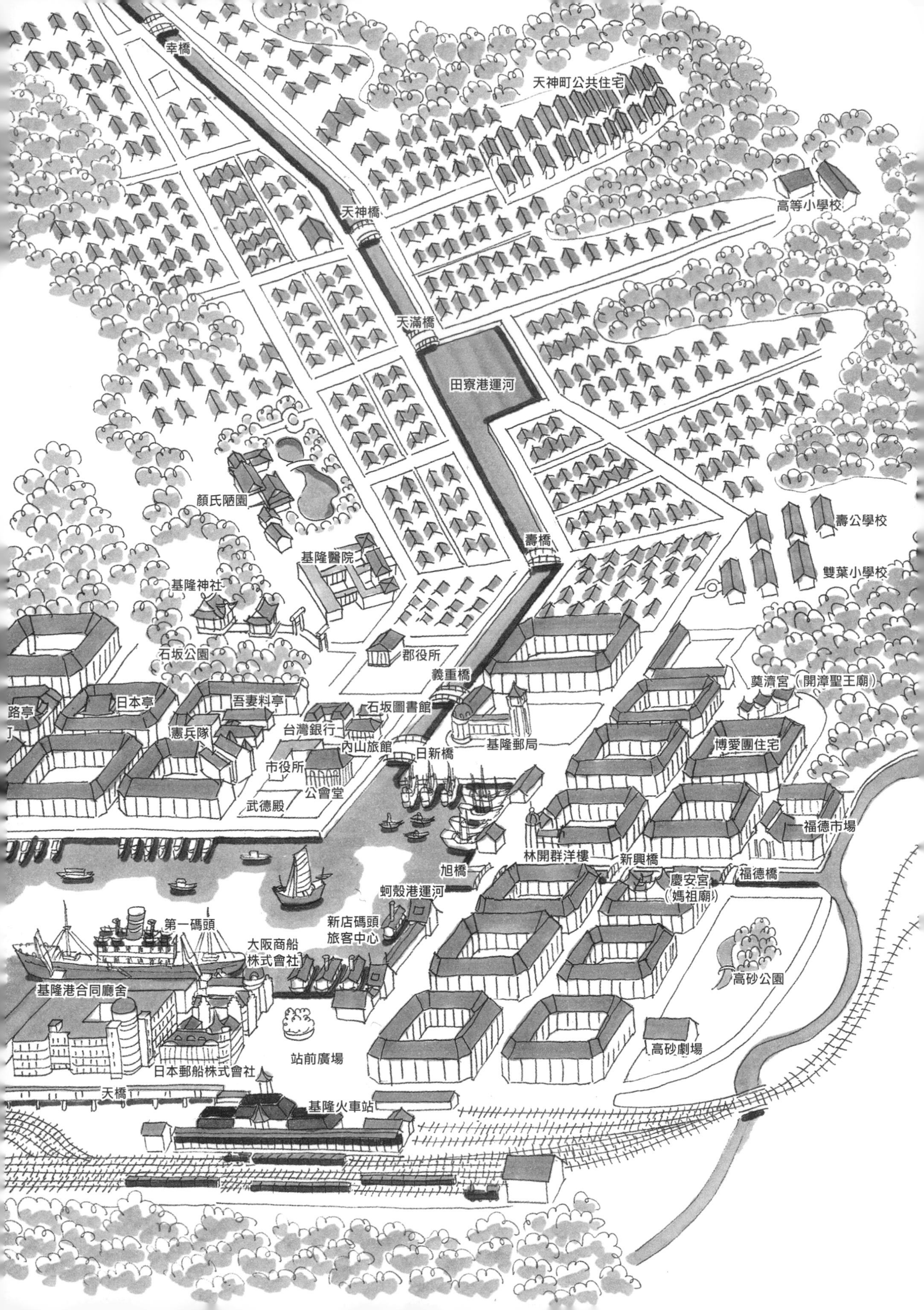
幸橋
天神町公共住宅
高等小學校
天神橋
天滿橋
田寮港運河
顏氏陋園
壽橋
壽公學校
基隆醫院
雙葉小學校
基隆神社
石坂公園
郡役所
義重橋
奠濟宮（開漳聖王廟）
路亭
日本亭
吾妻料亭
石坂圖書館
憲兵隊
台灣銀行
基隆郵局
博愛團住宅
內山旅館
日新橋
市役所
公會堂
武德殿
福德市場
林開群洋樓
新興橋
旭橋
福德橋
慶安宮
（媽祖廟）
蚵殼港運河
新店碼頭
旅客中心
第一碼頭
大阪商船
株式會社
基隆港合同廳舍
高砂公園
站前廣場
高砂劇場
日本郵船株式會社
天橋
基隆火車站

建築大多採用歐風樣式，並在港邊種植行道樹美化環境。儘管船隻進進出出、港務作業繁忙，仍展現出優美的港口風情。

基隆亦被畫歸為要塞地區，亦即軍事重地，除了軍艦停泊外，港邊四周起伏的山脈中還有許多砲台、軍營、指揮部等設施。太平洋戰爭末期，基隆港遭美軍狂轟濫炸，港口設施與周邊市區幾乎成為廢墟，優美的基隆港也隨之走入歷史。

東砲台
基隆要塞司令部
北砲台
海門天險
營門
大沙崙海水浴場
鄉土館
（清代海關衙門）
北白川宮紀念碑
陸軍碼頭
富貴市場
三沙灣漁港
港灣館
港務所
內港
仙洞碼頭
第二碼頭
牛稠港
基隆港與基隆市街

台北大空襲

太平洋戰爭末期，戰火逐漸自南洋延燒至台灣。一九四四年底，美軍飛機開始肆虐台灣上空，台北到了戰爭最末期同樣遭受空襲，其中以一九四五年五月三十日的大轟炸破壞最重，美軍出動了一百餘架的B－24中型轟炸機。從攻擊後的空照圖來看，主要攻擊目標應是軍事設施與城內政治中心。台北松山機場及其周圍防空陣地、台北城東門外的砲兵大隊都被炸，圓山的大型軍醫院幾乎被夷為平地。

台北城內，以總督府及周邊地區情況最為嚴重。總督府正面南衛塔被炸彈直接命中，整個坍毀。民政長官邸、台灣電力公司、總督府圖書館、度量衡所、鐵道飯店等重要建築全毀，台灣銀行、台灣軍司令部、台北醫院也都中彈。城內繁華的商業街區也有許多建築被炸毀，損失慘重。

台北城外同樣有不少損失，城東的總督府中央研究所、第二高等女學校、總督府醫學校等，災情嚴重，城南的第一中學校主校舍甚至全部燒毀，城西的西門町、艋舺車站一帶也有大片街區被炸毀。

除了這些主要目標，這次轟炸對於台北的工廠、鐵路核心系統沒有太大破壞，台灣人居住的大稻埕、大龍峒、松山市街也大致無恙。大稻埕地區較大的損失是宏偉的雙連天主堂全毀，災情並波及周邊街區。

對於美軍的轟炸，日本當局的因應之道包括：在少數建築的屋頂上設置防空砲陣地，同時為許多學校、工廠、公共建築等目標明顯的大型建築加上偽裝設施，如在屋頂上懸掛布條、畫塊狀或斑點迷彩等，以擾亂視覺。

和平時期是生活空間的建築物，戰爭時期卻成為防禦設施與軍事目標，飽受無情戰火蹂躪。台北也就在這樣的轟炸破壞下，結束了日本統治，進入全新的歷史階段。

1945 年台北城周邊地區損害範圍示意

（本圖據美軍空拍照片繪製）

大稻埕
雙連天主堂
城東北住宅區
台北車站
西門町
第二高等女學校
中央研究所
總督府
總督府醫學校
台灣軍司令部
城東住宅區
砲兵大隊
台北監獄
台北第一中學

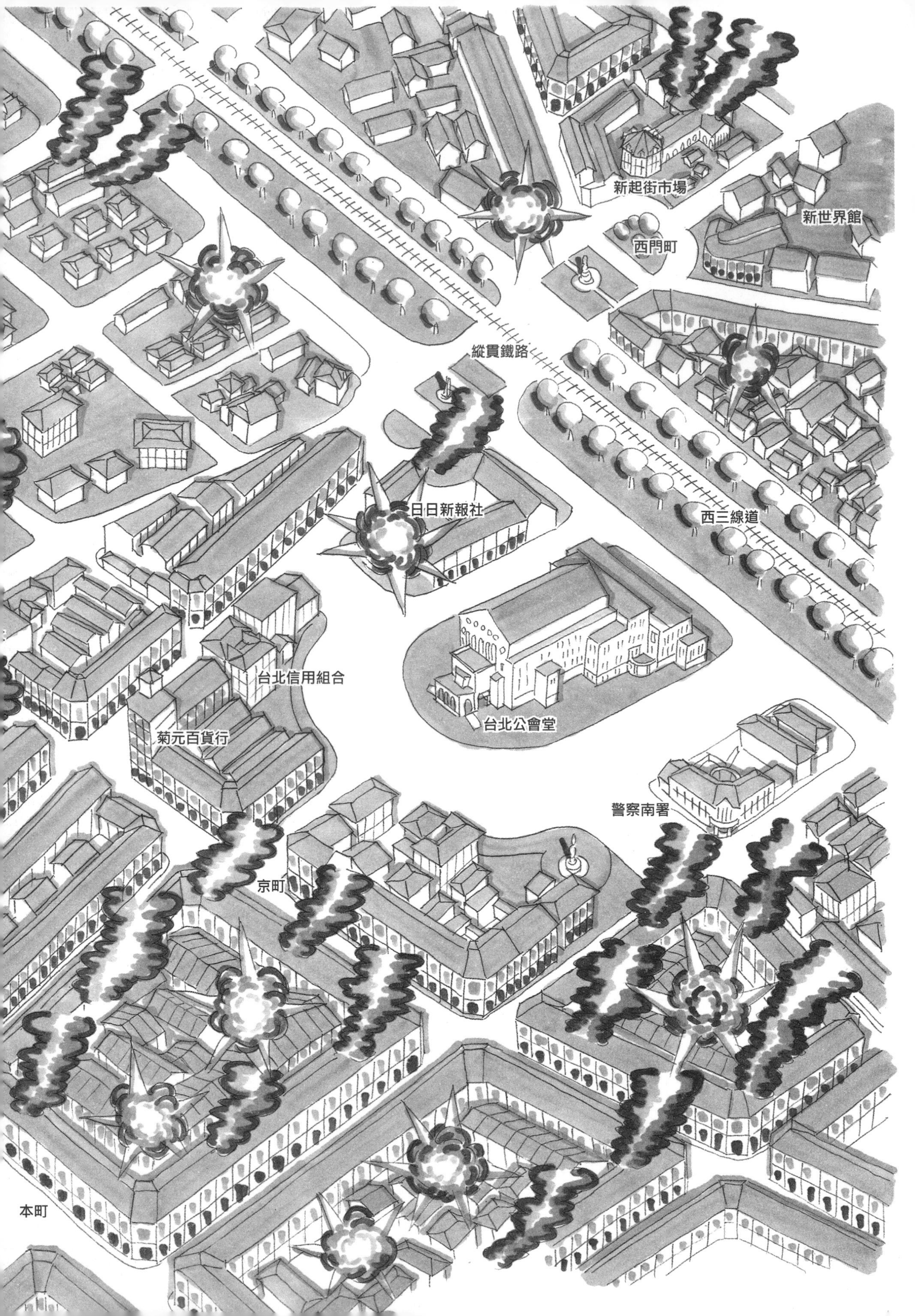
新起街市場
新世界館
西門町
縱貫鐵路
日日新報社
西三線道
台北信用組合
台北公會堂
菊元百貨行
警察南署
京町
本町

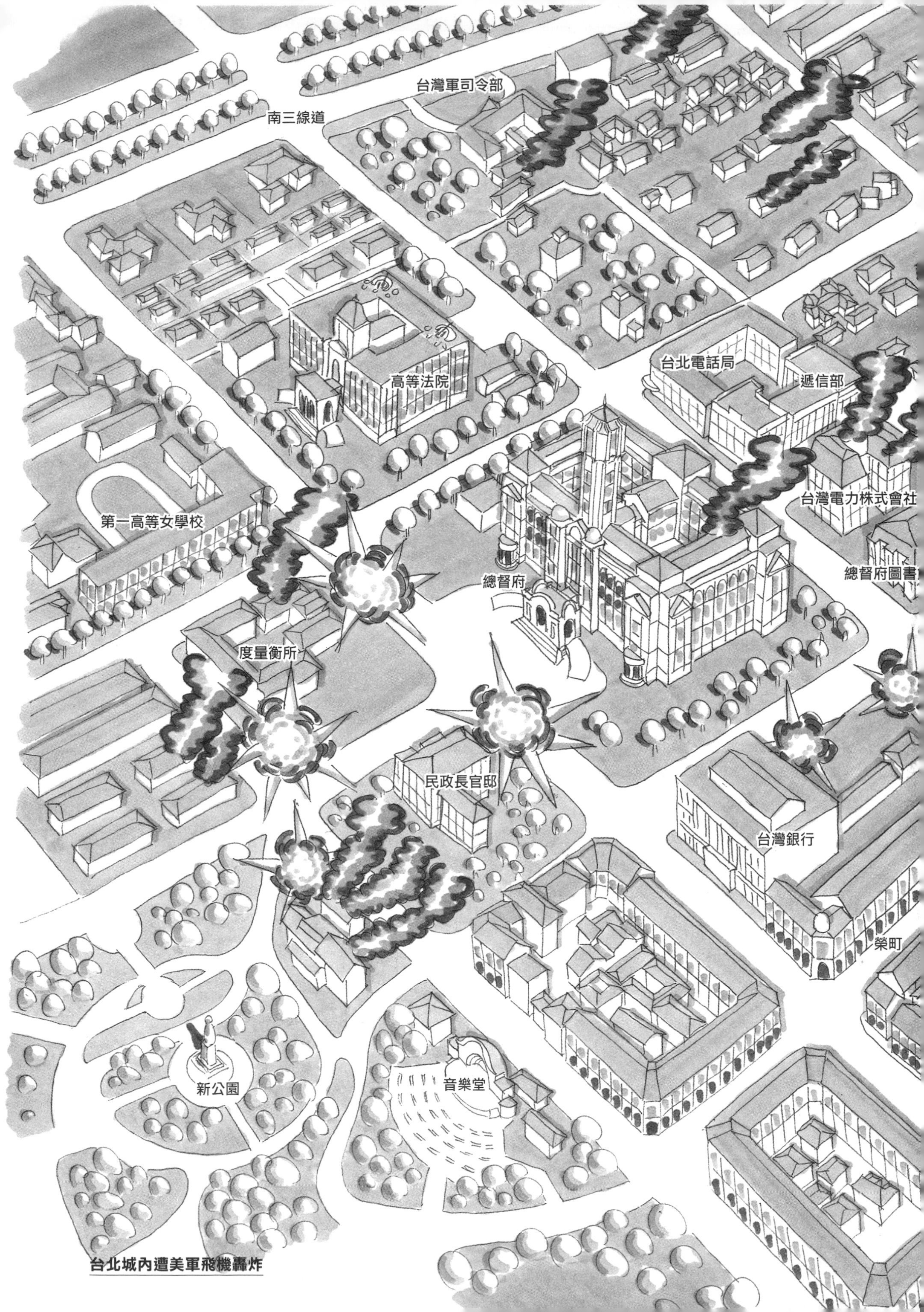

台北城內遭美軍飛機轟炸

參考書目

早期的建設

曾憲嫻《日據時期土木建築營造業之研究—殖民地建設與營造業之關係》，中原大學建築系碩士論文，1997。

簡佑丞《日治時期台灣土木工程建設事業發展歷程之研究》，中原大學文化資產研究所碩士論文，2008。

明治洋風建築

藤森照信《日本近代建築》，五南圖書，2008。

黃士娟《建築技術官僚與殖民地經營》，國立臺北藝術大學，2012。

小林道彥（著）、李文良（譯）《明治洋風宮廷建築》，相模書房，1983。

紅磚式樣與辰野風格

中川理江《台灣日治時期日本民間企業發展之研究 - 以台灣煉瓦株式會社為例》，成功大學歷史研究所碩士論文，2005。

黃俊銘《總督府物語—台灣總督府暨官邸的故事》，向日葵文化，2004。

傅朝卿《圖說台灣建築文化遺產—日治時期篇 1895 - 1945》，台灣建築與文化資產出版社，2009。

總督官邸

黃俊銘《國定古蹟「台北賓館」調查研究》，內政部，1999。

黃俊銘《總督府物語—台灣總督府暨官邸的故事》，向日葵文化，2004。

台灣神社

黃士娟《日治時期臺灣宗教政策下之神社建築》，中原大學建築系碩士論文，1998。

莊永明《台北老街》，遠流出版，1991。

武光誠《日本神道文化圖解》，商周文化，2008。

明治橋與台北橋

《台灣建築會誌第六輯第一號》

黃士娟《日治時期臺灣宗教政策下之神社建築》，中原大學建築系碩士論文，1998。

蔡龍保《殖民統治的基礎工程：日治時期臺灣道路事業之研究（1895 - 1945）》，國立臺灣師範大學歷史研究所博士論文，2006。

公共市場

鍾順利《臺灣日治時期五大都市之公設消費市場建築》，成功大學建築系研究所碩士論文，2006。

葉益青《台灣的市場》，遠足文化，2004。

自來水系統

劉俐伶《臺灣日治時期水道設施與建築之研究》，成功大學建築系研究所碩士論文，2004。

陳林頌《本城上水、時空由道—台灣日治時期上水道之調查研究與保存行動》，台灣大學城鄉所碩士論文，2003。

簡佑丞《日治時期台灣土木工程建設事業發展歷程之研究》，中原大學文化資產研究所碩士論文，2008。

三線道

《從城牆到林蔭大道—由臺北三線道路的興建看臺北市的現代化》，國立臺北藝術大學建古所碩士論文，2011。

表町、本町、榮町

黃郁軒《日治時期臺北城內街屋現代化之研究》，國立臺北藝術大學建古所碩士論文，2011。

鐵路系統的建設

戴震宇《台灣的鐵道》，遠足文化，2002。

江慶林譯《臺灣鐵路史上卷》，臺灣省文獻委員會編印，1990。

火車站

謝明峰《日治時期台灣鐵道車站類型之研究》，東海大學建築研究所碩士論文，2001。

陳登欽《日據時期台灣鐵路車站初步研究》，東海大學建築研究所碩士論文，1988。

劉舜仁主編《台灣七大經典車站建築圖集》，行政院文建會發行，2001。

鐵道部建築群

中原大學建築系《台灣總督府交通局鐵道部調查研究與再利用之規劃》，行政院文建會中部辦公室，2005。

小學校與公學校

李園會《日據時期台灣教育史》，國立編譯館出版，復文書局發行，2005。

葉浩偉《日治時期臺灣公學校建築發展歷程之研究》，中原大學建築學系碩士論文，2012。

林茂生《日本統治下台灣的學校教育》，新自然主義出版，2000。

張藤實《日治時期臺北市「小學校」與「公學校」之創見與發展》，台北科技大學建築研究所碩士論文，2000。

總督府醫學校

莊永明《台灣醫療史—以臺大醫院為主軸》，遠流出版公司，1998。

林吉崇《台大醫學院百年院史》，金名，1997。

詹雅筑《醫學教育與殖民社會：由臺灣總督府醫學校的出現談起》，臺北醫學大學醫學人文研究所碩士論文，2007。

新公園

蔡厚男《台灣都市公園的建制歷程（1985－1987）》，台灣大學土木工程研究所博士論文，1991。

蔡思薇《日本時代台北新公園研究》，臺北藝術大學建築與古蹟保存研究所碩士論文，2007。

專賣局與樟腦工廠

《日據前期台灣北部施政紀實　經濟篇　軍事篇》，台北市文獻委員會編印，1986。

黃士娟、楊仁江、林一宏《古蹟探秘　解碼臺灣》，國立臺灣博物館，2009。

司馬嘯青《台灣日本總督》，玉山社，2005。

總督府博物館

黃士娟、楊仁江、林一宏《古蹟探秘　解碼臺灣》，國立臺灣博物館，2009。

陳其南、王尊賢《消失的博物館記憶—早期臺灣的博物館歷史》，國立臺灣博物館，2009。

李尚穎《台灣總督府博物館之研究 1908－1935》，中央大學歷史研究所碩士論文，2005。

小林道彥（著）、李文良（譯）《明治洋風宮廷建築》，相模書房，1983。

藤森照信《日本近代建築》，五南圖書，2008。

台北醫院

王淳熙《日治時期台灣總督府醫院建築研究》，國立成功大學建築研究所碩士論文，2002。

莊永明《台灣醫療史—以臺大醫院為主軸》，遠流出版公司，1998。

總督府

黃俊銘《總督府物語—台灣總督府暨官邸的故事》，向日葵文化，2004。

薛琴《國定古蹟總統府修護調查與研究》，內政部，2003。

建築技師

黃士娟《建築技術官僚與殖民地經營》，國立臺北藝術大學，2012。

黃建鈞《台灣日據時期建築家井手薰之研究》，成功大學建築研究所碩士論文，1995。

日式住宅

薛琴《台北市日式宿舍調查研究》，台北市政府民政局，2000。

中原大學建築系編著《日式木造宿舍修復・再利用・解說手冊》，行政院文化建設委員會，2007。

陳錫獻《日治時期臺灣總督府官舍標準化形成之研究（1895 - 1922）》，中原大學建築研究所碩士論文，2002。

日本佛寺

闞正宗《臺灣佛教一百年》，東大圖書公司，1999。

闞正宗《台灣佛教史論》，宗教文化出版社，2008。

江佩蓉《台灣日治時期日系佛教建築之研究》，國立成功大學建築研究所碩士論文，2001。

闞正宗《臺灣日治時期佛教發展與皇民化運動─皇國佛教的歷史進程（1895 - 1945）》，博揚文化，2011。

巫奇昇《臺灣日治時期日本佛教建築之探討》，台科大建築研究所碩士論文，2007。

北投溫泉

吳美華《日治時期台灣溫泉建築之研究》，中原大學建築研究所，碩士論文，2002。

李佩玲《日治時期臺灣洗浴文化之研究（1895 - 1945）》，台南大學台灣文化研究所碩士論文，2007。

《台灣建築會誌第三輯》

旅館建築

陳炯成《日治時期臺灣旅館建築之研究》，國立臺灣科技大學建築研究所碩士論文，2007。

葉龍彥《台灣旅館史：1860 - 1945》，台北市文獻委員會，2004。

電影院

葉龍彥《台灣的老戲院》，遠足文化，2006。

林秀澧《台灣戲院變遷─觀影空間文化形式探討》，國立成功大學建築研究所碩士論文，2002。

台北帝國大學

夏鑄九《夏鑄九的臺大校園時空漫步》，台大出版中心，2010。

李園會《日據時期臺灣教育史》，國立編譯館出版，復文書局發行，2005。

葉碧苓《學術先鋒─臺北帝國大學與日本南進政策之研究》，稻鄉出版社，2010。

《台灣建築會誌第三輯》

銀行建築

蔡貞瑜《日治時期台北市地區金融建築之探討》，國立台灣科技大學建築學系，2005。

邱世明《日據時代台灣銀行業發展之研究》，中國文化大學日本研究所，2001。

《台灣建築會誌第九輯第五號》

《台灣建築會誌第五輯第六號》

建功神社

黃士娟《日治時期臺灣宗教政策下之神社建築》，中原大學建築研究所碩士論文，1998。

黃建鈞《台灣日據時期建築家井手薰之研究》，成功大學建築研究所碩士論文，1995。

《台灣建築會誌第四輯第一號》

史蹟保存

黃俊銘《日據時期臺灣文化資產研究與保存文獻彙編》，行政院文建會，1996。

台灣博覽會

程佳惠《台灣史上第一大博覽會》，遠流出版社，2004。

張世朋《日治時期始政四十年台灣博覽會之研究》，成功大學建築研究所碩士論文，2005。

林育菁《裝飾藝術式樣在台灣日據時期建築之運用》，成功大學建築研究所碩士論文，1998。

台北公會堂

黃建鈞《台灣日據時期建築家井手薰之研究》，成功大學建築研究所碩士論文，1995。

徐裕健、陳清泉、黃世孟《台北市二級古蹟台北公會堂研究調查與修護建議》，台北市政府民政局，1994。

松山菸草工廠

洪馨蘭《台灣的菸葉》，遠足文化，2004。

蘇睿弼《專賣局松山菸草工廠歷史建築圖錄1937－1942》，國史館臺灣文獻館，2006。

紅磚與面磚的生產

中川理江《台灣日治時期日本民間企業發展之研究—以台灣煉瓦株式會社為例》，成功大學歷史研究所碩士論文，2005。

陳新上《台灣陶瓷的領航員：北投陶瓷發展史》，國立臺灣工藝研究所，2007。

基隆港

呂月娥《日治時期基隆港口都市形成歷程之研究》，中原大學建築學系碩士論文2001。

莊永明《台灣鳥瞰圖》，遠流，1996。

陳成章《基隆港區歷史建築調查》，華梵大學建築系，基隆市立文化中心，1999。

簡佑丞《日治時期台灣土木工程建設事業發展歷程之研究》，中原大學文化資產研究所碩士論文，2008。

台北大空襲

鍾堅《台灣航空決戰》，麥田出版，1996。

莊天賜《二次大戰下的台北大空襲》，台北市政府文化局，2007。

日治台北城建築古今對照

日治時期用途	現在用途
大稻埕公學校／大稻埕第一公學校／太平公學校	台北市立太平國小
大稻埕第二公學校／日新公學校	台北市立日新國小
山砲隊與步兵聯隊	戰後改建為中正紀念堂
中央研究所	戰後拆除，現改建為中央聯合辦公大樓
日本赤十字社台灣支部病院（簡稱「赤十字病院」）	臺北市立聯合醫院中興院區
日本紅十字會	國民黨中央黨部，後遭拆除改建，現為張榮發基金會及長榮海事博物館
台北市役所	行政院
台北州立台北工業學校	台北工專／台北科技大學
台北州立商業學校	台北商業技術學院
台北州廳	監察院
台北放送局	台北二二八紀念館
台北帝大文政學部政學科	台大法學院／台灣大學社會科學院
台北帝國大學	國立台灣大學
台北苗圃	植物園
台北高等學校	國立台灣師範大學
台北專賣支局附屬台北造酒場	台灣省菸酒公賣局台北酒廠／華山 1914 文化創意產業園區
台北第二中學	台北市立成功高中
台北郵局	台北郵局
台北新公園	二二八和平紀念公園
台北橋	戰後改建
台北醫院／台北帝大醫學部附屬醫院	台大醫院舊館
台北驛	台北車站
台灣軍司令部	國防部
台灣神社	戰後改建為圓山大飯店
台灣教育會館	美國文化中心／二二八國家紀念館
台灣電力株式會社	戰爭時遭炸毀
台灣銀行	台灣銀行
台灣總督府中學校／台北州立台北第一中學校	臺北市立建國高級中學
台灣總督府台北測候所／台北觀測所／台灣總督府氣象台	中央氣象局
台灣總督府國語學校／台北第一師範學校	台北市立教育大學／台北市立大學博愛校區

日治時期用途	現在用途
台灣護國神社	戰爭中受損，戰後改建為大直忠烈祠
末廣小學校	台北市立福興國小
民政長官邸／總務長官邸	戰爭時遭炸毀，現為總統府前停車場
旭小學校	台北市立東門國小
西本願寺	戰後大殿失火燒毀，現存部分附屬建築
幸町教會	濟南教會
明治橋	近年遭拆除改建
東本願寺	現已無存
松山菸草工廠	松山菸廠／松山文化創意園區
南門小學校	台北市立南門國小
建功神社	中央圖書館教育資料館
建成小學校	台北市政府／現左右兩翼為建成國中，正面為台北當代藝術館
高砂麥酒株式會社	建國啤酒廠
高等法院	司法大廈
專賣局	公賣局
曹洞宗別院	東和禪寺，僅存山門與觀音禪堂
淨土宗台北別院	善導寺，大殿近年遭拆除
第二高等女學校	立法院
新起街市場	西門紅樓（西區文創中心）
壽小學校	台北市立西門國小
艋舺公學校／老松公學校	台北市立老松國小
遞信部	交通部／國史館台北辦公室，內設總統副總統文物館
總督官邸	台北賓館
總督府	戰爭時遭炸，戰後修復作為總統府
總督府高等女學校／台北州立台北第一高等女學校	臺北市立第一女子高級中學
總督府博物館	台灣博物館
總督府圖書館	戰爭時遭炸毀，現為國防部博愛大樓
總督府醫學校／台北帝大醫學部	戰後大部分拆除，改建為台大醫院新館
臨濟宗大本山	臨濟護國禪寺，僅存大殿與山門
職業介紹所	台北市身心障礙福利會館
勸業銀行	土地銀行／台灣博物館
鐵道部廳舍	鐵路局
鐵道飯店	戰爭時遭炸毀，現改建為新光三越站前大樓

YN3012X

圖說日治台北城（緻雅銀典藏版）

作　　者　徐逸鴻
選 書 人　陳穎青
責任編輯　陳詠瑜
協力編輯　張瑞芳
校　　對　徐逸鴻、聞若婷、陳詠瑜
版面構成　Leejun、張靜怡
封面設計　吳文綺

行銷業務　鄭詠文、陳昱甄
總 編 輯　謝宜英
出 版 者　貓頭鷹出版

發 行 人　凃玉雲
發　　行　英屬蓋曼群島商家庭傳媒股份有限公司城邦分公司
104 台北市中山區民生東路二段 141 號 11 樓
劃撥帳號：19863813；戶名：書虫股份有限公司
城邦讀書花園：www.cite.com.tw　購書服務信箱：service@readingclub.com.tw
購書服務專線：02-2500-7718~9（周一至周五上午 09:30-12:00；下午 13:30-17:00）
24 小時傳真專線：02-2500-1990；2500-1991
香港發行所　城邦（香港）出版集團／電話：852-2877-8606／傳真：852-2578-9337
馬新發行所　城邦（馬新）出版集團／電話：603-9056-3833／傳真：603-9057-6622
印 製 廠　成陽印刷股份有限公司
初　　版　2013 年 10 月
二　　版　2020 年 2 月
定　　價　新台幣 780 元／港幣 260 元
I S B N　978-986-262-408-1

讀者意見信箱　owl@cph.com.tw
投稿信箱　owl.book@gmail.com
貓頭鷹知識網　www.owls.tw
貓頭鷹臉書　facebook.com/owlpublishing

【大量採購，請洽專線】(02) 2500-1919

城邦讀書花園
www.cite.com.tw

國家圖書館出版品預行編目資料

圖說日治台北城 / 徐逸鴻著 . -- 二版 . --
臺北市 : 貓頭鷹出版 : 家庭傳媒城邦分
公司發行 , 2020.02
176 面；19×26 公分 .
ISBN 978-986-262-408-1 (精裝)

1. 古蹟 2. 日據時期 3. 臺北市

733.9/101.6　　108019563

1895		六月十七日，台灣總督府舉行始政式
1896	六月八日，淡水水道起造（1899.3 落成） 老松公學校起造	
1897	十月，總督府國語學校落成 十二月，台北浪花座戲院落成 台北測候所起造（同年十二月落成） 第一代台北醫院起造（1898 落成） 圓山公園起造	
1898	二月，第一代台北郵局落成 六月，覆審法院起造（1899.3 落成）	
1899	四月，台北物產陳列所開幕 五月二十八日，第一代總督府醫學校起造（同年十二月教室與宿舍落成，1905.10 移建東門外） 十一月十六日，第一代台北車站起造（1901.8.24 落成） 總督官邸起造（1901.9.26 落成） 艋舺仁濟院起造 第一代總督府醫學校起造	
1900	五月二十八日，台灣神社起造（1901.10.20 落成） 七月，北門街十字館戲院開幕 八月二十三日，公布「台北城內市區計畫」 民政長官官邸起造（1901 落成） 台北監獄起造（1904 落成） 台北公園起造 樟腦工廠起造	頒布「台灣家屋建築規則」，計九條
1901	八月，淡水線鐵路開通 十月，第一代明治橋落成 開始拆除台北城牆 敕使街道起造	十月二十七日，台灣神社鎮座祭
1902	十月，台北武德會演武場落成 新公園內台北俱樂部起造（同年落成） 榮座戲院落成	
1903	九月，第一代台灣銀行起造（1904.2 落成） 十一月，日本紅十字會醫院起造（1905.2 落成） 台北避病院落成	
1904	十月，紅十字醫院病房落成	二月十日，日俄戰爭爆發 台灣總督府財政獨立
1905	三線道起造（1913 落成）	
1906	第二代台北醫院起造 中央研究所起造（1912 落成）	
1907	四月，台北水道起造（1909.7 落成） 五月，懸賞五萬元募集台灣總督府設計案 五月，台灣日日新報社起造（1908.1 落成） 第二代總督府醫學校起造 台北鐵道飯店起造（1908.11 落成） 基隆火車站起造（1909.2 落成） 艋舺公學校起造	制定「台灣家屋建築規則施行細則」。計二十五條

1919	建鐵道部內八角廁所 台灣電力株式會社起造 樺山小學校起造 第二代台北醫院全部落成	公布「台灣教育令」
1920	台灣軍司令部起造 建成小學校起造	台北人口達十七萬
1921	四月十七日，新店線鐵路通車 七月，遞信部起造（1924.2 落成） 台北職業介紹所	
1922	台北州立第二中學起造 艋舺女紅場落成	四月，台北市街町名改訂 八月，廢報時午砲
1923	一月，圓山運動場起造（同年落成） 台北車站後站起造	四月，裕仁皇太子來台訪問
1924	二月，永樂座戲院落成 台北高等學校起造（1930 落成）	
1925	六月，台北橋落成 台北第三高女學校起造（1938 落成）	於新公園舉辦「始政三十週年紀念展覽會」
1926	一月，台北市魚市場開始營業 五月，京町開始改建 七月，東門游泳池開幕 美國領事館起造	
1927	四月七日，台北高等學校理科學教室落成 七月二十七日，建功神社本殿起造（1928.8.31 落成） 台北信用組合落成 芝山岩神社起造	
1928	二月二十日，總督府稅關台北辦公廳落成 三月三十日，台北第二師範學校本館落成 九月十一日，台北帝國大學文政學部研究室落成 九月，台北基隆間縱貫道路開通 十一月七日，台北高等學校本館落成 十二月二十四日，台北高等學校體育館落成	三月十七日，台北帝國大學創立 七月十四日，建功神社落成舉行鎮座祭
1929	三月十三日，基隆醫院落成 三月三十一日，台北南警察署起造（1931.12 落成） 四月，高等法院起造（1934.3 落成） 六月三十日，台北高等學校寄宿舍、講堂落成 八月十七日，專賣局養氣俱樂部北投別館（1930.2.28 落成） 十一月，台北帝國大學圖書館事務室落成 草山眾樂園起造（1930 落成）	一月二十六日，台灣建築會舉行發會式
1930	一月二十五日，第二代明治橋起造（1933.3.20 落成） 二月一日，台北放送局起造（同年 11.8 落成） 四月，中央批發市場落成 五月，台北帝國大學運動場落成 六月，台北郵便局落成 九月三十日，台北警察會館落成 十月，新莊樂生院（總督府癩療養所）起造（1934.3 落成） 台北東和禪寺重建鐘樓 台北草山公共浴場	